天下文化

BELIEVE IN READING

覺醒的年代

解讀弔詭新未來

查爾斯・韓第——著
周旭華——譯

Charles Handy

The Empty Raincoat
Making Sense of the Future

經典珍藏版

CONTENTS

The Empty Raincoat
Making Sense of the Future

CONTENTS

第四部——尋求意義

編者附言

當代著名的英國思想家查爾斯．韓第（Charles Handy）著述豐富。天下文化曾先後出版過他的十一本著作。經過嚴格的挑選，將四本經典改版，呈顯出二十年來他思考的軌跡。

一、《覺醒的年代》（一九九四）
二、《大象與跳蚤》（二〇〇二）
三、《你拿什麼定義自己》（二〇〇六）
四、《第二曲線》（二〇一五）

同時推出他的最新著作：《你是誰，比你做什麼更重要：英國管理大師韓第寫給你的21封信》（*21 Letters on Life and Its Challenges*）。我們將他前後的五本著作合成「韓第專輯」，減少讀者遺珠之憾，並邀請與他相知甚深的高希均教授主筆導讀。

總導讀

英國韓第大師的思潮縮影——展開「閱讀韓第」心靈之旅

美國威斯康辛大學榮譽教授　高希均

（一）英格蘭小鎮的田園景色

「從我寫作的房間可以遠眺英格蘭東部的田野與森林。這真是抒情詩一般的田園景致，只等待後代如康斯塔伯（John Constable；英國畫家）般的畫家用油彩把它捕捉下來。看著古老的照片，你會覺得眼前的景色跟一百年前一模一樣，有些事物是不會變的。」

是這段話的引誘，使我要去探訪這個景色。十七年前（二〇〇三）的九月下旬，從倫敦坐火車出發，一個半小時後，到達了這座田園之美的小鎮諾福克

（Norfolk）。迎接我的，就是主人韓第夫婦（Charles and Elizabeth Handy）。

坐在那一大片落地窗的書房中，望著窗外那無邊的田野與綿延的森林，那是一種人生的美；討論著伊拉克的砲火與落後地區的貧窮，那是一種現實的痛。韓第不是一個悲觀主義者，他以歐盟為例，指出「經濟繁榮代替了戰爭夢魘」。他驕傲的說：「我不只是愛爾蘭人、英國人，我是歐洲人。」

韓第先生親自下廚，豐盛的午餐後，夫人端出她調製的愛爾蘭咖啡，話題轉到他的寫作計畫，他走近書桌，拿出一疊稿件，微笑的給我：「這是我不久前為BBC每週一次所播講的手稿，尚未出版過。它們是討論當前世界上十三位重要的管理大師。如果你覺得合適，可以譯成中文出版。」

這樣的驚喜，是他送給「天下文化」以及華文世界讀者最珍貴的禮物。一年後以《大師論大師》在台北首印出版。

（二）韓第比政府更能改變世界

年已八十八歲的韓第，他晚年的聲譽始終未減。他近二十本著作、《哈佛商業評論》的文章、BBC的廣播評論、重要的主題演講，使他贏得了大西洋兩岸的讚賞。他曾在二〇〇二年十一月應「天下文化」及「遠見」之邀專程來台演講，引起了熱烈的迴響。

學術界與媒體常用各種稱呼表達對他的尊敬：「企業思想家」、「出色的教授」、「真正內行的專家」，還有人尊稱他是「英國的國寶」。我猜想他歡喜被稱為「社會哲學家」或「組織行為專家」。

對他的最大讚賞應當是：「在現實生活中，韓第比政府更能改變這個世界。」

韓第的一生充滿了豐富的經歷：愛爾蘭都柏林牧師家庭的童年、牛津攻讀，進入在新加坡的皇家殼牌石油公司，期間又去美國MIT讀管理，嚮往大企業（亦即大象）所提供的安定與舒適，曾在倫敦商學院任教，最後終在四十九歲，下定決心脫離大象，做一個獨立工作者（亦即跳蚤）。

面對網路世界，英國《經濟學人》列舉了十項「管理要領」：速度、人才、開放、合作、紀律、溝通良好、內容管理、關注客戶、知識管理、以身作則。

韓第感慨的說：「這不正是我過去三十年來一再強調的嗎？」知道這些不難，要徹底執行就不容易。

（三）「財富正義」密不可分

晚年的著述是揉合了市場經濟、企業文化與人道觀點，低聲的在提倡營利，大聲的在鼓吹對人的尊重。從他那典雅與親切的文字中，浮現出的是一位溫和、理性、熱情、博愛的愛爾蘭理想主義者，而非冷漠自負的倫敦紳士。近年來他一直在探討：什麼樣的工作方式與生活方式是最適合二十一世紀的社會？

近年的著述中，他又提出了值得大家深思的論點：

(1) **提升關懷的文化：不能只顧一己之私，要愛人如己。**

(2)共擁一套道德標準：沒有這樣的道德標準作後盾，法律很難有效執行。
(3)改變世界：以各種方式來詮釋這個世界是不夠的，必須在實質上大家共同努力來改變它。
(4)按自己認為正確的方式生活，然後快樂的活著。
(5)終身學習，變中求好。

二〇〇二年五月韓第先生在道賀「天下文化」二十週年的文章中指出：美國九一一悲劇後，使他更相信：「商業的本質不只是商業……，企業要獲得民眾的尊敬，民眾要知道企業不只是在為自己奮鬥，也在為社會努力。如果不能達到這樣的境界，資本主義必然會喪失人們的信心，走向失敗之途。」（全文參見《遠見雜誌》二〇〇二年六月一日，頁四十四—四十六）。韓第在西方社會一生的體驗再度說明：個人的自由與獨立，是與財富的分享與社會正義密不可分。

「天下文化」近四十年來出版了四千餘種書，特別挑選組合了韓第的五本著作，就是希望全球華文讀者能夠揉合東西方思維，在當前新冠病毒蔓延，全球化受到挫折與質疑聲中，冷靜的思考一種前瞻、樂觀、合作、正義的理念。

誠品創辦人吳清友對韓第有深刻的評述。「韓第大多論及know why，而少談know how。我有次與童子賢先生閒談，他說他發現許多最高決策往往不是商業決策，而是哲學議題。」

吳清友先生在推薦經典書籍時常寫著：

我在青壯年正想鵬程萬里的時候讀，
我在經營誠品虧損不堪的年代讀，
我也在病痛苦悶的時光中讀，
閱讀是永恆的，閱讀是私密的，
是不同生命情境時刻的心靈知音。

那麼我們就鬧中取靜，擺脫手機，展開「閱讀韓第」的心靈之旅。

韓第在西方社會一生的體驗使他相信：個人的自由與獨立，要與財富的分享、社會的正義相互平衡。

韓第不僅是管理大師，更是傳統思維的解放者，追求人類和諧相處的人道主義者。

推薦序

在歸零與覺醒中摸索前進

誠品書店創辦人　吳清友

欣聞天下文化擬再版《覺醒的年代——解讀弔詭新未來》一書。從一九九五年迄今，每當我界定自己是事業經營者的角色時，這是我心儀的十本重要必讀經典之一。但是當天下文化請我寫一篇讀後感時，我又掙扎萬分，因為南方朔先生的導讀已是淋漓盡致，精采絕倫，似乎我能表達的皆是畫蛇添足，而本書中文版當年定下的書名，其中三個關鍵詞「覺醒」、「弔詭」、「新未來」，深具見地，也令我讚嘆。

韓第的企業倫理思維、人文氣質與悲憫的胸懷，為我所敬佩，他希望這本書能幫助讀者在這混亂的世代裡找到出路，雖然我仍身處尋覓途中，但謹摘錄其中對我影響深刻之部分篇章，與讀者分享。

字裡行間有醍醐灌頂

本書第三章〈S曲線〉令我延伸了豐富的想像，我相信它也適用於：

——生命的重新啟程、轉折與精進；

——事業的永續發展與成長；

——身體的健康首要重視預防甚於治療；

——產業的發展應及早調整結構；

——政府領導人應以照拂天下蒼生為念，政府的相關政策應更具前瞻性與精準度，並備妥足夠因應未來弔詭變化的替代方案；

……

這一切皆需要責任擔當者或團隊的良知俱足、多元智慧與自我覺醒的敏銳度，謙沖的相信未來即是弔詭，其策略與因應方案需深植於價值信念裡，因為我服膺優質理念的永續優先於企業的永續，更勝於家族的永續。

第八章〈跨入後資本主義紀元〉論及「企業經營的目標是什麼？」與「超越利潤」兩個議題，發人深省。韓第直言，「如今我相信，我所就讀的美國商學院當年所教是錯的，公司最主要的目的絕不僅是『創造利潤』。……在倫理學中，誤把手段當成目的，無異背叛自己；按聖奧古斯汀（Saint Augustine）的說法，這是最嚴重的一種原罪。」

個人二十多年來每月來回書店與醫院之間，對人類而言，我寧可相信，書本與醫藥的本質不是為利潤而存在。

處處心有戚戚

第十一章談人生四季之美，提及「改變人生序列的自由空間，其實比我們所想的還大」、「人生到處有發展第二曲線的可能性」。

行至第十二章〈學習型社會〉，「如今智慧既已取代土地而成為新的財富來源……假如我們不能讓全民普遍獲得此一新資產；假如我們未能對全體公民的智慧發展作投資，那麼我們的社會必將分裂。」

進入第四部尋求意義，從「瓦解科學神話」到「存在便是美」的論述，也令我印象深刻！

在第十六章〈預約二十一世紀〉，韓第引用多位哲人哲語，試圖為本書作總結。我認為這是作者悲憫的終極關懷與價值信仰之所在，我深受感動、啟發，更深表認同。

全書的最後一句話，「我們要自食其力，在黑暗中點燃自己的小小火焰」，更倍覺親切與欣慰，也讓我想起印度哲人克里希那穆提（Jiddu Krishnamurti）亦曾說過：「真理純屬個人之領悟，每個人都應該用自己的光來照亮自己。」回到誠品在一九八九年成立時，公司取名古法文 éslite，本意即是期待每位讀者透過閱讀皆能挖掘自我生命中最精彩的獨特光芒。

事業與生命的共通基調

對企業經營者而言，這是一本深具人文素養的好書，韓第大多論及know why，而少談know how。我有次與童子賢先生閒談，他說他發現許多最高決策往往不是商業決策，而是哲學議題。我也一向認為人是無明的，存在即是弔詭，許多經營決策再明智也成敗未卜，最後但求無愧於心。

我對生命與事業有一個共同的注解是：兩者都是一連串的思索、了解、覺察、抉擇、創造與精進的過程。三十七年前中華企管曾出版一本《零基預算法實務》，我當年其實是為學習一些管理實務而讀，可是最大的衝擊與收穫卻是「既然年度預算可歸零重新來過，那事業與生命更應及早思考歸零」。對我這位讀者而言，「歸零」已是哲學議題而非管理實務。「歸零」讓我想起中國古哲學中的「止、定、靜、安、慮、得」。「歸零」與「覺醒」幾乎是脣齒相依，是「苟日新、日日新、又日新」。這兩個DNA深植我心。我一向阿Q的認為「從來不曾失敗，只是尚未成功」，我因此天真的以為，即使面臨的未來世界再弔詭，我依然有機會覺醒，尋得解決之道。未來不只是要預測，更珍貴之處在於，未來應是一切重新再造的契機。

在閱讀裡安身立命

最近誠品在蘇州開展大陸第一家店，我推薦了幾本經典書籍並在前言寫著：

我在青壯年正想鵬程萬里的時候讀，
我在經營誠品虧損不堪的年代讀，
我也在病痛苦悶的時光中讀，
閱讀是永恆的，閱讀是私密的，
是不同生命情境時刻的心靈知音。

我生於一九五〇年，在一九九五年初讀《覺醒的年代》，是生命的盛夏；如今二〇一五年再讀，已屆生命的深秋或初冬。論及事業，形式上的數據稍有增長，但觸及智慧之精進，則是魯鈍一場。偶有「小覺醒」，亦皆因面臨病痛、苦難、悲傷的生命際遇而生。

芸芸眾生如我，身欲靜而心不止，唯求心安無愧則幸甚！

導讀

開啟通向未來之門

作家、詩人及評論家　南方朔

英國小說家葛林（Graham Greene）曾經這樣寫道：「總有那麼一個時候，某扇門會打開，讓未來進來。」

一本與眾不同的書

這個富哲思的句子，似乎就是替本書作者韓第所著的《覺醒的年代——解讀弔詭新未來》而準備的最佳註腳。這本書不嘗試教人如何追求卓越，也未企圖討論成功的組織管理，而是開啟未來的一扇門扉；讓人在回顧過去、迎向未來的過程中，透過對金錢、工作、組織、生活、經營型態等各方面的整體反省，而重建價值和意義。這位英國牛津大學和美國麻省理工學院讀哲學出身的管理專家，這次的確寫了一本十分與眾不同的著作。它所提供的，乃是一種指向未來的視野。在這個充滿了變亂、淆惑、由於不確定感而心理普遍不安，甚至徬徨虛無的時代，本書便像書裡最後所說的：「在黑暗中點燃自己的小小火焰！」

想要了解本書的寓意，讀者或許可從此書原著那個比較玄奧的書名著手：《中空雨衣——替未來尋找意義》（*The Empty Raincoat: Making Sense of the Future*）。在美國明尼蘇達州明尼亞波利市的露天雕塑公園裡，陳示著由奚爾所作的大型雕塑，題為「無言」。這件雕塑作品由三部分組成，主體即是一件銅雕雨衣。它空空洞洞的矗立著，中間沒有人。韓第由這件作品裡所看到的，是它隱喻的意義：「中空雨衣」是人們的處境——一種願望和決定失去了立足空間後的窘境，於是我們就再也看不到人，只剩下僵硬固定的雨衣。「中空雨衣」代表著「暫時占據此角色的人」。這也就是說，「中空雨衣」的意象所暗指的乃是制度的僵硬冷凝如銅，以及人的主體意義被褫奪。

新文明即將誕生

於是，由「中空雨衣」的意象，遂展開了本書的內容。作者分別針對當代的各種弔詭現象進行解析。「弔詭」指的是「相互對立的兩件事同時並存」，由於「弔詭之所以令人困惑，主要由於事物未照我們認為理所當然的方式發生」。於是，現在這個社會也就充滿了各式各樣的徬徨瞻顧，甚至人們認為，人類只不過是漫長進化過程中的一種偶然，這樣的認知與價值準則使我們更加將「人」視為手段，而非目的。

然而韓第從這些弔詭與困境中所看到的，並不只是灰濛濛的未來，他未曾掉進空洞的哲學玄思陷阱，也沒有變成只知批判而少了創見的空談學院派。相反的，由當代混沌理論和巨型進化理論中，他看到了這其實是新文明即將誕生的前兆。而他替未來所設定的目標，是一種廣義的「聯邦主義」。它的模型充分顯露在歐洲的統合之中。在「歐盟」這樣的組織裡，成員願意犧牲與妥協，富裕國家願意扶貧濟弱；大家有共同的標準，也有共同的願望。韓第指出，「歐洲統合的道理，也適用於一切的組織。」

韓第以歐洲統合運動作為模型的廣義「聯邦主義」，它的具體內容包括了新的社會共識、組織型態、價值準則和權力關係。這些觀念，他都在本書裡有關「中國式的契約」、「甜甜圈原理」、「分權」、「輔助性原則」等部分，做了深刻的探討。經由廣義「聯邦主義」的討論，韓第身為一個承襲古典啟蒙主義的知識分子，其風貌遂清整的顯露了出來。

大都會主義

近年來，歐洲學術思想丕變，許多偉大的舊傳統也開始被陸續發掘和重新詮釋，其中最重要的是「大都會主義」（Cosmopolitanism）被重新提出。所謂的「大都會主義」指的是由伏爾泰、歌德以至於康德為止的這個傑出的知識傳統。這些都市知識分子對於當時代表了文明高峰的城市文明充滿了忠誠與期許，他們從這種城市文明的合理性裡歸納出諸如理性、人道、自由、責任等普遍性的元素，並認為這些文明元素具有世界性的意義。在那個時代，強勢且具有摧毀性的民族國家主義，尚未隨著資本主義的擴張與競爭而激烈化與敵對化，由「大都會主義」走向普通的世界主義，儼然是那個時代的思想主流。可惜，十九世紀後半開始，資本主義的競爭日益走向國家化，莫林、席勒、赫德、黑格爾等名字也取代了伏爾泰、歌德、康德等，兩次歐洲引發的世界大戰即是它的結局。

也正因此，第二次大戰之後的歐洲，遂致力於「歐市」的建造，它的主要目標即是要揚棄過往那種不堪的歷史走向，希望將國家的競爭敵對轉化為新的共識合作。在過去將近半個世紀裡，由「歐洲」而「歐盟」，一種新的「聯邦主義」精神遂開始出現，它的進步特質有：

一、自閉的「國家意識」逐漸被開放的「歐洲意識」所取代，合作共利也取代片面自利。古典的神聖主權觀念開始稀薄。

二、在這種意識的轉捩過程中，大國如德、法等更必須向荷、比小國等讓步妥協，舊日的宰制漸趨瓦解，讓步協商成為新的主流。

三、龐大的歐洲體制在這樣的統合進程中，配合了傳統通訊科技的進步，它的組織型態也日益的「脫中心化」與「扁平化」，這意謂了「分權」和「參與」觀念的落實。而就在這種新的實踐中，一種早已失去了的社會及社區責任心也就被重新燃起，這才是真正且有「多元主義」積極性的新方向。

在這本著作中的後半部，韓第所不斷發抒闡述的，其實也就是這種以共識為基礎，以多元開放為精神，以「多中心」和「扁平化」組織為原則的新聯邦主義。它不僅適用於一個地區，也同樣可適用於一間公司、一個國家，甚至整個世界。也只有經由這樣的重塑，人類才有可能揚棄各種弔詭而迎向未來，並恢復止於康德的那個「以人為目的，而非手段」的傳統。在本書的第三部分，作者有一段話：「我們如果能正確理解聯邦制的真諦，我們的組織以及社會，便都能夠既建立某種地方性的歸屬感，也建立一種較寬廣、較宏大的公民身分。」歐洲古典「大都會主義」的精神在作者的心臆開始恢復。

恢復啟蒙精神

這也就是說，《覺醒的年代》其實乃是恢復古典啟蒙精神的一本著作。近年來，歐陸主要的知識分子對這方面的討論日益增加，這是替新歷史所做的準備，韓第從管理和組織的角度切入，期望替個人在未來尋找到更好的位置，不再只是「中空的雨衣」。因此，歸總而言，這本著作應當算是被強烈歷史使命驅動下所撰寫的倫理學著作。作者念茲在茲的強調，人類不是進化過程中的偶然，亞當斯密除了「看不見的手」之外，還有更重要的「同情心」。此外，他更強調文明的延續性以及日益被人冷淡的社區感與責任心。歷史並未終結，它留給人們的是另一個有待完成的考驗。

因此，誰能說哲學無用。近年來西方各主要企業日益重視哲學，尤其是哲學中的倫理學思考，希望藉此重新將人的意義鑲合在組織的意義之中，這是企業人文精神的重建。作者向我們做了一次成功的示範！

作者序

世紀輪轉的省思

一九九〇年，我的前一本著作《非理性的時代》（*The Age of Unreason*）問世。我在那本書中指出，工作的方式正在大幅改變；我也預測這種劇變對每一個人的生活可能造成的影響。大體說來，我當時抱持樂觀的態度。從出書到現在，工業化社會的工作型態，的確順著書中所描述的方向發生劇變。身為此書的作者，原應對自己正確的預測感到驕傲才對，但我卻無此感受。因為，太多機構與個人因劇變而手足無措；事實證明，資本主義並不如想像般有彈性；各國政府既非萬能，也缺乏遠見；對許多人而言，人生是一場掙扎，是一團迷惑。

我們身處的社會，目前遭遇到的許多事情，遠比我們所預期的還要具關鍵性，而且更令人困惑與苦惱。現在這本書就是要探討這種困惑。而困惑的緣由，部分源於我們誤信「效率」與「經濟成長」乃是進步的要素，拚命加以追求。在追求效率與成長的過程，我們往往忘記，其實「個人」本身才應該是衡量萬事的尺度，我們根本不應該拿其他尺度來衡量人。我們容易因為追求效率而迷失自己，誤把效率本身看做目標；其實它不過是達成其他目標的手段罷了。

弔詭：轉型的契機

我永遠忘不了在明尼亞波里斯（Minneapolis）露天雕塑公園看到的一組雕塑。題目是《無言》（*Without Words*），創作者是奚爾（Judith Shea）。這雕塑共有三種塑形：其中最主要的，是一件筆直挺立的中空青銅雨衣，裡頭空無一物。對我而言，「中空雨衣」正象徵當前人類最直接遭遇的弔詭（paradox）。我們並非天生要當有名無實的「中空雨衣」，如薪資名單上的代碼、某個特定角色、經濟學或社會學研究中的「原始資料」，或者某份政府報告裡的「統計數字」。假如經濟成長必須先付出這些代價，便毫無意義。人生的意義，絕不僅是充當某部大機器的齒輪，終日疾轉，不知目標何在。不論對個人或組織而言，眼前的挑戰應該是如何去管理弔詭，以及如何將中空雨衣填滿。

目前，有太多事情本身便包含了矛盾：太多良善的動機，導致不良的後果；太多成功的處方，帶來諷刺的結局。「弔詭」一詞，被現代人使用得太多了。新聞記者和其他作者描述政府、企業、個人所遭遇的兩難困境時，一再使用「弔詭」一詞。有時，似乎我們知道的愈多，反倒愈迷惑；技術能力愈提升，反而愈無力。我們雖擁有精良的武器配備，卻只能眼睜睜看著世上某些地區的人們相互殺戮。我們雖然糧食過剩，卻無法餵養餓殍。我們雖能解開銀河的奧祕，卻解不開自己的家庭難題。然而，目前我們有能力將「弔詭」標舉出來，卻無能力實際解決。我們必須設法使弔詭變得有意義，並善用弔詭來建立更美好的未來。

職場贏家，生活輸家

我非常清楚，從某一刻開始，弔詭已成為我尋求解惑之道過程中的關鍵概念：就從歐尼爾（John O' Neil）在加州請我審閱他的新作第一章那一刻起。歐尼爾時任「加州職業心理學院」（California School of Professional Psychology）院長；他不僅是睿智精明的觀察家，也是許多機構及領導者的諮詢顧問。他那本新書叫《成功的弔詭》（*The Paradox of Success*），副書名為「職場贏家，生活輸家」（When Winning at Work Means Losing at Life）。書中探討領導者所面臨的兩難困境；我獲得的重要啟示則是：人生的任一部分，從來都沒有簡單或標準的答案。我過去一直認為應該有答案，或者起碼可能有答案；但如今卻發現處處皆弔詭。我現在知道，每一枚銅板必定都有兩面。但我同時也領略到，假如能認清現況，而且有心突破，便可以找到穿越弔詭的路徑。

《非理性的時代》的概念仍然管用：組織一方面會變大，但同時也會變小；會變得更扁平、更有彈性，但也更分散。個人的工作型態同樣也會更趨扁平、更有彈性。生活不再循既定的路線繼續前進，可說將日趨「非理性」；我們都必須主動促使事情發生，而非被動等待事情發生。不過，我在那本書中沒有預期到這些變化將導致的混亂。我雖然滿懷自信預測個人將有許多新的機會可以實現夢想，卻未注意到，追求效率的壓力，會讓這些新機會變得相當複雜；增加新的自由，往往等於減少平等，並加重痛苦；成功的同時，也許必須付出不成比例的代價。

重建思考架構

有人批評《非理性的時代》對一般人而言太過高調，而不易實踐。所以，我現在比較謹慎，不輕易針對個別困境提供一般性的解決之道。每個人都必須找出自己要走的路。不過，儘管每個人選擇的道路各不相同，但所持的地圖卻大抵一樣。在現在這本書中，我提出可為未來指路的一些路標，還有未來每個組織或個人都會遭遇的挑戰，以及如何思索這些挑戰的架構。不過，這一回我不再提供任何保證成功的祕方。

重要的是，是否每個人都會朝著大致相同的方向前進？到底有沒有這樣一個標的存在？如果有，那會是什麼？劇作家出身的捷克總統哈維爾（Vaclav Havel）

這些年來埋首俗事；但他卻堅決認為，除非我們重新尊重某種超越世俗、超越自身之事物，否則無法避免一場當代的「大自殺」。他說，這是個弔詭；但是，我們若未能尊重某一項超乎個人的道德秩序，便無法創造出可以讓人真正當「人」的社會結構。除非先有個衡量自己的尺度，否則恐怕無法以自己為衡量萬事萬物的尺度。我把這個話題放在本書最後一部分探討，但其實全書每一頁皆隱約觸及相關概念。

曾有人告訴我，研究哲學就是研究人生，但別指望哲學告訴你如何度過人生。在閱讀本書時，希望你也抱持這樣的心態。

第一部

身陷叢林

請問先知

英國社會主義政治家湯尼・班恩（Tony Benn）曾言：「我常聽人說，世上既有君王也有先知，君王掌握權力，先知掌握原理。」我比較喜歡站在「君王」那一邊，因為他實際推動事情發生，但每個君王都需要先知輔佐，方能在混亂中保持頭腦清明。然而，沒有人會希望由先知主事。

先知雖稱為先知，其實並不預卜未來。沒有人真正有此能力，也不應偽裝成有此能力。他們能做的，是說出所看到的實相。他們可以點明真相，如同童話故事「國王的新衣」中，國王沒穿衣服的事實；說出人們不願相信或承認的事。在事情發展方向不變的前提下，他們能針對未來將出現的危險提出預警。他們經常毫不客氣指出心中認為錯誤、不公平與偏執之處。但最重要的是，他們能提供一條思考事情的途徑，亦即指引一條釐清兩難困境、集中心力之道。先知不能、也不應告訴實際執行者該做些什麼。這樣做會變成有權無責，而先知無此特權；同時這麼做也可能會僭越他人的決策權。先知只能提供航海圖，但不能指揮航行方向與方式。

我希望這本書能幫助讀者在這混亂的世代裡找到出路。各公私機構的領導者與行政主管需要看這本書，因為在「組織的時代」（age of the organization）結束時，許多機構必須尋求建立迥異於以往的風貌。當它們以新風貌出現時，會比以往更有分量。

本書的訴求對象也包括那些極力使自己活得更有意義的人，特別是年輕人；他們所面對的世界，和他們父母親成長的時代非常不同，沒有太多既定模式可以遵循；他們必須重新建立屬於自己的生活型態、目的、標準與優先順序。

最後，對於社會上負責各個不同層次管理工作的人士而言，本書裡的一些觀念與思想也許會有點用處。這些人置身於一個大部分遊戲規則都已改變、但各方對團體間以及現在與未來間「公義」（justice）的需求卻倍增的社會；他們肩負神聖使命，要為這樣的社會找出新結構。

尋找意義的年代

我們需要新人生觀、目的與責任。這個時代不再有太多值得赴湯蹈火、至死無悔的「大業」，也許人類的歷史已到了盡頭。當前，一部分人沉溺於安適而不能自拔，另一部分人則受困於貧窮而難以翻身；可是，兩類人似乎都把本身的生存看成生命的意義所在。果真如此，人類最後都將是輸家。然而，假如人類希望改變局面，就必須自此時此刻此地開始，每個人各自展開實際行動。坐等天縱之才引領我們進人未來，只是緣木求魚。

第一章

我們身在何方？

義大利部分地區曾出現無人採收橄欖的情形；老的人太老，年輕人不願為低廉工資做苦工，在中部的托斯卡尼（Tuscany）一帶，果農對於一九八五年遭寒害毀損的橄欖樹叢，迄今仍無處理之意，因為他們覺得不值得；如今栽種橄欖成了一項艱苦的事業，儘管產品賣價奇高，卻沒有人視為好差事。

許多原由母女一同下廚、侍者也是些長年老面孔的小型家庭餐廳，也正在發生變化。他們全年無休，午晚餐都在餐廳服務。在大多數國家中，法律已不再容許工時如此之長，結果導致上館子和吃橄欖一樣，愈來愈貴；而許多小型餐館則陷入不敷成本的窘境。一位餐廳老闆苦中作樂的說：「我現在其實是在為政府服務，幫忙增加稅收及協助降低失業率，忙了老半天，卻沒為自己賺進半毛錢。」

沒有道理！

在工業化國家中，物價和工資的高漲已迫使許多工作絕跡。這些國家的人民要有像樣的薪資才有辦法在自己的國家過活，政府則需要稅收才能維持運作。然而，如此高漲的物價並不能反映這些產品或勞務的真實成本：窗戶清洗工照理不應享有專業技術人員的薪質水準；每天清晨挨家挨戶送到英國人住處門口的牛奶，價格也不應比一瓶水果酒貴。假如停止給予津貼，就不會再有人從事這些工作。

如今，在工業化國家，凡是像樣的工作，工資都很昂貴；因為這些產品和服務泰半是提供給有負擔能力的人。至於其他較不寬裕的人只好凡事自己來；自己動手種橄欖，自己清洗窗戶，自己擠牛奶。然而，就在與無人採收的義大利橄欖園僅一海之隔處，住著極度貧窮的阿爾巴尼亞人，他們願意為低廉的工資而採橄欖或洗窗戶。每個富裕國家隔鄰都住有阿爾巴尼亞人，如果讓他們進來做那些本國無人願意做的差事，一些不相干的納稅人就得分擔他們的住宅、醫療乃至日後的安老費用。基於這點考慮，大多數先進國家都盡可能拒他們於門外。

不夠格的公民

目前已有不少這類人居留在工業化國家，他們雖然已經取得公民身分，卻不能算是夠格的公民；因為他們所能為社會添加的價值，比不上他們在工業國家工作時雇主支付給他們的工資。然而他們又無法勝任比較像樣的工作，但另一方面而言，他們畢竟也是公民，應該擁有和其他公民相同的基本生活權利，不但有權活下去，且有權擁有足以使人生有意義的工作。他們同時也是其他行業從業者的顧客；假如為了能隨時享有廉價勞工，而讓這批人維持窮困，將導致市場需求面失血。目前我們所能做到的，充其量似乎只是提供他們可賺取零用錢的零雜差事。一九七三年到一九八九年間，全西歐只創造五百萬個新工作，同期間美國創造的就業機會多達三千兩百萬個，但絕大多數是賣漢堡之類的工作，這些勞工得到的薪資也只夠買漢堡糊口。

這不過是富裕社會普遍遭遇的諸多兩難困境之一。擁有所謂像樣的工作未必是福氣；因為要承受更多要求與期望。有位年輕朋友最近在倫敦一家銀行找到一份頗光采的工作，某晚我請他出來小酌，他卻說：「九點以前我無法離開辦公室。」我問道：「你的工作一向如此？」他先答稱：「也不盡然。」但又補上說：「我的團隊夥伴希望我留晚一點，即使週末也不例外。我不能讓他們失望。」

他說，整體說來，這是份令人振奮的工作，而且薪資很高，只是極度耗神。他那位被冷落的妻子說：「那套制度太瘋狂，沒有道理。為什麼不以減半的薪水雇用兩倍的人手，讓每個人的工作分量減半？這樣大家才都能過正常生活。」

生存的公式

但是他們無意也沒有這樣做；因為若還想保有競爭力，根本不能這麼做。一家大藥廠的老闆曾簡單明確歸納自己的政策，完全與上述背道而馳；他提出一道「1/2×2×3＝P」公式，說明在五年期間內，公司的核心幹部人數減半，每人的薪水加倍，產量成為三倍，便是一家公司的生產力「P」（productivity）或利潤「P」（profit）所在。也許並非所有的公司都可如此明確地套用這個公式，但類似做法的確非常普遍：提供好工作、高薪、要求高績效，但人員更精簡。這種做法據說有助於增強**組織**的共識。

然而，這類工作並不適合所有的人；對於希望在生活中多點空間做其他事（例如，過家庭生活）的人來說，就不合適。無論男女，凡是希望照顧家庭的人，接下這類工作都會相當辛苦。固然小孩可以托人照顧，但照顧的品質並非盡如人意。一位已為人母的女性業務主管說：「每次因公出國，我一定堅持公司支付我唸睡前故事給小孩聽的越洋電話費。」然而，為人父母者要做的，豈僅止於在電話中講床邊故事？

這樣耗竭心力的工作，也讓人無法持續做下去；我們雖可義正辭嚴的反對工作上的年齡歧視，但不容否認，一週工作七十小時的確傷神耗氣。雖然「效率」可節省部分時間，彌補一些精力的大量流失。但是當效率運用不當時，只落得身心交瘁。「被掏空」（burnt-out）能夠成為流行口號有其根據，絕非憑空產生。過去，人類以一生四十七年的時間來分攤十萬小時的工作時間，現在這些「充實」的工作者，卻將這段時間集中在三十年內過完。於是我們要問，真的有必要在一個肩頭擔子已不勝負荷的人身上增加工作量嗎？在高薪背後隱藏著某種風險：也許有一天，你我都會變成不夠格擁有好工作的人。有時候，最沒保障的事似乎竟是提供一份有保障的工作。

在醫藥技術如此發達的今天，如果我們活到五十歲，只要身體狀況還算好，八成可以活到七十五歲。假如每個人一生的工作期是三十年，那麼幾乎人人在結束工作生涯後，仍然起碼有二十五年的日子要打發。這二十五年不能算是真正「退休」，每個人都有機會在此期間另創生涯。心理學大師榮格（Carl Gustar Jung）相信，人生上半段是為下半段做準備。奇怪的是，如今絕大多數人雖都渴望擁有完整的後半生，卻沒什麼人對第二生涯做好準備。許多人平白浪費他們的下半輩子。一位朋友說：「我只希望和以前一樣。」然而，很不幸的，我們不太可能繼續過一樣的日子。

競爭力的弔詭

這類兩難困境及弔詭在各國的職場中接連出現。以日本為例，索尼（Sony）公司創辦人盛田昭夫曾指出，一九八九年日本人每年平均工作時數多達兩千一百五十九個小時，而德國人平均每人只工作一千五百四十六個小時，其他國家則介於日德之間。因此，日本人每人每年比德國人多工作十五週（以每週四十小時計算）。盛田昭夫認為，日本年輕人不會容忍這種工時差異長久存在，尤其是那些陸續加入日本企業工作的高學歷年輕女性。以東京婦女平均只生育一．一個小孩來看，這個生育率只能維持日本人口數所需生育率的一半。日本人已沒有足夠時間可以兼顧工作與育兒，大家都在期待，這樣的工作傳統會出現改變。否則，長此以往，日本的工作人口將會怨懟日深、益加老化，且生產力日減。老一輩日本人仍對盛田昭夫的看法存疑，但一九九三年有一項民意調查顯示，高達八七％的受訪者希望改變。

對德國人來說，他們的挑戰主要是繼續使德國工人一小時的工作成效，抵得上日本工人一小時又二十分的績效。德國人若想維持競爭優勢，一定得辦到這一點。即使日本人開始鬆懈，德國人仍須費很大的勁才可達到這個標準。尤其當東德和西德統一之後，兩種不同工作傳統之間仍舊扞格不入，致使這個標準更難達成。

一位住在德東工業城德勒斯登（Dresden）的朋友說：「過去，上班的意義是去某個地方，而非做某件事。」又說：「我們過去無法保持高工作效率，因為手邊經常找不到所需要的零件或工具。這無所謂，反正客戶對我們的延擱習以為常，而我們做好做壞，領到的薪水都一樣。」也許看我一臉驚訝，他接著又說：「我並不是說這套制度是對的，或認為它可長可久；可是在那段日子裡，我們的確有許多時間和精神與家人（family）和朋友（friend）相處，共度節慶（festival）、同享歡樂（fun）。但如今……」他苦笑著說：「似乎生活中只有利潤（profit）與績效（performance）、薪水（pay）與生產力（productivity）。有時，我寧願擁有四『F』！要四『P』有何用？」

我們每個人或多或少遭遇類似日本人與德國人所面臨的兩難困境。為了討生活而工作雖然辛苦，但目標明白易解。今天許多人很幸運，不需要為了生存而工作；可是問題來了，工作若不為生存，那該為了什麼？一旦提出這一連串的問題，各色各樣的解答也紛湧而至。政治領袖、企業、學校、醫院、監獄，當然還包括我們自己，都在尋求問題的答案。

重新界定「生存」的定義是個解決問題的辦法。我們可以將求生存定義為：不論對個人、企業、國家而言，能和它們的「左鄰右舍」並駕齊驅。可是，假如我們認真細究，又將引發無休無止、沒有贏家的爭議。因為在一個產業中，只能有一個真正的龍頭；在世界經濟大勢中，也只有一個國家能做真正的霸主；我們永遠找得到比我們更富裕、更成功的鄰居。競爭本身固然是健康的，甚至也許是必要的，但世上一定要有比「贏」更重要的東西，否則大多數人注定當輸家。

富者愈富，貧者愈貧

這種弔詭的現象也發生在美國。在一九九二年，以嚴謹著稱的美國國會預算辦公室透露，一九七七年至一九八九年間，美國人民總收入在納入通貨膨脹因素後，足足增加七千四百億美元，其中三分之二集中在六十六萬戶人家，也就是全美最有錢的一％。這群最幸運的人，平均收入由三十一萬五千美元增加為五十六萬，上升七七％；這段期間，中產階級的收入只微增四％；而全美四〇％的家庭，經歷這段富裕期後，實質生活水準反而更差。曾經是促使財富增加的一些誘因，到頭來又把創造的財富消耗殆盡。

儘管各方對上述數字詮釋得是否正確仍有爭議，但美國在雷根主政年代，發生財富集中於少數人的不均現象，則是不爭的事實。其他國家也好不到哪裡。英國的數字和美國的差別不大；一九九三年的官方資料顯示，從一九七九年到一九九〇年，英國家庭平均收入**增加**三六％，但經濟狀況在底層一〇％的家庭，實質收入卻**減少**一四％。在其他經濟先進國，貧富不均的現象稍輕微些，但仍朝相同趨勢發展。就如以往，全球各地都是富者愈富、貧者愈窮；而且這種貧窮不只是相對的貧窮，有時甚至是絕對貧窮。窮人的唯一共同願望，也許是指望在不斷成長的世界裡能在富人的夾縫中找到立足的空間。但目前看來，希望頗為渺茫。

粉飾文明的背後

高爾（Al Gore）出任美國副總統之前曾寫道：

我們在自己的文明中，構築了一個虛假的世界：塑膠花、人工草皮、冷暖空調、螢光照明、從不開啟的窗戶、永不停歇的背景音樂、不知晴雨的白晝、永遠閃耀的夜空、「隨身聽」與「隨身看」、微波冷凍食品、酒精與毒品帶來的興奮。

不僅如此，如果高爾一併描述許多落後美國內陸城市的情況，聽起來會更糟。在這些貧困之地，喪心病狂之徒殘殺幼童、強姦老嫗的事件時有所聞；有些地方每三十秒發生一次竊案，生命與財產全無保障；匿名暴力事件層出不窮。

高爾寫下這段話，一方面是出於對人類環境的關懷，一方面也是基於對人類心靈的關懷。大多數人都相信人類具有「心靈」（spirit），且人類有今天的成就，不是靠物種進化過程中偶發的好奇與突變所致。假如為了追求某種效率，而犧牲人類特具的心靈特質，會使人類一切進步盡歸枉然。

姑且不論雷根時代種種嚴重的政策矛盾、中東地區永無止息的兩難困局、非洲大陸慘無人道的戰爭與飢饉，以及我們為後世子孫保存生活環境工作的無能等擾人難題，就是在那些公認為成功的資本主義國家中，也有足夠令我們懷疑的問題：我們是否找不到通往未來的路？過去自以為已掌握未來的想法，是否只是一廂情願的誤解？

何謂「進步」？

西元上兩個「一千年」的交界，原先只是歷史計年上的偶然，根本不值得一提。但歷史上每個一千年結束時，的確對人類心智產生神奇的效果，特別當它似乎與某些長久以來被視為理所當然的事物（例如各類組織）同時告一段落，更是不可忽視。

去年聖誕，我們的家庭遊戲是列出過去十年間出現明顯進步的所有事物，希望藉以帶來歡愉的氣氛。有人先提到紐西蘭葡萄酒和安寧醫院，但隨即陷入僵局。有人特別稱道雷射唱盤隨身聽，有人給予行動電話最高評價，但如果將眼光放遠大些，這些似乎難以算是人類文明真正的進步。想到此，遊戲氣氛轉趨凝重，樂趣全失。

然而，人類有些事物的確有所進步。由於大家過去五十年來所做的一切，使生活在當今工業化社會的每一個人，都享有較以前更多的物品與設備、更好的醫療與住所。這應該都是好事。但這些事物引發一些事先未預期的成本，同時，如果冷靜回顧過去半世紀，會覺得這一切是福是禍仍未明朗。這是我經歷的年代，而這一代的人正緩緩進入人生的「第三齡」（Third Age），亦即超越組織結構與全職工作約束的一個新階段。我們這一代人目睹人類著手重建二次世界大戰後的全球新秩序，也目睹資本主義戰勝共產主義，以及核子大戰的威脅獲得紓解。然而，有些東西我們沒有預見。也就是在這個世代中，人類運用科技促成生產力急遽提升，但那些原本從事傳統工作的人如今卻失去了工作。對很多人而言，未來的工作會是一些非必要的工作，像是提供可有可無的奢侈商品或服務。

過度消費的時代

生產力提高導致消費增加。「如何當顧客」被視為新啟蒙課題。甚至頗令英國人自豪的英國公民憲章（Citizen's Charter），在仔細察看下，也是一部顧客憲章。過度消費必須付出代價，但我們對此覺悟得太晚，例如，大家都開車的結果，往往是大家都身陷車陣，進退不得；或者每次駕車外出旅行，遇到的人盡是遊客，因而遊興大減。我們把消費當作衡量成就的規尺，因而無意間創造一個不知足的社會；在這樣的社會中，不管平均財富水準有多高，只要擁有的東西不及平均水準，就被視為貧窮。

我們曲解亞當斯密的觀念，誤以為只要人人照顧自己的利益，就會有隻「看不見的手」巧妙安排一切，產生對大家最有利的結果。基於此，我們大力宣揚人人所應享有的基本個人權利與自由選擇權。但我們卻沒有同時要求人們自我約束，為鄰人與後代子孫設想，以至於使基本權利變成特權，再變成自私。事實上，亞當斯密所教授的專業領域是道德哲學而非經濟學，他的立論皆以道德為基礎。早在寫《國富論》（*A Theory of the Wealth of Nations*）之前，他已完成一部具有代表性的巨著《道德情操論》（*A Theory of Moral Sentiments*），書中主要論點是主張「同情心」（sympathy）為社會安定的基礎。所謂同情心是一份尊重人類同胞的道德責任。而市場機制的功能，在於鼓勵有效率事物，抑制無效率事物，我們不能以市場為藉口而規避應負的責任。

管理的極限

過去五十年的一切「進步」，讓有些人享受了成果，但也有人未能蒙受其利，即使在較富裕的社會也是如此。儘管我們的良善初衷是希望讓大家共享進步的果實，但整體而言，這世界卻是貧者愈貧，富者愈富。本世紀以來，人類所走的是一條管理、規畫與控制的道路。站在社會峰頂的那些人，最看得清楚前進的道路；他們既有能力、也有責任為其餘的人規畫前進的路線，並使大眾確實遵循而行。過去，我們認為就許多方面而言，所站的山愈高，視野愈廣、愈清楚。這種觀點適用於我們身處的組織和政府。雖然我們口口聲聲說政府不應對人民施壓，但實際上卻希望政府有效管理人民，以帶給我們最大福祉。例如，我們設法規畫並控制全球貿易與金融，且嘗試創造一個綠化的世界。我們過去認為，凡事皆應有合理的解決之道，世界應有愈變愈好的可能。

然而事與願違。在全球各地，管理與控制的工作逐一失敗。目前看來，世界新秩序很可能將混亂收場。我們沒有辦法使家事、公事、國事，乃至天下事皆如我們所願。如今情況很明顯：管理有其局限。我們過去以為，資本主義可以解決一切問題，但若是問問那些三餐不繼、居無定所之人，他們未必作如是想。

混沌邊緣

科學家稱這類時刻為「混沌邊緣」（the edge of chaos），通過這樣劇烈波動且創造力豐富的階段，便可塑造出一種新秩序。大約四百萬年前，從簡單的分子與氨基酸構成的「太古渾湯」（primordial soup）中，產生世上第一個活細胞。沒人知道確實原因與經過；從那時起，宇宙無可扭轉的走下坡，逐步趨於混亂失序與毀壞。然而，在混亂中，宇宙相當不可思議的出現各種動物、植物、細菌，以及眾多星球。新生命的迸發，永遠源於舊生命的腐壞與失序之間。

在美國的聖塔菲研究中心（Santa Fe Institute），有一群科學家就研究這個現象，並稱為「複雜理論」（complexity theory）。他們相信這個概念不僅與粒子物理有關，更與油價、種族關係、股票市場有關。沃德羅普（Mitchell Waldrop）在針對這項研究所著的《複雜》（*Complexity*）中，將「混沌邊緣」稱為一個「場所」；在那裡，某種複雜的系統不但可以自動自發產生，且具有調適能力，同時還生氣蓬勃。另外，任何人或機構假如身處其中，一定覺得不自在；就如同目前許多單位所面臨的情況。

「萬物論」何在?

我們需要以一種新的方式思索我們的難題與前途。假如弔詭所帶來的矛盾與震驚是未來無法避免的,我們不應恐懼退卻。我們必須接受弔詭是生活的一部分,接下來才能與之共處,並予以駕馭、管理。

過去我總認為,弔詭之所以會產生,是因為世界不完美;終有一天,我們會更了解這個世界,而且更能有效的組織它。我自信滿滿的以為,世上一定找得到一種撫養和教育兒童的正確方式。「朱門酒肉臭,路有凍死骨」也不再有發生的道理。自由不等於特權,更不能藉自由之名行使暴力,甚至發動戰爭。有人變富有並非一定得有人變窮。我們目前只是尚欠缺解決弔詭的知識和意志。我們還不夠了解許多事物的正確運作之道,但總有一天我們找到科學家所稱的「萬物論」,也許還能知曉如劍橋大學的物理學家史蒂芬・霍金(Stephen Hawking)所說的「神的旨意」。過去我所寫的一些書,也曾隱約透露我當時的信念:世上一定存在著經營我們的組織、乃至人生的正確途徑,雖然也許我們一時無法完全確定。

當時我為「科學的迷思」所惑，以為從理論上來說，凡事皆有可能了解與預測，因而也能管理。

複雜與混沌

現在，我不再相信有什麼「萬物論」，也不信凡事皆有可能變得完美。如今我認為，弔詭非但不可避免，而且是萬事萬物與生俱來、恆久延續的特質。時代愈是波濤起伏，世界愈是錯綜複雜，弔詭也愈多。「複雜理論」已與「混沌理論」（Theory of Chaos）串連。理論指出，劇烈波動乃是創造力和新秩序出現前必須有的前奏。因此，面對弔詭時，我們既有能力也有必要減少矛盾與不和諧，並認清困惑所在。然而，我們更要認清，在下個階段新秩序建立起來之前，我們不可能完全解決或逃脫弔詭。弔詭就像天氣，只能和它相處，不能解決它；只能設法緩和最糟的部分，掌握最好的部分，並以其為前進的線索。無論在生活中、工作上、社會上、國際間，我們都必須**接受**弔詭，因應弔詭，並賦予弔詭意義。

還記得我孩提時代，臥室牆上掛著一小幅座右銘寫道：「人生的道路有如高爾夫球場，沒有球道兩側草木叢生的崎嶇地，就無法襯映綠草地的平坦與寧靜。」我不知它為何掛在那裡。我的家人對那類玩意並不感興趣，很可能是母親從某個慈善義賣會隨手帶回來的。但不管是偶然或故意，「人生必須面對弔詭」的概念從此進入我的潛意識中。從小有人告訴我，上帝給人類的一大恩賜，是讓人有自由選擇權。隨著年齡增長，我發現它本身就是一個弔詭；因為，擁有自由選擇權意味著人類有可能做出錯誤的選擇，例如選擇犯罪。但我們不能只要其一，不要其二。人類為了享有「人性」，必須付出的代價是背負「原罪」。由此可見，宗教的核心之處存在著弔詭。同時我也發現，弔詭使我們的人生趣味盎然。假如每件事都只單純的帶來正面影響，我們很快就會覺得人生乏味，再也沒有必要進行任何改變。假如要我進一個沒有弔詭的天堂，我寧願下地獄。這麼說來，完美不僅不可能獲得，或許也沒必要追求。

走出叢林

這個結論對我而言是一大啟示，人生不可能輕鬆適意，不可能十全十美，也不可能完全在意料之中。回顧過去是了解人生的最佳途徑，但實際的人生只能向前。人生如果想活得更有價值、更美好，就必須學習如何調和，並進而利用弔詭及矛盾，藉此找出更好的一條路。大作家費茲傑羅（Scott Fitzgerald）曾說，考驗一個人是否智力一流，要看他的腦力有沒有辦法同時容納兩種對立的觀念，而且還有能力正常發揮功能。假如他說的沒錯，那麼我們將處於一個癱瘓的時代，因為放眼望去，具有一流頭腦的人實在不多。舒馬克（E. F. Schumacher）也說：「某些人總宣稱，凡事皆有最終解決之道；他們似乎認為，除死亡之外，還可找到其他終極解決之道。從追求進步的角度而言，最重要的工作其實是不斷求取某種平衡。」

與弔詭共處既不舒服也不容易；有如在沒有月光的暗夜中行走於漆黑叢林，會有一種毛骨悚然的感覺，完全失去方向感，濃濃密密的高矮樹叢包圍過來；無論朝哪個方向踏出，動輒碰到障礙物；每一種聲響都被擴大；危機四布，草木皆兵；似乎原地立定要比移動腳步來得安全。

然而，等到黎明來臨，前進的路徑更明朗了；夜裡聽來可怕的聲響，如今發現不過是林間鳥唱、草底兔奔；夜裡覺得逼人的樹叢並非擋路，卻自成蹊徑，我們置身之處變成一個完全不一樣的地方。

第二章

當代九大弔詭

假如我們希望成功因應今日生活中的種種劇烈變化，首先必須提出一個將這些變化加以組織的辦法。否則，我們心中將充滿無力感，並且對於超出我們控制乃至理解能力之外的事件感到束手無策。

無論做任何事，第一步都是在混亂中理出頭緒。當然，分析師和心理治療師深諳此點；管理學老師及醫生也是如此。在我所任教的商學院內研修管理的學生，經常要面對厚達三十頁的企業或工業案例研究。我們給學生繁瑣的案例研究，目的不是為圖教學方便，而是希望透過這種方式，讓學生領悟到：面對大量資料、印象以及混淆不清的信號時，第一件該做的事乃是將這一切訊息理出一個架構；就如醫生必須懂得綜合各種症候做出診斷，否則治療工作無從展開。

針對當前人類社會無可避免的混亂處境，我歸納出九種弔詭現象。詩人白朗寧（Robert Browning）曾寫道：「人生總在看似該失敗之處成功，命運是個弔詭，捉弄我們，同時也安慰我們。」「弔詭」的另一項特質，是容許相互對立的兩件事同時並存：例如我們會發現對於自己的最愛，有時也懷有厭惡感，但愛憎卻能繼續並存。我們無須解決弔詭，只須加以管理。

這不是涵蓋一切的清單，但若能管理以下九種弔詭，若能使其變得有意義，若能將其中的突發轉折與既存矛盾相結合，而塑造出一個更好的世界，我們未來就會是成功者。而這些弔詭似乎都是伴隨經濟進步出現。

一、智慧是新型生產工具

一九九二年一月，微軟公司（Microsoft）的市值一度超越通用汽車公司（General Motors）。《紐約時報》（*New York Times*）評論說，微軟公司唯一的工廠資產是員工的想像力。幾位財經管理界的大師都已洞察，「人」這項資產在產業轉型期中的角色轉換。湯姆・畢德士（Tom Peters）宣告「工業革命」已結束；彼得・杜拉克（Peter Drucker）則在著作和言論中引領人類進入「後資本主義社會」（post-capitalist society）。當然，這個說法也許言之過早，因為員工的想像力並不穩定，而微軟公司顯然也不應以此自滿。但全球各地的機構與個人已逐漸體認一項事實：他們最終最大的安全保障是頭腦，而非房地產。即使情況最窘困的美國汽車製造業，也逐漸以腦力取代體力。在福特公司亞特蘭大廠，僅需要十七小時的直接勞力就能製造一部車。聰明的工人與聰明的機器攜手，共同宣告龐大組織當道的時代結束。

長久以來，許多公司老闆宣稱員工才是他們的真正資產，但心裡真正這麼想的不多，更沒有人將人才資產登錄於資產負債表上。然而，這種情況在未來會改變。杜拉克指出，資本主義傳統所賴以存在的基礎，即生產工具，如今實際已由勞方所掌握，因為那些工具在他們的腦子裡、指尖上。馬克思當年的夢想如今已經成真，只是實現的方式恐怕他作夢都沒想到。

特定類型的智慧，即獲取及應用知識與訣竅（know-how）的能力，成為一種新財源。自稱「智慧之島」的新加坡，就在他們提出的計畫中確認，傳統上公認的財源與優勢，如土地、原料、資本、科技，假如有必要，皆可自外購得；但先決條件是，要有一批懂得應用這些東西的人。新加坡和香港一樣，都把生產活動移到較便宜的地方（如蘇門答臘、菲律賓及中國大陸），但管理控制、設計、配銷等需要較高「智商」的工作，仍保留在本地進行。

新財源

其他國家的情況和新加坡沒什麼不同。智慧是現代社會的新財源和新財產形式，而它的性質又與其他財產不同，這正是弔詭之所在。舉例來說，智慧無法因法院判決或行政命令而移轉給他人；甚至也不可能當作遺產流傳子孫，頂多只能指望兒女遺傳到一部分好基因。當然，教育在其中扮演相當重要的角色。教育已成為通往未來財富的關鍵之鑰，但這把鑰匙要花很長的時間打造，轉動也很費時。更古怪的是，即使我讓你分享我的智慧與訣竅，我的智慧與訣竅仍絲毫未減。這種新型財產別人不可能拿得走。智慧是種「附著性」相當強的東西。

我們也不可能擁有他人的智慧。杜拉克說的對；那些自認擁有事業的人，實際上已不再掌握生產工具。人才若決意帶著智慧出走，任誰也阻攔不了。股票投資人購買微軟公司股權，是打賭員工仍將繼續在微軟的旗下貢獻想像力，且想像力永不衰竭；否則對股票投資人而言，購置這類資產並不安全。因為智慧也是種「流失性」很強的財產。

更麻煩的是，智慧非常難以測量，這就是為何智慧財產很少出現在資產負債表上。而且，智慧財產稅不像其他財產稅，它非常難課稅，因而會使一切財產稅課徵方式的效果皆大打折扣。總而言之，智慧財產不但附著性高、流失性高，還極端複雜。

所幸，智慧雖然不可能透過行政命令而重新分配，但同樣不可能有人能阻止我們獲取智慧。理論上，每個人都可能有聰明的一面，或可能變得聰明，因而都有機會通往權勢與財富。就如微軟闖入ＩＢＭ地盤的情形一樣，其他小公司照樣可以闖入微軟的地盤。在一個智慧財產掛帥的競爭領域內，未必要規模宏大、財力雄厚的公司方能爭得一席之地。那是個低成本的市場，同時也是個開放的社會。

學習型文化

令人遺憾的是，智慧往往走向已經存在著智慧的地方。受過良好教育的人給予其子女良好教育，使他們有機會獲取權勢與財富。有了權勢與財富之後，再下一代的子女自然擁有較佳的教育機會。由此看來，除非我們能將整個社會轉型為一種「永續學習」的社會，其中每個成員皆熱中於追求更高的智慧，就如當前人人追求擁有自己的房子一般熱切，否則智慧這種新型財產極可能導致社會分化程度與日俱增。財產新定義的出現，使得強調私有財產的民主政治顯得更吸引人。

事實上，世人已經對財產的形成漸漸改觀：似乎人愈富有，愈不堅持擁有屬於自己的、有形的房舍；這種現象多少可以顯示財產觀的改變。在最窮的孟加拉，九〇%以上的房子屬於居住者所有；在愛爾蘭，比例下滑到八二%。在較富裕的西德地區，數字降為四五%；到了更富裕的瑞士，落到只有三三%。凡是腦力掛帥的地方，人們都不把安全感寄託於有形財產上，而是寄託在智商上。他們把錢花在比購屋更有用的地方。

二、工作，是福是禍？

我們都需要有事情做，活動也是天生自然之事。然而，在追求效率的過程中，我們似乎必須付出迫使某些人無事可做的代價。這頗令現代人感到不安。但當我們從另一個方向來思考這個問題時，弔詭出現了：現代人為什麼要因為投閒置散而感到焦慮呢？閒散快意的日子是古聖先賢所夢寐以求的，是他們心目中的文明境界。馬克吐溫（Mark Twain）曾發妙語：「假如工作真是件美妙之事，有錢人老早爭先恐後搶成一團了。」我要告訴馬克吐溫先生，他們現在的確搶成一團，結果就是，有些人既有工作又有錢，可是沒空閒；有人時間太多，卻沒工作又沒錢。有閒的人把這項特權視為詛咒，因為他們多半困於社會底層，而非居於頂層。我們似乎已經把工作塑造成上帝，然後讓它高高在上，令許多人要膜拜都拜不到。

為什麼工作變得如此重要？一部分的問題在錢。我們的社會選擇以工作作為分配收入的方法，為了錢，我們甚至願意從事枯燥乏味的工作。因此，假如人人有一份可以賺錢過活的工作，事情就好辦，工作是否無趣倒不重要。這原是共產主義哲學的一部分。資本主義社會則把金錢當作衡量效率的標準。因此，企業希望以最少的錢完成最多的工作，個人則通常希望拿最多的錢做最少的事。不過，在一個每樣事物都要交易的競爭世界裡，企業顯然會占上風。

當前企業面對要求高效率的挑戰，因應之道是以最快的速度剔除生產力低的工作與人員。但一般公司並未保留稍微過剩的人力與技術，以應不時之需。相反的，他們把技術推出門外，有需要時再拉回來。贊同的人說這是「消除過剩人力」，反對者則認為此舉是「拋棄組織的彈性能力」。一些公司大量裁減全職工作者（以兼職員工代替），如此一來，凡是公司沒利用到的時間，便無須承擔成本。人力過剩一定耗費成本；唯一的問題是：成本由誰來支付？

諷刺的是，這些沒被運用到的人員，如果想享有身為公民應得的基本生活權利與樂趣，還是要有點錢。為了照顧這些人，政府通常需要增稅支應，公司因此必須繳交更多稅金，到頭來等於還是由原公司負擔離職員工的生計。最終，社會整體生產成果未見提升，各企業的開支也未見減少，只是方式與以往不同。但最終結果不見得是這樣。理論上，那些冗員可以想辦法利用多出來的時間，做些新的工作；既可打發時間又能維持收入。不幸的是，這批人通常是最沒能力為自己創造新工作的一群，因為他們欠缺獨立謀生所需的智慧與意願。他們早已被制約定型為「受雇者」，如今我們卻期待他們變成「創業家」。

勞動市場轉型

一九九三年元旦，英國服裝連鎖商店「伯頓」（Burton）宣布，公司將裁減兩千個全職工作，創造三千個兼職工作。他們表示，此舉是一種策略性反應，是為了因應當前門市營業時間普遍延長的新趨勢。難怪英國勞動人口當中從事全職工作者僅占五五％。這些年來，英國經濟上有許多過剩產能，但都蘊藏在個人身上，而非在企業裡。除非我們讓這群「局外人」分享新型財產：智慧，否則，他們的產能就無法發揮出來。除非我們真如此做，否則任何導致忙者更忙、閒者更閒的工作劃分，都將徒然使社會更加分化。

事實上，英國和美國有全球最開放的勞動市場，因此，有工作的人也最多；但兩國的勞工最沒有保障、待遇也往往很差。英美兩國正值工作年齡的人口當中，有七〇%從事有薪工作；相較而言，法國為六〇%，西班牙只有五〇%。過去二十年間，美國從事有薪工作的人數增加三千萬人，但歐洲共同體同期只增加一千萬人。可是，英美人士的工時較長且較不規律，很多人從事兼職或自雇性質工作，比較沒保障。一五%的英國人每週工作超過四十八小時，二〇%的英國人星期天通常不休假；歐洲大陸人視此為瘋狂之舉。

英美雇主於本薪之外附加提撥不及三〇%的社會福利與退休基金，但義大利、德國、法國等國皆外加五〇%。雇主究竟應雇用較少員工，而給予較高待遇、較佳教育訓練與較好保障，還是該量多而價廉？爭議方興未艾；歐陸人士堅稱，在現代環境下，對雇主而言，唯有素質高（薪資當然也高）的勞工才能勝任；而對被雇者而言，擁有爛工作還不如沒工作。英美人士則相信，擁有一份工作總強過沒工作，即使導致技術持續退步亦無妨。其結果之一是造成一個更分化的社會。在美國，收入最高一〇%者的平均所得，為收入最低一〇%者的六倍。在德國，此比率僅為二比一。

沒有標價的工作

工作不僅是以賺錢為目的的差事。除了有薪工作外，還有形形色色的無薪活動。事實上，假如把工作的代價一律標為零，那麼工作所涵蓋的範圍就會無限寬廣。擔任家庭主婦的朋友們一定會說：「我太清楚這個道理了！假如我們所做的一切都要計算工資，會發現許多家事做來根本不划算。假如吃一頓豐盛晚餐、住一間乾淨房舍都要把合理工資納入計算，我們會發現自己根本支付不起。」因此，假如人們想為了金錢以外的因素而工作，例如為了自尊或身分、貢獻或參與，最好的辦法是把更多工作標價為零。假如一個社會中有許多無標價的工作，人人就都有事做。君不見中國大陸或任何開發中國家一副繁忙景象？有趣的是，社會上有標價的工作愈多，有薪工作反而愈沒人做，因為如今有太多工作做來不划算。凡是做來划算的工作，一出現馬上有人搶著做；基於效率的考量，這類職務多半採精兵主義；人少、事繁、酬勞高，而不會雇用大批低薪人員充任。也許我們應該只留下兩種工作，其中一種標價昂貴，另一種標價為零，而不要再在兩個極端之間胡亂標價。不過，這卻會帶來生產力的弔詭。

三、生產力的迷思

所謂生產力提高，是指工作的質與量均逐漸提升，但工作人口逐漸減少。這對客戶與公司行號、政府機構均有好處。從來沒有人反對提高效率。一般而言，提高效率最終對所有的勞工皆有利。那些留在原機構的人獲得更理想、薪資更高的工作；離開的人則可以在其他成長中的機構裡找到合意的工作。歷經一段時間後，會有一整批人移進新發展的行業。例如，兩百年前可能有一批農民開始在新出現的工廠裡找到新工作，後來（當工廠逐一開始裁員及關閉之際），他們的子孫又轉移陣地，改而在辦公室或店鋪上班，或從事服務業。經濟不斷成長，新工作也一直出現。只要整體經濟成長率比效率提升率與人口成長速率的總和還低，每個人總應該可以在某處找到工作。

DIY經濟

然而，這回新發展的行業卻是「DIY經濟」（DIY economy）。從事某一部分DIY經濟可以有薪資收入，也能計算產值，例如愈來愈多個人工作者便是如此；另有一部分雖有收入，但未計入產值（如黑市經濟）；還有一部分是純破壞性的DIY經濟，如販毒、竊盜、暴力等。然而，有許多DIY經濟既無薪酬、又不計產值、也沒有違法，例如照顧家中老病成員、自行東修西補、種植自己吃的食物等都是。隨著愈來愈多人被迫或主動離開公司，他們把過去花錢請人做的工作拿回來自己做，從經濟角度而言極富意義。

照理來說，他們應該支持實施某種類似「個人進口替代」（personal import substitution）的做法；不過，各國政府雖普遍贊同實施國家進口替代政策，卻不希望個人或家庭依樣畫葫蘆。然而，假如你現在擁有的時間比錢多，自己能做得到的事為什麼要花錢請人做？由於這個新興的行業是隱形的，因此所投入的生產力似乎不會帶來更多看得見的生產成果，也無法創造我們所期待的傳統工作機會。

執政者及失業者請注意，這不是一個暫時的弔詭。無論社會或個人，都必須逐漸習慣DIY經濟這個新興成長行業。無論喜不喜歡，我們當中會有愈來愈多人投身這個產業。科技發達的結果，便是愈來愈多人有能力獨自經營事業或提供服務。會有更多人跳出組織與正式經濟體系外工作。據「經濟合作暨開發組織」（Organization for Economic Cooperation and Development, OECD）統計，在一九九二年，年逾五十五歲的英國人當中，尚從事支薪工作者只占三三%。但可別立刻認定這是英國社會特色，因為同個項目，法國僅為二七%，義大利更只有一二%。其餘的人也不必然都無所事事，只不過他們所做的一切未被計入產值，更重要的是，社會沒把他們的工作視為工作。

從計量經濟的角度來說，我們向來是透過將不計價的工作轉換為計價工作而顯現經濟成長；因為唯有如此，才能計算工作的產值。諷刺的是，這麼一來，儘管表面上經濟獲得成長，實際上完成的工作卻反而減少。將工作標價的同時，我們也將「活動」轉變成「職業」，因而創造就業機會。可是，卻也有一些工作變得價格高昂，超過顧客所能負擔的範圍，因而不再有人做。有許多活動更由於我們太久未接觸，老早忘了該怎麼自己做，最後因而消失。我們給工作標價，有可能毀掉工作，但過去由於從未計算這項工作的產值，因而也不曾注意到這個嚴重問題。

富裕社會的寓言

有位朋友過去一向親手種植自己要吃的全部蔬菜；他因為能免費吃菜，甚至連種子都不用買而深感自豪。然而，從可見的個人經濟成長指標來看，這種做法毫無建樹，因為沒買進或賣出任何東西。隨著年歲增長、積蓄日豐，這位朋友評估發現，自己種菜是一種不當利用時間的做法。假如省下種菜時間，多做點本行的工作，轉而到超級市場購買蔬菜，收入會更高。這樣一來，可見的個人經濟指標稍有成長。可是，現在這位朋友失業了，只能買得起最便宜的蔬菜。不幸的是，菜園已蕪、農具已失，他已沒有精力從頭開始。如今他意志消沉、飢貧交加。這時候，可見的經濟成長指標又倒退一格，家中可食用蔬菜總量減少，增多的是閒散與不滿。我這位朋友給種菜工作標上價格，結果毀了這份工作。

這是個刻畫富裕社會現況的寓言；當今一些富裕社會正透過標價，把愈來愈多類似工作帶進正式經濟體系。他們這種做法固能促進專業分工與提升效率，但最後卻使一部分新工作因標價過高而無法存在，也導致許多民眾喪失技能，而創造出一群一旦失業即無所事事的人。這一切都是善意在無意間所引發的惡果，是進步的副作用，也是當前令人不安的弔詭之一。

四、時間商品的困惑

在此波瀾起伏的世界中，我們的時間似乎從來不夠用，但現今我們所能利用的時間也空前的多。由於人類壽命逐漸延長，加上工作效率日增，縮短了完成工作的時間，因此我們應該會有比較多剩餘的時間。然而我們卻把這項奇怪的商品變成競爭的武器，寧願將節省下來的時間再投人工作，以加速完成任務。假如人類夠聰明，也許應把時間的價格標籤撕去，容許自己有發呆的時間。

我們曾經一度知道時間是什麼。前英國貿易工業部長賀韻芝（Patricia Hewitt）曾言簡意賅的說明早期人們的時間觀：那時候，男人花費於有薪工作的時間，決定他有多少時間享受家庭生活；女人用於操持家務的時間，則決定她有多少時間外出工作。那時，男人將大部分時間花在上班地點，女人則將大部分時間花在做家事。當時所有的機構可說都只考慮男性的便利，附帶的結果是導致作息時間相當固定。大家都知道某人某個時刻會在某處。

前面說的是過去的情形。現今英國朝九晚五的「正常」上班族只占總勞動人口的三分之一。按照這個比例，正常者已成少數，工作時間愈來愈不固定。公司也希望更有彈性。我們有必要重新思索時間本身與相關字眼的涵意。未來，我們將無法清楚劃分全職工作與兼差工作；「退休」一詞將成為純粹的術語，意指具備領取福利金的資格；「加班」將成為一種過時的概念，就如今天我們揚棄前人的「奴僕」概念一般。這些變化預料會帶來新的形勢。但在目前，對許多人而言，時間的擁有與利用相當不均衡，生活也出現失衡現象。一部分人時間太多，不知如何打發；另一些人則覺得時間不敷使用。

很多公司基於本身的利益而重新思索時間問題。他們似乎如今才恍然大悟到，一週實際上有一百六十八小時，而非四十小時。讓資產擺著睡覺並非生財之道。因此，假如地球上半數的人都還清醒，假如顧客喜歡在晚上與週末購物，或假如有些員工偏喜歡在眾人皆睡之際工作，為什麼要讓資產閒置一百二十八小時？如今大多數工廠都是一天二十四小時運轉。金融機構有人輪值夜班，倫敦商家也一改舊習，每晚營業至九或十點，週日也照常營業。倫敦南區萬滋渥斯（Wandsworth）一帶的學校，已經取消幾代以前為了讓學童回家協助收割而安排的漫長暑假，改成一年五學期，每學期八週。任何時間界線都可以拆除！

各機構採取形形色色的方法重新安排時間。彈性上班制已經實施好一陣子了。不過，假如順應潮流，縮減每週工作總時數為三十五小時，所謂彈性上班可能意謂可選擇每個工作天減少工作一小時，或週五下午不上班，或兩週工作九天。此外還會出現其他彈性措施，諸如育嬰期間全職暫改兼職、退休前全職改兼職、兩人共有一份工作、特定期間工作、週末工作、每週工作四天或每兩週工作八天但每天十小時、每年依契約工作固定時數、無時數契約（當雇主有要求時必須騰得出時間）、育嬰假、生涯充電休息假、特休假、採用時間銀行制度（跨年度累積休假）、個人化工時契約（個人與老闆逐週或逐月協議工作時間表）。

浮士德式的時間交易

表面上，似乎每個人都具有足夠的彈性，但果真如此嗎？根據茱麗葉・修爾（Juliet Schor）那本膾炙人口、迴響熱烈的《過勞的美國人》（*The Overworked American*）所述，美國人與二十年前相比，平均每年工作時數多一百六十四小時，相當於多工作一個月。一般美國人每週工作四十七小時，假如趨勢不變，二十年後美國人平均每週工作六十小時，一年工作三千小時。比較一下，一九八九年英國人平均一年只工作一千八百五十六小時。為什麼美國人要這麼做？修爾說，因為兩件事同時出現：公司為了節省開支希望減少雇用人數而延長個人工時；個人則希望多賺點錢。修爾說，這種「為錢而出賣時間的浮士德式交易」已導致一種潛藏的危機：人們愈來愈仰賴消費以獲取生活滿足，甚至指望透過消費找尋人生的意義。

弔詭的是，他們似乎也知道這麼做很荒唐。一九七八年美國勞工部的調查顯示，八四%的勞工說，他們願意未來少調點薪水，以換取更多時間。在英國，安德烈．哥茲（Andre Gortz）曾在一家鞋廠，針對喜歡加班的員工記錄並做研究。那些向來拚命找機會加班（包括週末例假）的人，在經濟不景氣衝擊之際，工廠實施工作共有制時，才發現有較多的時間可運用。一位工人發出肺腑之言：

健康狀況奇蹟般一點一滴恢復。追逐錢財的觀念真的淡泊下來。我們的確少賺了許多錢（收入較先前減少二五%），但沒多久以後，只剩下一、兩個傢伙還會在意此事。大約這時候，同事間的友誼開始了：我們開始能超越公式化對話，談論愛情、性無能、嫉妒、家庭生活……，也就在這時，我們開始十分厭惡夜晚和假日留下來加班……，我們重新領悟生命的意義。

修爾說，過去五十年來由於生產力提升，使我們能夠兼得增加財富與節省時間之利，而我們似乎已決定只取其中之一，也就是要錢不要時間。努力工作與消費已成一種習慣。當然，對某些人來說，實在也別無選擇。將近三分之一的美國人，即使領取全職薪資，仍無法跳脫貧窮之列。英國的情況也一樣。數百萬家庭必須靠加班、兼差，或是讓更多人都去工作，才有辦法溫飽。為了生存、為了糊口，他們願意花更多時間工作，以求增加收入。

錢與閒

打從我們把時間變成一種商品，亦即公司花錢向人購買時間而非產品的那一刻起，麻煩就開始了。在這種情形下，時間賣得愈多，錢賺得愈多。如此一來，時間與金錢之間不可避免形成一種「權衡」（trade-off）關係。公司變得更精挑細選；他們希望減少利用按時計酬人員的時間，而多多利用領取年薪者的時間，因為後者在一年期間內任何超時工作都不另計酬。

時間變成一種令人困惑的商品。有些人願意花錢以節省時間；有的人則願意花時間以節省金錢；還有人在人生某些特定階段寧願少做點事、少賺點錢，以爭取多點自己的時間。這使得時間成為一種帶有矛盾性質的商品，而它在我們社會的地位卻也日形重要。

忙碌的人如果經濟能力許可，會花錢省時間。例如，購置具有省時作用的家庭設備、購買預先煮熟的食品，請人幫傭做家事。假如有助於挪出時間做自己真正想做的事，他們寧願搭計程車而不擠公車；寧願請保姆而不自己帶小孩；寧願雇園丁而不自己做園藝。他們的省時需求創造出重要的市場機會。另一方面，不忙碌的人會花錢買時光，如旅遊時光、學習時光、玩樂時光、健身時光，或花時間從事過去一向付錢請人代勞的工作。因此，時間的因素創造出新的事業發展領域。包括針對忙碌人士省時需求的個人服務；滿足有錢有閒人士健康、教育、旅遊、休閒等需求的商品或服務，以及有意花時間而省金錢者所需求的設備與材料。最擅長經營這些新興成長領域的，很可能不是大型公司，而是擅長提供個人與地區性服務的小型獨立商號。它們也許會透過特許經銷（franchising）或其他網絡，與較大的組織團體相連結。

五、富裕的假象

經濟的成長，最終要靠消費者對商品的需求不斷增加方可達成。因此，若以世界整體來看，成長應是潛力無窮。然而，如果只看富裕地區，我們所見的是嬰兒愈生愈少，平均壽命卻愈來愈長。嬰兒減少意味著未來的消費人口將減少，平均壽命延長則通常意味著未來會出現更多較貧窮且較挑剔的顧客。年長的人即使有錢，畢竟是處於縮減支出以傳承子孫的階段。換言之，富裕國家的國內客源有可能日趨枯竭。

在富裕國家和開發中國家間又存在著另一種弔詭。富裕國家所必須銷售出去的東西，開發中國家多半買不起。而對於開發中國家而言，在還沒能夠開始購買富裕國家的東西之前，他們常想獲取富裕國家的技術與資金，藉以製造東西賣給富裕國家。因此，富裕國家只好先投資於未來的潛在競爭者，以支撐眼前的成長。雖然跨國企業已逐漸認清：為了追求利潤，應該到較便宜的地方生產，且應輸出技術以使這些地方有能力生產；但是迄今沒有一個政府能說服自己的人民接受這個弔詭。因為，在短期之內，不再輸出產品而輸出技術與整廠設備，對長久以來一直在國內工廠工作的人而言，的確不是好消息。然而，他們雖然得不到好處，但他們的子女卻可因外面世界趨富而獲利。現在就看他們是否有為下一代犧牲的準備。

炫耀式消費式微

傳統上有種不假「外」求的辦法，即設法增加國內有錢人的消費需求。持這種主張的人認為，成長的持續要靠所謂「炫耀式消費」（conspicuous consumption）的心理，一路追求與鄰人並駕齊驅、甚至希望猶有過之的心理。此乃美國經濟學家范伯倫（Thorstein Veblen）一百年前所提出。如此一來，社會要維持所需的成長，必須愈來愈仰賴一股爭相炫耀的風氣，並任由社會日趨分化。這又是另一種弔詭。然而有跡象顯示，基於炫耀心理而形成的所謂「名牌服飾風」，於一九八〇年代登上顛峰後，一九九〇年代已開始走下坡。倫敦《金融時報》（*Financial Times*）稱此為「奢華的式微」。巴黎高價服裝業者擔心，未來恐怕無人願高價購買服裝創作。消費者已變得愈來愈精明，對炫耀式消費的興趣漸失，而比較常問「功能好嗎？」、「耐用嗎？」頗弔詭的是，我們不禁要問，這個發展是好是壞？就經濟成長而言不利，依常識判斷卻對我們有利。

西方國家即將流失一種顧客，這種顧客我們稱為「人為塑造的國防工業顧客」。國防工業在過去「國家安全」的外衣下，創造各國對先進科技的假性需求；美、英及西歐諸國的許多企業都投入腦力與人力參與提供這方面的需求。這產生了另一弔詭：從和平的角度，我們必然期望這類顧客日漸減少；然而，為了改善經濟，我們很希望能出現另一批具正當政治理念的類似顧客來填補。例如，我們也許可以將「捍衛環境」訂為下一個作戰目標，而投注國防預算。遺憾的是，放下刀劍執鋤犁絕非易事。和平的紅利迅速消失，進到國家的貸款帳目裡。

六、看不見的組織

原本我們就自認懂得經營組織，如今懂得更多。現代組織比以往更需要兼具國際性與地方性；更需要在某方面小，而在某方面大；也更需要在大多數時候分權，而在某些時候集權。現代組織期望員工既獨立作業，也加強團隊合作；期望管理者既要向下增加授權，也加強控制。查爾斯．沙維吉（Charles Savage）在《第五代管理》（*Fifth Generation Management*）書中，以一則故事簡要總結這個弔詭。故事中，老經理人告訴新進經理人：「好的是，一萬三千人為你工作。糟的是，他們都不知道有這回事。」

約翰．史托普德（John Stopford）與查爾斯．白登傅勒（Charles Baden-Fuller）在他們針對「企業回春」（rejuvenating business）的主題研究中指出，成功企業皆能勇於面對弔詭，或他們所稱的「兩難困境」。企業要成功，既要有計畫也需要有彈性，在實施差異化的同時也須致力整合；著眼於大眾市場的需求時，同時也必須迎合許多小利基。它必須引進新科技，但又容許勞工主宰自己的命運；它必須追求變化、品質與時尚，但皆以低成本為前提。簡言之，它必須設法調和一向彼此對立的事物，而非從中選擇其一。

查爾斯．漢普頓透納（Charles Hampden-Turner）寫了一本主要探討組織文化的書，其中對組織所無法規避的兩難困境著墨亦多。他主張，經理人都應是「駕馭弔詭的大師」，能將各種各樣無法規避的困局，轉化為良性而非惡性循環。他用希臘神話中的兩神怪，即奧迪賽（Odysseus）與旗下水手航行必須奮戰的大敵「岩石魔怪」西樂（Scylla）與「漩渦魔怪」克里比迪斯（Charybdis），分別代表組織的硬性特質及軟性特質；他指出結構佳、控制好的陽剛面，與有彈性、反應快的陰柔面，必須兩面兼具方能成功。

虛擬公司

照這些作者的說法，好像一個組織縱使再弔詭，我們都能一望即知其中困難。但未來的組織可沒那麼好辨認。當智慧成為主要資產時，組織就變得比較像一些計畫執行小組的集合體；其中有些是長期性小組，有些是暫時性的團隊，還有一些則與其他小組相結盟。組織不再是成員終身捍衛的家園與堡壘，倒像是一棟「分租公寓」，居住者各因短時間之需要而短暫聚集。事實上，此「分租公寓」可能是無形的，因為各個計畫小組不見得要在同一個地方。因此，有人便提到所謂「虛擬企業」（virtual corporation）；一種在電腦螢幕上比在實際世界更容易辨認清楚的公司。未來領導者要管理與以往完全不同的組織；這是一大挑戰。

這項挑戰無論如何必須加以克服，因為這種極度簡化且部分隱藏式的組織型態，在未來世界占有關鍵地位。我們大多數人也許並不是其中成員，但卻都要對其銷售勞務，社會的富裕也要仰仗他們。最後，這種類型的組織將成為創造福祉的源頭。當從事全職工作者在我們社會上成為少數，而這些少數人士待在組織裡的時間，還不及他們成年歲月的一半時，在某層意義上，「組織的年代」（the age of the organization）可說已到盡頭；但就另一層面看，組織仍將是構成社會的關鍵性元素。未來組織將扮演協調的角色，但它不需要雇人來完成這項工作。一個以「組織工作為要務的組織」（organizing organization），無論外觀上或予人感受上，都與「以雇人做事為主的組織」（employment organization）不同。雖然未來組織的可見度會降低，但我們萬萬不要以為它的重要性也會減低。

七、世代差異

人都會老，但每代人衰老的方式不同，此即所謂「世代差異因素」（cohort factor）。每個世代的人都受所處時代的影響。因此，我們子女的生命歷程不可能與我們類似，我們的生命歷程也與我們的父母親不同。我上一代的人都經歷起碼一次、甚至兩次世界大戰。他們皆走過一九三〇年代既深且長的經濟衰退時期。他們把保障看得比什麼都來得重要，希望能工作到老得無法動彈為止。

我們的社會期待下一代能和自己一樣，但事與願違。愈來愈多人過了五十歲在組織裡就沒有合適的工作可做，很多人因而面臨他們上一代從未聽聞的所謂「中年危機」。改變不斷加速，世界愈來愈小。由於孩童不會再因戰亂而喪失，於是我們開始計劃生育，縮小家庭規模，有的只生一個小孩。婚姻結束的原因往往是離婚，而不再都是一方死亡。我們所面臨的問題是新的，所遭逢的危機也是前所未有的，但社會仍企圖依據上一代人的模式，解決今天的問題。無論老人年金制度、離婚法律、社會期待等等，都已不合時宜，必須加以修正。

我的子女也會發現，他們愈來愈難以求得上一代普遍從事的傳統工作與生涯。他們的工作歲月較晚開始卻較早結束，因而在青少年與成年階段之間出現一道鴻溝；他們的父母從不曉得這道鴻溝的存在，因此也不確知該如何填補。他們的人際關係也與我們這一代不同。由於他們在成長過程未曾經歷戰爭，因此無論做計畫或過生活都比較無憂無慮。他們必須接受較長時間甚至無限期的教育。女性在未來可能大半生從事有薪工作，但兩性都需要在生涯中有段育兒期或充電期。生兒育女不再是偶然，而是一項決定。性別角色變化，伴隨而來的是價值觀與優先順序的轉變。

年老的弔詭在於：每一代人都認為自己理所當然與前一代不同，但在規畫未來時，似乎又認為下一代應該和自己這一代相同。

八、個人獨尊，團體至上

社會有兩種聲音。其中一種敦促我們發現真實的自我，實現自我，規畫自己此生要走的路；而且，在尊重他人權利的同時，牢牢掌握自己的權利。在雷根總統與柴契爾首相的時代，個人主義得到惡名；因當時它被利用來合理解釋一些無節制追求私人利益者的行為（在所謂「企業」的外衣之下）。然而，個人主義曾經是頗受尊崇的英國傳統思想；部分源於達爾文的自助（self-reliance）觀念，部分來自特立獨行之士與意見領袖的豐富見解。如今又如當初一樣，「自我實現」既是個受肯定的觀念，也是眾人追求的目標。

另一種聲音是「接待人員」或「大會主辦人員」的聲音；「你是誰的代表？」、「你屬於哪個集團？」、「你是哪個單位？」等等。英國自由作家山普森（Anthony Sampson）細數自己和接待人員及接線生交手的經驗說：「我打算說我代表人類……擁有不可奪取的生命權、自由權與追求快樂的權利。但這麼說他們不會幫我接通電話。我必須回答說，我是某人或某單位的代表，或說：『我是他的朋友。』參加會議時感覺更怪；在會場，好像只有我一人不代表任何公司、機構或團體。」他指出，創辦全球第一家現代企業標準石油公司（Standard Oil）的洛克菲勒（John D. Rockefeller）曾說：「個人主義的時代已一去不復返，團隊合作的日子將長久延續。」他只對了一半。麻省理工學院所做的一項研究中，比較美日兩國的工作方法，獲得如下結論：美國若要趕上日本的生產力，美國工人必須建立良好的團隊默契，以均衡其個人主義；日本人則必須追求個性與創意，以均衡其過度的團隊精神。

個別我與團體我的拉拒

榮格將這個弔詭描述得十分傳神。他說，我們唯有透過與他人結合，方能實現自我；「個別我」（I）需要結合「團體我」（We）方能建立真正「完整的我」（fully I）。然而，當我們仰望大都會裡櫛比林立的辦公大樓，看到一間間辦公室像是密密麻麻的小方盒堆疊入雲霄，此時不免懷疑，在檔案櫃與電腦終端機的夾縫中，「個別我」能保有多少空間？山普森引用大詩人豪斯曼（A. E. Housman）的著名詩句提醒我們：「我是陌生人，在非我所造的世界裡顫慄。」我們要問，我們該歸附的「團體我」在哪裡？是極度簡化的「虛擬式組織」？是我們目前居住的市郊「邊緣地帶」？還是消失中的傳統式家庭？個人網路能否取代這一切呢？

九、正義的兩難

正義是凝聚社會的黏著劑。我們總是希望自己所歸屬的社會是一個公平對待成員、讓人人得其所當得、不偏不倚的社會。問題是，「讓人人得所當得」可能指涉多種相互矛盾的事物。例如，它的意思可以是按成就給予獎賞，或按過錯給予懲罰。另一方面，也可以指照顧我們的（基本）需要。每個政黨皆會標舉其中一種定義，而自稱正義政黨。因為兩者皆沒錯。

楊（Michael Young）三十年前所寫的一段詞，為「分配正義」（distributive justice）的兩難困境訂下言簡意賅的註腳：

我們可以說，在薪資上分高低是錯的，因為分配應根據接受者個別需要而定。可以說，付給懶惰科學家的薪資，不該高於勤奮的清道夫，因為分配應根據接受者所付出的努力而定。可以說，付給聰明人的薪資，不該高於愚笨人，因社會應對基因上的不平等給予補償。也可以說，付給愚笨人的薪資不應高於聰明人，因為聰明人通常較不快樂，應予補償。可以說，從事自己喜歡工作的人，不應和從事不喜歡工作的人同酬。怎麼說都可以，也的確都有人說，而且都可以拿公平正義作理由。

資本主義容許不平等

三十年後，兩難困局依舊。有人堅稱，所謂正義，就是平等對待每一個人；除非有十足理由說明確實有實施差別待遇的必要。這對社會弱勢者是公平的，但對那些因為貢獻較大，而也許「應得」較多的人就不公平。可以確定的是，一個被視為不公平的社會，不可能贏取成員的忠誠與奉獻；人們除了有理由自私自利外，做其他事都找不到充分理由。這樣的社會注定走上自我滅亡的道路。

資本主義的發達，建立在第一種分配正義上：成就最大的人應該獲得最多。

然而，假如這套制度漠視另一種正義，無法照顧到最貧乏的人，人們不會長期信任或容忍下去。換句話說，資本主義所仰賴的基本原理是容許不平等，亦即承認某些人的能力表現可以比他人強，若要在民主社會中可長可久，就必須讓大多數人有公平期待這個不平等的機會。

這是個我們忽視不起的弔詭。

第二部

找回平衡

更新思維

「弔詭」之所以令人困惑，主要由於事情未照我們認為理所當然的方式發生。一度行得通的做法，現在如法炮製卻無法保證效果相同。政府官員驚訝的發現，經濟復甦對紓解失業現象，已不再有起死回生的功效。這是因為他們未將組織的弔詭納入考量，也沒覺悟到一項事實：在勞動人力不成長的情況下，組織照樣可以成長。政府一向視組織為落實社會政策的工具，而未注意到現今各公私機構所雇用的全職員工只占五五％。這數目換算成占社會全部成年勞動人口之比例，更僅及三八％。各個政府有必要重新建構觀念：以組織與協調、連繫為要務的組織，迥異於以雇人做事為主的組織。

弔詭令人困惑的另一原因，是它要我們接受相互矛盾、「同一時間裡背道而馳的事物」。未來，工作的價碼不是訂得極高就是零。有人會說，乾脆訂在中間，人人同酬不就成了?錯了!這行不通。我們必須學會如何順應相反事物，相安無事。

乍看之下，面對同一時間背道而馳的事物，輕微的情況是導致猶豫難決，嚴重的是造成精神分裂。事實不然，例如，我岳母極端慷慨，卻也有吝嗇（她自稱是節儉）的時候。我們都清楚她的做法，也能夠接受。我們每個人都可能同時間一心二用，既計畫明年搬家，又構想今晚的菜單。為人父母者對待小孩，往往既嚴也鬆、既悍且柔；只要管教有章法，小孩便能理解。很多機構的組織也是既鬆又緊；對於某些領域只關心長期得失，但對另一些預測則必須時時錙銖必較。每個人在日常生活中都要遭遇弔詭。如果我們習慣並了解弔詭，它就不再擾人。前章所提到的九種弔詭，是新近才出現或最近變得重要的幾種類型，其實，弔詭本身自始至終一直與我們同在。

人生蹺蹺板

但關鍵之處乃在對弔詭的了解程度。要在相反事物間求取平衡或進行轉換，不能隨性為之。假如沒有一套明確的標準可循，平衡或轉換的動作可能會令接受的一方滿頭霧水，而執行平衡工作的人也會感到挫折。假如欠缺了解，事情的成效往往會打折扣。與弔詭共處就像坐蹺蹺板。如果兩端的人都知道要領，玩起來才覺得有意思。但若對方不懂要領或蓄意搗亂，你可能會重重摔下或覺得不舒服。小孩子最清楚這種遊戲，且知道如何相互干擾，以捉弄對方取樂。

人生好比蹺蹺板，假如我們掌握事情的原理和竅門，知道相反兩端彼此需要，如此則無論居高居低都能順心。甚至能進一步體會到，蹺蹺板若要有效運作，另一端的人要和我們玩得一樣好才行。在第二部中，我們要介紹與「同一時間背道而馳的事物」共處的三項通則。我們可稱為「坐蹺蹺板的規則」。在接下來的第三部，則將舉工作、組織、社會方面的實例來說明這些原理。

第三章

S曲線——持續成長的祕方

威克婁山脈（Wicklow Mountains）橫臥於愛爾蘭都伯林（Dublin）城外不遠，那裡美景天成。我因為在那附近出生，總是一得空就找機會回去，那地方迄今仍人煙稀少，沒有道路標示，而我到現在還會迷路。有一回，我停車問路，當地人士回答說：「簡單得很，沿著這條路繼續向前直走，幾分鐘後你會通過一條小橋，過了橋就是大衛酒館（Davy's Bar）了。你絕對找得到。」我說：「我懂啦！一直走到大衛酒館。」他說：「沒錯。嗯，在距酒館還差半英里處，你得右轉上山。」

通往大衛酒館之路

聽他這麼講後，我的迷津似乎已解，於是向他道謝後驅車離去。後來我發現這位老兄其實說得很含混，但他早已不知去向。當我往大衛酒館前進，摸不清該在何處右轉之際，頓然想到他活生生給了我一個弔詭的例子；甚至可以說是我們這個時代的弔詭：在你知道應該往哪條路走的時候，一切早已經過頭；或者更戲劇性的說，假如我們沿著目前的路不斷向前，將錯過通往未來的路。

大部分的人就如同我那位愛爾蘭同胞，認為回頭看事情提出解釋不難，而常常誤以為自己也能預測未來。但這行不通，許多經濟學者親歷這方面的慘痛教訓，因為世界總是變幻莫測化不居的。有個關於如何成功的弔詭值得在此提出：一度助我們走到今天所在位置的那些事物與途徑，如今往往無法再加以利用，假如你以為同樣的事物與途徑仍然可用，以為通往未來的路不過是來時路的延伸，而自認知道前進的路徑，那麼，結局很可能是獨坐大衛酒館飲酒澆愁，兼發思古幽情。

我的愛爾蘭朋友還讓我想到西格瑪曲線（sigmoid curve，簡稱S曲線）；這種曲線能解釋當前許多人心中的不滿與困惑，它是「穿越弔詭」的第一條蹊徑，也是在矛盾間求取平衡的三種方法之一。

亙古不變的定律

西格瑪曲線是條遠自亙古即深深吸引人類的「S」型曲線（圖1）。

S曲線簡要說明生命的歷程：最初緩慢嘗試、蹣跚學步，然後邁向巔峰，終於盛極而衰；它也呈現大英帝國、俄羅斯帝國和其他許多帝國興衰的過程。它訴說產品的「生命週期」，與無數公司起落的故事，它甚至可以描寫戀愛與人際關係的過程。假如一切事物都遵循S曲線發展，著實令人喪氣，因為我們除了決定自己目前在曲線上的確切位置，以及坐標軸上的時間單位外，沒有任何討論的餘地。變化的時間單位也逐漸變成小得令人沮喪。從前是以每十年、甚至以每個世代為單位，現在則是以年、甚至以月為單位。變化腳步的加速，使每個S曲線縮小。

所幸，在此曲線之外另有生機。持續成長的祕方，就是在第一條S曲線結束之前，另起一條新線（圖2）。第二條S曲線的正確起點在點A，在那點上有足夠的時間、資源與活力，因而可在第一條曲線開始一路下降之前，讓新曲線及時超越最初的摸索掙扎階段。

然而在A點時，一般人總以為個人或組織若非已確知此刻變革最為有利，否則不宜貿然改變眼前運作良好的做法。我們看到的情形是，不論個人或機構，往往要到大禍臨頭時（圖3第一條曲線上的B點），才真的拿出魄力從事變革。

然而，走到這一點（B點）時，必須付出極大的努力，才能把自己拉拔到此刻在第二條曲線上應該到達的位置。更糟的是，到這時候，組織領導人往往已威信受損；組織的資源已經耗竭，活力也消失殆盡。對組織而言，裁員之類的事通常發生在B點。走到這一點時，先前在頂峰時所擁有的資源難以再運用，信譽也難以恢復。難怪許多人這時覺得沮喪。有先見之明的人則在還沒到達B點前，就開始著手變革；通常是在此時引進新的領導階層，因為只有藉助新人絲毫未損的

圖1　說明生命歷程的西格瑪曲線。

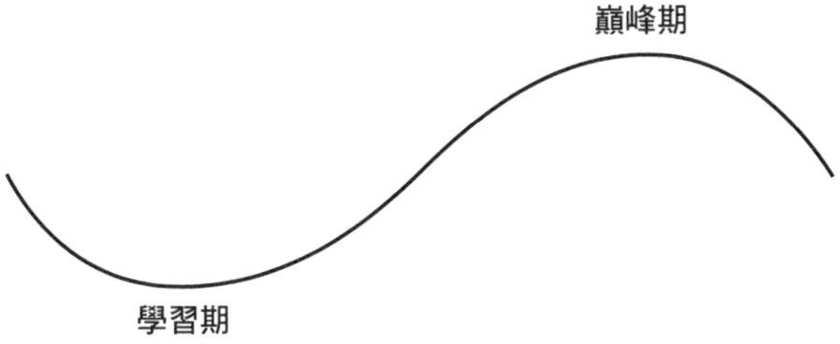

圖2　從A點出發，另創高峰。

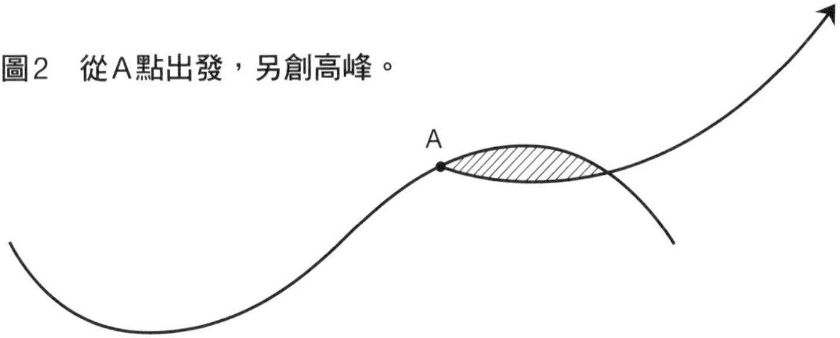

圖3　到了B點時，必須付出極大的努力，方能回到第二條曲線上應達到的位置。

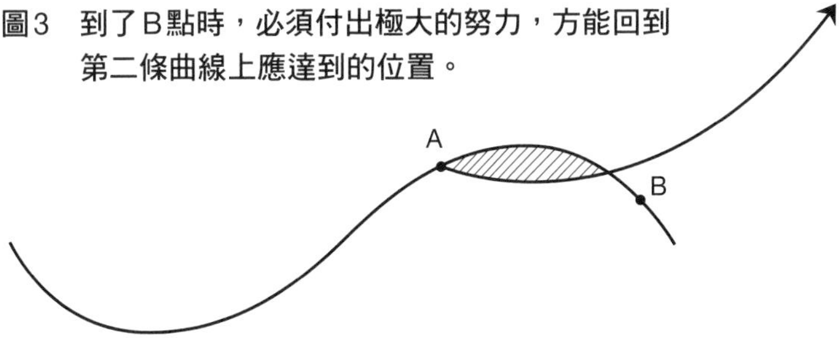

信譽與不同的理念，才足以將公司拉拔至第二條曲線。

早在達到A點前即進入第二條曲線的人是智者，因為那才是穿越弔詭的蹊徑；走這條路，才能在維持現有成就的同時，著手建構新未來。不過，即使走上這條路，問題還沒完全解決。不論第二曲線所代表的是新產品、新作業方法、新策略或新文化，都與舊的曲線顯著不同。除此之外，人員也必須不同；第二曲線的領導者，不應該是領導第一曲線那批人。原因之一是，原來的領導人仍須負責使第一曲線盡量延長，以支援第二曲線度過曲線最初的階段；原因之二是，要他們在第一曲線仍運作良好之際將其割捨，即使理智上確知有必要另起新曲線，情感上仍會劇烈掙扎，因此必須有另一批人重起爐灶。一段時間內，新觀念、新人事必須與舊觀念、舊人事並存，一直到第二曲線穩定發展，而第一曲線開始一路下滑的時刻，才結束這段共存期。

大混亂期

因此，圖中位於頂峰下面的斜線帶，是一段大混亂期。兩路或更多路人馬，以及兩組觀念在此交鋒，互爭未來主導權。第一曲線的領導者無論再睿智，當他們的曲線開始步上末路之際，必然不免憂慮自己的未來。既要照顧他人，又要為自己究竟要另闖出路或坐等衰亡而規畫；此時既需要過人的遠見，更要有恢弘的胸襟。凡能辦得到的人，必可確使他們的組織完成更新，並持續成長。

坦白說，即使具有遠見，困難仍不容易解決。我曾目睹某大企業董事長向董事會說：「今天要向各位報告兩則訊息。首先，我要提醒各位，本公司目前營運狀況十分良好，或許可說是空前成功。其次，我必須告訴各位，假如公司要保持成功，就得從根本上改變目前的做法。」他接著繼續解釋，何以必須採取全然不同的做法，以因應他所預見的全新未來；但會場人人充耳不聞，第一則訊息淹沒了第二則。他們覺得，假如公司真的那麼成功，任何改變皆屬不智。但這位董事長是對的；他站在A點，觀照遠景，可惜無法實施變革。三年後，公司走到B

點，了解到變革的必要，但首先要被撤換的竟是這位董事長。他因公司在他手上走下坡而聲譽受損，如今雖然證實當初是對的，亦無助於挽回自己在同仁心中的地位。

適用於組織的道理，同樣適用於個人以及人際之間。要過美好的生活，可能必須在第一曲線走下坡前，及時開始第二曲線。隨著年歲漸長，人在生活上與處事優先順序上都會發生變化，然而，每種人際關係在有需要進入第二曲線時，卻都已走到了B點，此刻要兩人攜手共創新局為時已晚，只有各自另尋新夥伴。我有時喜歡開玩笑說，自己目前正在享受第二春，只不過伴侶還是同一個；那比較省錢，因為我們及時共同找到迥異於昔日的第二條曲線。我不否認頂峰下面的斜線部分是段艱困期，因為在同個時間裡，我們既要奮力保有過往最好的一部分，又要試驗新事物。

翻新資本主義

近代大奏凱歌的資本主義，很可能有必要徹底翻新；我們視為當然的一些事物，像是民族國家、大型組織等等，似乎成了進步的阻力，而非助力。以英國來說，當君主制度與司法制度雙雙呈現疲態之際，沒有幾個機構敢相信本身仍位於上升曲線上。我們於是要求政治人物領導我們走上第二曲線，但同時也希望他們不要干擾第一曲線。以個人的生活來說，由於壽命延長且生活面擴大，我們常覺得應該有所突破，可是不知道從何處著手。我們當中有許多人生活在前面提到的「斜線帶」裡，擔心在我們發現第二曲線前，第一曲線早已往下直衝。

第二曲線是愛爾蘭鄉野那條「右轉上山的路」。我們正站在十字路口，向人請教通往未來的路徑。類似「階級」、「忠誠」、「責任」之類的詞彙，已不再有曾經一度擁有的分量。另一些字眼如「自由」、「選擇」、「權利」，意涵變得更複雜。曾經一度被視為理所當然的事，例如經濟成長，現在被認為並非全然都只帶來好處。我們曾自以為知道如何經營組織，但今天的組織和我們過去所認識的組織完全不同，因此我們必須重新思索，以及時找到管理的第二曲線。同時，我們也要讓第一曲線繼續發展下去，只要我們辦到這些，便可在現在與未來之間取得平衡。了解事情的原委，才能夠與弔詭相安無事。

第二曲線守則

據我所知，S曲線的概念已經幫助許多機構及個人釐清眼前的困惑，不過，他們經常問一個問題：「我們如何知道自己目前在第一曲線的哪個位置？」回答這個問題的一個方法，是要求他們私下評估自己或組織所在的位置，畫出他們認定的第一曲線，並於自認目前所在的地方畫個記號。每個人實際在曲線上所標示的位置，幾乎都比自己先前想像的要向後靠。也就是說，靠B點比A點近些。

就像那則通往大衛酒館之路的故事，我們只有回頭觀看時，才有辦法確認自己究竟在曲線的哪個位置。同樣的，看清別人在曲線上的位置，要比看清自己的位置容易。因此，我們必須在猜想與臆測中前進，有如摸著石頭過河，沒有法則可循。

根據第二曲線守則，我們必須經常假定自己已趨近第一曲線頂峰A點，因而應該開始準備進入第二曲線。所有公司都應假設，目前所採行的策略在兩、三年內必須改弦更張，產品的生命週期也比以前短。麥肯錫（Mckinsey）國際管理顧問公司的理查・福斯特（Richard Foster），曾針對兩百零八家公司十八年間的發展做研究，試圖發現有哪些公司長期立於不敗之地。結果顯示，其中只有三家連續十八年都成績輝煌。五三%的公司都無法連續保持兩年以上的好光景。以此類推，個人也應假定老路子不可能永遠走得通，兩、三年內一定要找到新方向。

如果最後證實假設是錯的也無妨，因為就算事實證明目前的趨勢還可以延續很久，而第一曲線實際上還在初生階段，我們也不會有任何損失。因為我們所完成的，僅是第二曲線的試探階段。在第一曲線仍繼續爬升，第二曲線尚未超越它以前，我們不可能投注大量心力於第二曲線。讓兩條曲線並行發展，將成為常態做法。

如此規畫第二曲線的守則一定會發揮效果。它將催促我們挑戰第一曲線背後的種種假設，並盤算各種可能的替代方案。我們往往一廂情願的認為，世上的現存秩序就是它一向的秩序，而欺騙自己一切永不改變。第二曲線守則能使我們常存懷疑、好奇與創新：這些態度皆是處於劇變時代必備的心態，面對各種伴隨劇變時代而來的矛盾時，也是一套最理想的因應之道。

拒絕長大的人

第二曲線守則遵循傳統上從事科學發現工作所循的「四階段週期」。首先提出問題；其次由問題衍生各種觀念、可能性與假設；再取前個階段所產生的精華部分進行測驗與實驗；最後檢視實驗的成果。前兩個階段除了耗費一點時間和想像力外，無須付出任何代價。而且也許是很能激發工作興趣的階段；特別當他們採取「陽春式」（Greenfield）假設：「假如目前一無所有，該怎樣重新開創一切？假如真這麼做，又會有什麼結果？」或者以較個人化的第二曲線思考例子來說：「假如我不生活在這裡，或不從事目前的工作，如果有機會重新來過，我會從事什麼工作？會住哪裡？過什麼型態的生活？」根據第二曲線守則，我們不該再開創一模一樣的生活，那麼做只不過是延長第一曲線罷了。第二曲線雖然以第一曲線為基礎，從第一曲線發展出來，但兩者往往截然不同。

約翰．歐尼爾（John O'Neil）在《成功的弔詭》（*The Paradox of Success*）中探討領導者的自我更新（personal renewal），並且使用第二曲線模型描述領導者在生活中向前推進或原地踏步的情形。他指出，前進的一個要素是「放掉自己的過去」。假如我們過於眷戀過去，就難以有任何新作為，可能依舊緊抱舊有做法不放，等到覺悟時，一切為時已晚。他引用希臘神話英雄奧德賽的例子；奧德賽年輕時英勇善戰、熱愛領軍四處遊蕩征戰，不願治理自己的國家，因此花了二十年時間才打完特洛伊城（Troy）之戰，回到自己的王國旖色佳（Ithaca）。返鄉時他已成敗兵之將，衣衫襤褸，國家也早已亂成一團。這是一個拒絕長大的人的故事。

太早成功的人，一旦開始走下坡，特別不容易拋下曾經叱吒一時的舞台。看到前網球好手柏格（Björn Borg）回到網壇，試圖重拾往日光榮，我心中浮現悲哀的感覺。在失敗中邁出前進步伐，要比從成功中前進容易。因此，我一直很欽佩像英國空戰英雄雷納德・查希爾（Leonard Cheshire）那種人；他在戰爭一結束，立刻拋開往日豐功偉績，著手建立老人聽障安養之家連鎖機構。我也很欽佩法國一間家族企業，他們在適當時機結束經營昔日賴以成名的紡織業，而投身於建立連鎖超級市場。我問：「你們打哪裡來這份勇氣，竟敢從事如此不同的行業？」企業領導人回答：「維持現狀所需要的勇氣更大。我們有責任照顧家族的未來；過去那一套雖然曾帶給我們風光，但未來不可能繼續靠它發達。」

曲線邏輯

前進要靠一種舒馬克所稱的「曲線邏輯」（Curvilinear Logic）信仰才能達成；亦即相信世上的一切實際上皆循S曲線發展，萬事萬物都有起伏，沒有一件事可以永遠持續，沒有一樣東西可以永遠存在。日本首先發展出「及時」（Just-In-Time）的生產方式，之後全球仿效；無人懷疑應在最適當的時機將生產所需要的物料送進工廠。大家都相信應該盡量減少倉儲物料，以降低囤積成本，而改由供應商承擔存貨成本；假如能保證每輛貨車皆可「剛好及時到達」，甚至可以完全消除這部分成本。很可惜這個觀念風行過頭。據我所知，東京附近的高速公路因此經常擠滿運送物料的貨車；換句話說，經常出現的情況是「剛好遲到」而非「剛好及時」。塞車的成本已逐漸超過原來的倉儲成本，這還未計入塞車時車輛空轉產生的廢氣所造成的環境損害。同樣的好東西不能擁有太多，否則「曲線邏輯」又會再度起作用。

當我們的第一曲線還在上升之際，這個曲線邏輯並不那麼明顯可見。在企業史上，有太多創辦人認定自己一路走過來路的是唯一的路。在家族企業中，前面所提到的法國紡織業者是個極其罕見的例子。成功的弔詭（我們藉此獲得眼前成就的因素，無法使我們保有這些成就）是項難以學會的功課。曲線邏輯的意義，在於重新開始另一段生活；這對年紀愈大的人愈難，因此，對組織而言，比較好的做法是把曲線思考交給下一代。他們可能更看得清第一曲線前進的方向，以及下一條曲線可能呈現的面貌。年長者的責任，是容許年輕一輩採取不同做法，然後在新的曲線建立後，放手讓年輕人發揮。要做到這一點，年長者也必須要在原曲線外另起新曲線。

世界屬於不滿足的人

一位義大利女企業家說：「我父親從美國帶我回翠維索（Treviso），要我負責經營這裡的事業。不過他還是天天進辦公室，即使星期天也不例外。他要我以和他一模一樣的方式經營企業，可是我不是他。企業必須變革，但他不肯，這真令人感到挫折。」她的故事並非特例。這份事業是她父親生命的全部，長久以來他別無嗜好，如今他別無所有。一位日本女士描述日本女人如何看待從主管職退休下來的丈夫，她說：「在日本，我們稱這些人為『濕葉子』。你知道，葉子濕掉以後會黏在原地，掃都掃不走。」曲線邏輯若要在組織內行得通，一定要讓第一曲線的英雄在組織以外找到另一片天空。

表面看來，可口可樂公司是第二曲線觀念的一大例外。一百零四年來，他們販賣同一種產品，包裝不變，廣告也大同小異。他們曾唯一一次改變配方，但最後在顧客的壓力下，被迫恢復原味。然而，他們歷久不衰的祕訣，也許是銘刻在總部辦公室裡及所有員工心上的一句座右銘：「世界屬於不滿足的人。」這是早期長年領導可口可樂公司的羅伯特·伍卓夫（Robert Woodruff）經常掛在嘴上的一句話。他不時警告全體同仁不可自滿，而且提倡常存好奇心，意思是對第二曲線的熱切渴望。我聽說可口可樂日本子公司每個月都要推出種類繁多的碳酸飲料，進行市場測試。即使大多數品項都不成功，這種做法起碼維繫一股窮究事理的精神。他們希望一旦可口可樂的百年曲線一路下滑，他們可以有備無患。

當然，日本人對此做法有個專用的詞彙：改善（kaizen），意謂不斷求進步。「改善」背後的假設，和本書背後的假設相同：在變動的世界中，不會有任何完美的答案，因此我們必須不斷探索。「美體小舖」（Body Shop）的安妮塔·羅迪克（Anita Roddick）說得更簡潔：「美體小舖為什麼表現非凡？因為我們迄今尚未找到規則。」只要他們繼續保有這種想法，就能繼續發達。自滿是好奇心的大敵。

情境規畫

荷蘭皇家殼牌集團（Dutch Royal Group）有另一套做法，稱為「情境規畫」（scenario planning）。規畫小組成員之一彼得．舒瓦茲（Peter Schwartz）在著作《高瞻遠矚的藝術》（*The Art of the Long View*）中對此有詳盡解釋。一群高階主管在一批外人支援下，花一年或更多時間，針對整個石油業，以及營運國家的政經文化環境之可能變化，擬定多種替代性「情境」。他們所擬出來的不是計畫，而是對於可能的情況所做的精心評估。然後，規畫小組再運用這些腳本，教育分布於全球各地的經理人，要求他們思索：面臨各種不同的情況時，各應作何反應？殼牌公司不喜歡意外；也的確，無論是遇到一九七〇年代初期的石油危機，或俄羅斯帝國瓦解，他們都不曾驚惶。他們老早做好第二曲線思考的準備工作。舒瓦茲說，美國就沒做到這一點。他們針對如何打贏冷戰，擬訂各種權宜應變計畫，卻從未自問：「贏了該如何？」所以，當他們真的獲勝時，卻不知如何是好。

彼得．聖吉（Peter Senge）在探討「學習型組織」的經典之作《第五項修練》（*The Fifth Discipline*）中，提醒我們說，「心智模式」對學習過程十分重要。我們對許多事情已有定見。例如，認為階級劃分是天生自然；認為女性不能勝任管理工作或男性不細心；認為六十五歲應該開始退休；認為新工作的職位或待遇一定要比原工作高。由於這些假定把我們鎖在現有的曲線上，我們因此有必要逐一檢視，看它是否合乎時宜，是否對第二曲線思考構成阻礙。我第一本談組織的書完成於四十年前。在那本書中，我無意之間通篇皆使用陽性代名詞。這本書後來成為通行教科書，為許多訓練準教師、醫務人員、社工人員、企業人才的課程所採用。我的書冒犯了許多必須修習這門課的女性，因為我似乎站在權威的地位，暗示在管理的天地裡毫無她們的容身之處。四十年前我在無意間透露的定見，只不過反映當時許多男性的想法，然而有些人迄今仍如此覺得。這份定見把他們鎖在第一曲線上，使他們難以看到另一種世界與另一種做事方式。這不僅冒犯別人，也傷害了自己。

本書中的許多觀念源於第二曲線思考：「過去」也許不是我們通往「未來」的最佳導引，也許還有其他路；甚至像史華茲所稱的「未來迷思」也會有所助益。然而，我們必須注意，不可太早放棄第一曲線。第二曲線發展初期所需的資源與時間，唯有第一曲線能夠提供，它必須從第一曲線長出來。要有扎實的未來，必須根植於過去；也就是說要在弔詭的年代裡求取平衡，是容許過去與未來在現在並存。

注入新思維

由將承繼組織與社會未來的第二代人士進行第二曲線思考，雖然最為順理成章，不過他們需要鼓勵。他們更必須了解，有些被視為革命或顛覆的行為，在適當時機有可能翻身為前進的最佳途徑。新舊觀念可以共存。

有家公司公開把他們的第二曲線思考託付給一群三十歲出頭的經理人。但這事可說出於偶然。該公司準備慶祝成立二十五週年，起先想到請人撰寫公司二十五年來的歷史。經再三考慮，恐怕這麼做會讓人感覺他們過於自我陶醉，而且書的內容也會缺少趣味，因此決定也製作未來二十五年經營環境展望計畫。他們同意，如果能找出一批未來二十五年間可能擔任公司領導要職的優秀幹部，由他們負責這項展望計畫，會格外有意義。因此，這項前瞻未來的工作，應該也要就公司所屬產業的未來以及適應變局之道，提出看法與建議。他們提早讓這批年輕人為未來所要承繼的工作負起責任。

他們請我擔任這項研究的顧問。我同意；但先決條件是董事會必須同意我將其中非機密部分刊印成冊，而且不進行任何形式的審查。董事會非但同意，還有進一步動作。他們邀請所有客戶參加週年慶酒會，要他們聽取研究心得報告，並致贈每人一本未經審查的小手冊。這個展望未來的活動效果非凡。小組成員覺得，這不是普通的教育宣導，而是將新思維植入現有組織結構裡的一種嘗試。從此，他們獲得上司信任，可以發展一些新的構想。結果上司不只對研究成果感到滿意，而且確信自己不須拚命護衛現狀（第一曲線），也沒必要刻意壓抑第二曲線的萌芽。

年長一輩的允許和鼓勵非常重要。同樣重要的是，年輕一輩也要負起實行第二曲線思考的責任。如果他們一心只想著眼前的表現，往往會認為第二曲線思考並非當務之急，晚點進行無妨；眼前的事理當優先處理，以後的事由當時的在位者負責。事實上，他們把優先順序搞錯了。

預約新社會

有段時間，我協助舉辦「溫莎聚會」（Windsor Meeting）；這是一些有影響力的人士利用週末，聚集於聖喬治堂（St. George's House，位於英國皇家溫莎堡中央的一棟小型研究中心），就社會與倫理問題，以私人身分交換非正式意見。由於與會者都是負責當前事務的人，他們討論的主題，不免以當前問題為主。我們後來在一些企業支援下決定，各行各業的新一代傑出人士，經我們認定可能成為該領域未來領袖者，也安排他們參加這項聚會。

於是會議出現以下場景：一位被看好成為明日將領的年輕上校，發現自己旁邊坐著的人有行情日漲的職業公會領導幹部、才氣縱橫的女校長、銀行家、公務員、三大政黨的新生代政治人物、人權鬥士、高水準報紙的新任主編、電視新聞主播、醫生、律師，以及企業高階主管。這些都是三十來歲就成功的人，但自己的時間也都被事業所霸占，因而現階段實在忙得沒時間了解本行以外的世界，或結識與本行工作不相干的人。他們都還位於個人成長曲線靠下端的部分，正急速向上攀升。我們邀他們到溫莎堡作客一週，要求他們辯論與探討在未來正式接棒、當家作主時，社會的面貌會是如何。

他們當中很少人曾思索過這些層面較寬廣的議題，更沒有一個人曾經接觸過範圍如此廣泛的非本行課題。他們的討論通常頗為精采，所提出的報告往往也很有啟發性，但最大的意義是讓每個人了解到，自己有責任參與塑造未來可能要承繼的社會。這是一種刻意實施的精英活動，因為如果連這些即將當家掌權的人都不知道自己有責任塑造第二曲線，誰又該知道呢？其中有些小組到現在還經常聚會；因為他們發現，雖然個別有不同事務纏身，但大家同樣都關懷所處社會的未來；都希望未來社會既文明且富庶；既充滿人道色彩，也富於冒險精神。在塑造第二曲線時，合群互助的重要性格外凸顯出來。我們必須期望，假如這批人將來果真飛黃騰達，千萬別忘記自己對第二曲線曾有的堅定信念。

前面兩例皆是「局內人」的例子。有些公司比較喜歡聽聽局外人的看法，認為他們比較客觀超然，而且觀念更清晰。企管諮詢顧問生意興隆，主要靠第二曲線思考。不過，思考只是成功的一部分原因，更需要有人全力將想法付諸實現。在曲線還未開始爬升前的黑暗期裡，必須忍受陷於泥淖的滋味；在發展第二曲線的同時，也要與第一曲線朝夕相處。這些事不可能由局外人來做，我們若想管理弔詭，不僅要解析弔詭，也必須在實際生活中與之相處。

第四章

甜甜圈原理——核心與邊陲之間

這裡所指的甜甜圈，是中空型的美式甜甜圈，而非圓心上塗果醬的英式甜甜圈。不過，「甜甜圈原理」中所應用到的模型，是一種裡外顛倒的甜甜圈：中間呈實心，周圍是空心。這是種只存於想像世界裡的概念式甜甜圈，只能用來思考，不能拿來吃（見圖4）。

一般人也許很難將甜甜圈聯想成「穿越弔詭的路徑」。這裡，我們可藉甜甜圈的意象了解人生許多事情。在甜甜圈的「核心」與圍繞其四周的「空間」之間求取平衡的概念，可說是一大關鍵；我接下來會對此說明。透過甜甜圈原理，我們可以在「必須做」與「做得到」的事情之間找到平衡點；這是解決「中空雨衣」問題（既為社會的一部分，也當自由的個人）的一條途徑。

圖4　甜甜圈的概念

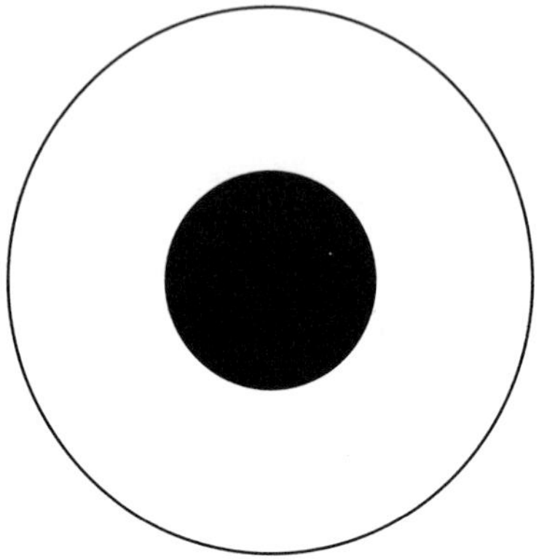

例如，我們可以檢視自己的工作；包括有薪工作，或各種沒有薪水的角色如人父、人母、人夫、人妻，或學生、朋友等。甜甜圈的核心部分，包含我們工作上或角色上必須做的事情當然前提是假如我們不想失職的話。在一切正式的工作職位上，這些事情都會列舉出來，而稱為我們的職責。這些職責即使沒有明確列舉，通常我們也都對其相當了解。然而，核心部分並不是甜甜圈的全部。好在核心之外還有一片空間，這片空間使我們有機會做些不一樣的事，有機會超脫職責的束縛，更有機會充分發揮個人潛能。誠如整個甜甜圈大於核心部分，我們對人生的終極責任，也永遠大於對單一工作或角色上的職責。

開闊彈性空間

藉助甜甜圈的概念，可以說明社會中每個機構或團體裡，個人的基本職責與涵蓋更廣的責任之間的關係。甜甜圈刺激我們思考，在工作的各層面上與個人生活上，「信念」與「彈性」究竟應該維持什麼樣的均衡關係？我們可以利用甜甜圈圖，說明個人在工作與家庭之間，或需要與選擇之間的平衡關係；同樣也可以畫個甜甜圈，用以表示某種團體、某個組織，或某個工作小組所處的情況。甜甜圈圖是一個顯現均衡關係的工具。

現代生活中有許多看起來像甜甜圈的地方。組織和個人一樣逐漸了解到，他們各有基本核心，核心裡面是必要的工作與必要的人員，環繞四周的則是一片開放的彈性空間，可將彈性運用的人員與彈性的供應契約置入。今天各組織所面臨的策略問題，主要是決定該把那些活動及人員放到什麼地方。答案往往並不明顯。各企業對股東有核心義務與職責，但企業要負的責任遠多於此。資本主義面臨的其中一項根本的兩難困境，就是在職責與較大範圍的責任之間，找到正確的平衡點。

當今全球很多學校，都設有必修的核心課程，另有選修課程環繞其外，這裡的爭議之處還是在平衡點問題，哪些東西應放在哪裡？比例如何？核心課程太多的話，學生或學校就毫無個別差異的空間，但自由空間若太多，又會導致授課標準過度紛歧。

甜甜圈原理不僅適用於結構，也同樣適用於過程。就給薪制度而言，通常訂有底薪，在此之上有差異空間，如不一樣的紅利和績效獎金。就人際關係來說，有某些義務是人人皆須擔負的核心義務，而在核心四周則有個人差異的空間。紀伯倫（Khalil Gibran）的著名詩篇《先知》（*The Prophet*）在無數婚禮上被誦讀，詩中有這麼一段：「在你們的婚禮中，你們應當站在一起，『雖然在一起，卻要留有空間』。」對每對夫妻來說，需要界定的是這片空間應該容納什麼？界線在哪裡？一樁相互給予無限空間的婚姻，恐怕是個不真實的甜甜圈，這樣的婚姻注定要失敗。我建議每對夫妻都畫出自己的甜甜圈，必定有好處。

甜甜圈原理從人生早期即可適用。猶記得我中學時代通過大考，進入準備升學會考階段，老師卻對我的成績明顯失望和不悅。我問道：「怎麼回事？我不是過了嗎？這還不夠嗎？」他回答說：「除非你的潛力充分發揮，否則再好還是永遠不夠。及格不難，但你的表現應遠勝於此。」不錯，再好還是不夠。我想起約翰·鄧恩（John Donne）的詩句：「事情做完了，還是等於沒做完，因為又有新的事情。」及格只不過是基本的核心，假如要填滿整個甜甜圈，仍須再加以努力。我的老師試圖告訴我，人生不應只是完成一半的甜甜圈。在接下來的大半生中，我幾乎都在想辦法補滿人生的甜甜圈。

中空的雨衣

如今，甜甜圈原理在我們許多工作上廣為應用，例如用於工作上，頗能詮釋「賦權」（empowerment）這一時流行的拗口辭彙。過去，公司認為員工自由裁量權愈多，所帶來的變數也愈多，因此中低階員工所做的事，全都是核心工作。我年輕時曾做過一份頭銜響亮的工作：在某石油公司擔任地中海地區行銷總協調。我的朋友都很羨慕這份工作，但他們卻不知道實情。實情是，公司已經以一份長達三頁的工作說明書，洋洋灑灑列出我的職掌範圍；更殘酷的事實在最後一段：「動支不超過十英鎊之經費，有權自行決定。」我的甜甜圈只有核心，沒有空間，對公司而言，這樣的安排或許可以避免平添變數。每件事都可以預測，也都能加以規畫與控制。但這樣的工作同時也令人覺得沉悶而充滿挫折；沒有自我表現的空間，沒有變化的空間，更別談賦權。我的職務完全來自於我的角色，而與我是誰無關。我發現自己不過是「暫時占領這個角色的人」，就像一件中空的雨衣。

另一方面，有些人的工作幾乎全是自由空間，核心很小，也沒什麼界限。基督教牧師讓旁人看得見的核心工作是：主持禮拜、探望病患、處理行政與財政；但他拯救靈魂的責任沒有止境。我所認識的人當中，承受壓力最大的，不乏從事這項工作的人；因為他們看不到盡頭，而且由於永遠有更高的境地在前，因此也無法喜孜孜回顧成果說：「去年成績斐然。」就某層意義而言，時興的賦權措施已經過頭，假如不設定界限，最後可能受罪惡感所迫，因為永遠不會覺得足夠。每個創業者都希望享有充裕的自主空間，但創業成功的人，往往是那些能夠細心設定目標與界限的人。很多創業有成者在創業初期，都是日以繼夜、沒有假日的工作，竭力填滿核心外的空間。然而，一份有意義的工作應該是個有意義的甜甜圈。

第二種類型的責任

事實上，並非人人喜歡較大的空間，甚至傳統的工作也是如此。更大的空間意指更多選擇，卻也帶來更多錯誤的可能；或更明確的說，會帶來另一類型的錯誤。在統計學上有兩種類型的錯誤。第一種錯誤簡單說，就是做錯了。第二種類型的錯誤則指沒把事情做對，或做得不夠正確。兩者有重大差異。第二種類型的錯誤意義是：沒有將全部的可能性發揮出來，亦即做得還不夠。在計畫嚴密的傳統社會中，由於每件事都包含在甜甜圈的內圈裡，因此我們只須防範第一種類型的錯誤。只要不犯這種類型的錯誤，就可算是成功。

當時的管理工作也比較容易，因為首要之務是謹防第一種類型的錯誤。只要避免那些錯誤，整個系統便可運作無礙。很多人的一生就這麼度過：謹守本分，照章行事，長年保持不犯錯的紀錄，退休年齡一到，便卸下重擔享清福。有人如此描述一位知名政治家：「他走過許多權力的長廊，卻未留下一絲足跡。」這位政治家便是一生不犯第一種類型錯誤的典範。

他的一生也沒犯下第二種類型的錯誤，即未做應做之事，未填補介於內外圈之間的空間。我發現，英國國教的老祈禱書上說的好：「該做的事我們沒做（第二型），不該做的事卻做了（第一種類型的錯誤）。」過去我總以為，前半段所指的是我忽略掉的一些雜事，如某些高難度會議一延再延，某些信件一再拖延未寫；但我後來發現，這類錯誤其實皆屬於第一種類型的錯誤。我沒有犯下真正有重大影響的錯誤，是因為我沒有做那些事，這是不夠的。

我們渴望在生活與工作中享有更多的自由空間。當今的扁平式組織可以提供這類空間，但要它能發揮功效，端看我們如何加以填補。過去我們只須避免第一種類型的錯誤，現在我們有一份新的責任，必須去做那些應做而未做的事；兩種責任並存，乃是新的生活現實。空間愈大，責任也愈大。只有大家普遍接受這種觀念，我們才能夠擁有一個真正自由的社會。在這個社會中，每個人固然可以自由追求自己的願望，但責任伴隨自由而來；行使自由以不侵害他人為限（第一種類型的責任），而且應善用這份自由以達成某些目標（第二種類型的責任）。

總有一天，我們的政府機關也會了解，僅僅不犯錯，或僅擔負第一種類型的責任還不夠；同樣重要的是，要盡最大的可能把應該做的事情做到最好，甚至超出預料的好。第二種類型的責任也是政府無可旁貸之責。英國首相梅傑（**John Major**）推動的「公民憲章」構想，可算朝此方向跨出一小步；一旦政府體認到，若為人民提供很好的服務，將獲可觀回報，若應做之事任其廢弛，則將招致懲罰，最後還是會跨出較大的步伐。

個人甜甜圈

有些人把工作當成生活的全部，他們的甜甜圈除了作為核心的必要工作外，幾乎未留下其他事物的空間。他們這樣明智嗎？有人宣稱，資本主義企業在解放、發展人性，以及容許個人提高道德、實現自我等方面的使命感，還不如共產體制下的機構，起碼理論上如此。英國的伊莉莎白．瓦蘭絲女士（Elizabeth Vallance）說，企業的首要目標並非讓個人獲得發展；教會、教育單位，或藝術機構，才會把個人發展放第一位。企業除非基於提升整體創造利潤能力的考量，否則不會照顧個別員工的自我發展。假如她說的沒錯，那麼，那些希望在工作上獲得自我實現的人，恐怕要失望了；就連在教會、學校或藝術機構擔任工作的人，情況也好不到哪裡。嚴格說來，在資本主義社會的一切組織中，個人都只是工具，不是目的。

另一種與此針鋒相對的看法，主張所有工作皆應是一種「召喚」或「使命」；企業創造財富和醫院創造健康一樣值得投入，兩者所帶來的貢獻也等值。

照這派主張，我們不僅能夠、而且應當在工作中實現自我。問題不可能只有單一答案。根據甜甜圈原理，假如我們無法從目前的工作中獲得個人成長，就該更換工作，或設法用工作以外的事物填補個人甜甜圈的空間，不應指望由單一工作滿足全部需求。

組合式生活

但我過去總以為單一工作應該帶給我們全面的滿足，我汲汲尋找一份既有趣、刺激，又令我感到自豪的工作；我還希望待遇優厚、調薪機會多、同事相處融洽、環境宜人，而且定期舉辦旅遊。不用說，我從未找著這樣一份完美的工作。然而，藉助甜甜園概念，我找到一個解決之道，那就是實施一種「組合式生活」（**portfolio life**），意即視生活為多種不同群體與活動，及多種不同工作之組合，有如證券投資組合一般；我可以選取不同的投資項目，加以組合。在組合式生活中，有一部分屬於「核心」，是維持生計的主要憑藉。但其他工作可以對核心產生均衡作用；這包括純粹出於興趣，或基於某種理想而從事的工作，也包括為了擴大個人生活領域，乃至純屬好玩有趣的工作。

我發現，一心一意只管賺錢比較容易，但要將賺錢的工作與其他類型的工作組合搭配在一起就比較難；我也發現，如果不太在意薪酬，就比較容易找到有參與感且值得做的工作。然而，這也表示我該回絕每週上班七十小時、沒有餘暇的工作，而自行將不同類型的工作組成一套「工作組合」（work portfolio）。我目前過的是一種甜甜圈生活，我甚至可以明確說出，一年中準備挪出多少天從事核心活動，剩下來的個人空間又有多少天。隨著年歲漸長，核心開始縮小，我面臨的有趣難題是如何將核心以外的空間做最妥善的填補，力求不負此生。

現在，在組織內，愈來愈有可能藉由參與不同的「甜甜圈」，而安排由多種工作構成的工作組合。聰明的公司已經發現，這種內部的組合式工作益處不少。擔當不同任務及參加不同團體，可使個人發揮多方面才幹，也能擴大個人的經驗層面。部分企業現在積極鼓勵員工參與社區志願服務，並給予必要的假期。也有一些機構樂見高層主管成為某些公共事務委員會的成員，或在當地大專院校授課，或擔任學校董事，或參選民意代表，這是自我發展的絕佳模式。這種建立「工作組合」的方法，也能獲得公司贊許支持。

容許個別差異

晚近，在各行各業中，工作甜甜圈的核心有減少並縮小的趨勢，假如坐等他人指點我們該做些什麼，不免將曠日費時。假如我們想尋找一條保證穩妥的人生標準路線，寄望循此途徑度過美滿的一生，八成會以失望收場。自己的空間一定要由自己來填補。

一個過度重視「核心」的社會，可能是個管制過頭的社會。「人人有其位，人人安其位」是柏拉圖心目中公正社會的寫照，但在這樣的社會裡，每人所要扮演的角色都已預先決定，每個人的甜甜圈都是核心占大部分，幾無容納個性的空間。我初到英國時，這種觀念仍殘餘在英國社會；不同之處在於，往昔決定核心的任務主要由政府擔負，此時這個角色改由社會接替。那時候，英國對社會成員的穿著打扮、行為舉止，皆有嚴格規範。有人告誡我：「禮拜天要穿棕色服裝，晚上十點後不可打電話……。」我很羨慕下一代不必受這樣多傳統的束縛，但太多自由空間或許對他們造成另一種負擔，生涯選擇的機會太多，而且不同選擇所導致的生活型態差異太大。生兒育女不再是結婚的正當理由，共享家庭生活更是不成理由。對他們而言，除了滿足基本生活需求所必須從事的活動外，很難看出生活的「核心」在哪裡；在必要時，甚至連基本需求也由國家負責。

他們擁有設計自己甜甜圈的自由。聰明的人會同時給核心與邊界建立一條基準線，界定他們希望過的生活型態、遵守的行為守則，與不會碰觸的領域。一個社會如果一味強調權利而忽視義務，成員所擁有的自由空間將會太多。對失業者而言，最大的問題倒不在挨餓，而在他們沒有生活核心。空無一物的甜甜圈，和全部是核心的甜甜圈一樣，都不是容易過的生活型態。

網路型組織

工作本身的組織方式已異於往昔，組織之間的關係不再是由許多方格堆疊而成的金字塔形結構。據說，英國鋼鐵公司（British Steel）曾經有一份足可鋪滿整個房間的組織圖。如今，圓圈與變形蟲狀圖示已取代昔日方格所在的位置。在變化多端的「網路型組織」串連之下，我們甚至無法明確標出某個組織與顧客、供應商、結盟組織等的分界點。對每個人來說，不再一定要在他人雇用下擔任某項「職務」才算是在「工作」。隨著組織結構分散化與勞資關係契約化，將有愈來愈多人出來當自己的雇主，而且通常也是唯一的員工。

新型態的工作將以小型組織為中心（多半是服務業），這些組織有個由少數關鍵人員所組成的小核心，圍繞核心四周空間的人，則是一批特約人員或「組合式工作者」。經濟學者大衛．伯崔（David Birch）曾針對一九八七至一九九一年的美國就業市場進行研究。他發現，大公司在這段期間內裁減員工總數達兩百四十萬人。同期間，員工人數在二十人以下的公司，卻總共增加四百四十萬個新工作；此外，規模略大的公司另外又增加一百四十萬個工作。這些新增工作，不再全是賣漢堡之類的工作；在電腦軟體、電信通訊、環境工程、健康產品與服務、專門課程教學等領域中，小型公司愈來愈吃香。這類公司都非常適合組合式工作者，而且起用組合式工作者，成本可能低很多，因為不必為這些人安排住宿。無論是這些小公司或比它們大一些的同業，都愈來愈契合甜甜圈模式。

檢視一下最新型態的組織，便可看到極其明顯的甜甜圈模式。本書開頭曾提過的「1/2×2×3」公式，是當前競爭時代所有公司都必須設法採行的模式。這個公式意味著：每家公司都有一個較小的核心，核心四周是各種合夥關係；「合夥人」包括傳統的供應商、獨立的專業人員、兼職的外圍工作人員、結盟企業，以及各種型態的合資夥伴。

將政府部門外包

英國政府為了縮減支出，也會針對多種傳統的核心活動進行「市場測試」。

也就是說，有些工作原來一向是由作為核心的文官部門負責，但如今必須接受成本與績效的檢驗，藉此比較看看是否比外包給民間執行會更划算。假如不划算，這些活動便應移至核心的外層空間。英國每年課徵總金額約達四百億英鎊的一種所得稅，名為「英國全民保險捐款」（National Insurance Contributions），便是政府提倡的市場測試項目之一。不過，不少人擔憂，若將如此重要的國家稅源委由民間負責課徵，實在太過冒險。一些人認為，不論市場測試結果如何，這項工作皆應繼續留作核心活動，不宜外包。英國內政部考慮將多種不同工作外包，其中包括：刑事賠償仲裁委員會、港口機場通關管制，以及將整個研究規畫部門交由民間負責。英國廣播公司（ＢＢＣ）有項備受爭議的政策，名為「製作人抉擇」。在此政策下，一切的決定均須通過市場測試。也就是說，根據個別製作人基於短期成本考量，逐項決定該公司甜甜圈各部分的比重。很多人憂慮，這個做法未必能產生最合乎ＢＢＣ長期策略目標的甜甜圈。

企業多半將原料供應者置於公司甜甜圈的非核心部分。過去有些公司喜歡進行垂直式整合，以求掌握整個甜甜圈的所有權與經營權，但這種做法已不再流行。不過，也有公司把部分極重要的工作外包，如柯達公司（Eastman Kodak）便認為將整個資訊系統外包的做法有其意義。有些公司則將策略制定工作委由顧問公司負責。只要我們願意，任何東西都可以放入甜甜圈核心四周的空間。關鍵是要保持比重均衡。英國文官部門擔心，假如把工作中的精華部分都交給了外人，將不免打擊公務員的士氣，萬一文官士氣低落而導致優秀人才不願投身公職，則短期的節省反而會造成長期的損失。這種問題沒有簡潔的標準答案。唯有設法找尋適當的平衡點，方能使問題迎刃而解。

打散舊有結構

有人可能會擔心，新夥伴如果和舊核心過度密切結合，最後可能會變成核心的一部分。因為，假如演變成供應商必須仰賴特定客戶，或公司必須仰賴特定供應商的局面，那麼甜甜圈結構「彈性」這個最大的特色可能會蕩然無存。經驗告訴我們，契約關係要保持彈性，而且，不應有三成以上的總產能或需求受制於任何單一合作對象。

巴西的賽式企業（Semco）執行長雷卡多．賽姆勒（Ricardo Semler）刻意把整個公司設計成一個甜甜圈（或稱為雙重圈），中間部分只有一群輔導人員，其他員工、合作夥伴、關係機構都置於外圍部分，而在一些協調連繫人員的組織下，大甜甜圈裡面又形成一些較小型的甜甜圈。管理甜甜圈是組織管理工作的新挑戰。這項工作充滿挑戰性，原因是管理的對象不僅是人，更要管理整個甜甜圈及其中各個不同的空間。管理其他人的空間並非易事。這不再是管理者與被管理者的關係，而是甜甜圈「設計者」與其中成員的關係；這種新關係的主要基礎是信任與相互尊重，而非基於控制。

全球各地許多組織正如火如荼展開「再創」（reinventing）或「再造」（reengineering）行動。他們將組織結構打散，甚至摧毀既有的功能劃分與老舊的工作方式，改而環繞某個特定任務，將人員、設備、系統加以重新組合。這種做法創造出一些新的工作甜甜圈，也就是建立一個個對於任務的達成負完全責任的工作群：每個甜甜圈各自有明確的規則與責任（核心），也有充裕的自由支配空間，可採行自認最理想的方式達成任務，而且結果可能相當令人吃驚。福特汽車公司出納部門的例子最著名；他們在削減兩成員工人數使部門剩下四百人後，一度沾沾自喜，後來發現馬自達（Mazda）汽車公司竟僅以五個人負擔同樣的工作，才知道不對勁。再度檢討後，把員額降為一百人（「1/2×2×3公式」連套兩次）。「企業再造」一詞是某家顧問公司的新專利，但其基本概念其實和甜甜圈一樣古老。

二十一世紀工作室

甜甜圈組織甚至連實際配置情形也像個甜甜圈。企業的中樞不再從雄偉的總部大樓發號施令。總部縮小了，而且變得較像是交誼廳，另於郊區各地設立衛星辦公室。在美國康乃爾大學負責「二十一世紀工作室」（Workscape 21）研究計畫的貝克（Frank Becker）相信，會有愈來愈多人同時有三個上班地點：中央辦公室、裝有電腦設備的住處，以及郊區商業園區內的衛星辦公室。未來的中央辦公室會變得像甜甜圈狀，環繞在幾間「交誼廳」的外圈。這些地方愈來愈像大飯店的接待大廳，或某個俱樂部的包廂。

我曾參加一家英國首屈一指的辦公家具製造商的高層主管會議。當天討論的主題是「未來的主管辦公室會採用哪一種家具」。會議一開始，我們決定先詢問人力資源部門主管安妮塔（Anita），要她說明自己通常怎樣度過一週的上班時間，藉以揣摩她將來大概會如何使用辦公室。相當巧的，在此之前的一個月裡，安妮塔曾因出差而分別在旅館客房內、飛機上、機場貴賓室，以及子公司的辦公室裡工作；另外，清晨和夜晚她常在家工作。有兩個禮拜五下午，她待在辦公室裡，整理較不具時效性的信件，因為當她出門在外期間，祕書並未將這類信件遞送給她。另外，她也利用這段時間與祕書核對行程表。她唯一真正需要的高級家具，是個用來裝各種電子設備的袋子。對她而言，辦公室反而像是個偶爾才去報到的俱樂部。

核心大小取決於自己

對我來說，今年是葬禮最多的一年，我聽了許多篇讚頌死去親友的頌辭。頌辭開頭都會先對死者生前的豐功偉績讚揚一番，但接下來更重要且較引人入勝的部分，則是向所有認識且摯愛這位逝者的親友描述這個人。我一次又一次了解到，在死前，我們的甜甜圈務必填滿至完整。諷刺的是，假如我們把核心看作生活中必要的一部分，因為大多數人年輕時皆奮力累積這部分的經歷，可能會發現真實的「自我」不存在於核心，而存於整體。要不要在死前填滿核心以外的空間，完全取決於我們自己。

我對朋友工作的詳細內容一向欠缺了解，因為每次大家聚在一起時，都在談工作以外的事。諷刺的是，我比較喜歡他們尚未成功時的樣子，他們對我也是同樣看法；因為當時大家有比較多心思與空閒花在與朋友相聚及玩樂上。明白的說，事業比較沒成就時，人比較不乏味。因為這時我們的甜甜圈會有較多的空間。

我們往往把核心部分造得太大。在個人生活中，我們常常誇大事物的必要性。人們自以為需要的事物，總比他們實際需要的多；人們渴求的安全保障，總超過他們的實際需要。許多組織所建造的核心，尺寸比實際需求的還大。它們也強制在內部各個甜甜圈建立大小超出實際需求的核心。各地的學校強制學生接受作息時間表，把學生的時間塞滿學校認定非做不可的事情。在一個似乎到處都是規定與要求的世界中，自發性的責任感反而不受重視，由於我們對於過度的外來干涉有種本能性的抗拒心理，因此最後甚至連規定與要求也逐漸失去價值。沒有人會想要一個空蕩蕩的甜甜圈，那是一個沒有責任要負、沒有理念要信守的甜甜圈。但一個核心太大的甜甜圈，又會令人充滿無力感。

人們為了爭取權利而大聲疾呼，卻刻意忽視所應負的責任；人們要求民主，卻期待由他人代為解決一切的問題；別人採取主動時，他們嘖有煩言，但自己卻從不主動做任何事，這些現象豈非弔詭？我們覺得沒有時間享受自己辛勤工作的果實，可是後來終於有時間時，卻發現自己不知如何享受這些果實，這豈非怪事？我們無法適應核心以外的生活空間。我們一直被各種職責壓得喘不過氣，以至於從來無法體會承擔責任、做些和別人不一樣的事所產生的樂趣。

建立互信的環境

許多組織由於過度強調核心的職責與規定，而在無意間製造互不信任的氣氛。一個主管自由動支經費的權限如果只有十英鎊，表示公司對他的判斷力與人格都沒有信心。可以斷定，任何組織若一意強調控制的必要性，組織成員到頭來一定會發現，除了打破規定外，沒有獲得獨立的途徑。我的小孩開始學抽菸，是因為學校明文規定不准抽菸。校方安排許多有關尼古丁有危險的課程，以強化教條規定的合理性，但其背後所隱含的訊息卻是：「我們不相信你會正視這些警告，所以要明文規定，強制遵守。」看在學生眼裡，既然學校當局刻意不讓學生發揮責任感，他們自然不須把規定當一回事。對學生來說，抽菸反而變成自由選擇權的象徵，是他們甜甜圈裡的一片個人空間。

假如我們不給部屬空間，就不能期待他們有主動負責的行為表現。當然，給空間會有風險。並非每個人都能處理等量的空間與責任。要根據個人或團體的承受容量，調整甜甜圈的大小。為人父母者會隨著子女成長而給予更多空間，但總有一定的界線，然而，「應做而未做」，即限制空間的「第二種類型錯誤」，所帶來的風險往往嚴重得多。空間太多固然會導致錯誤或意外，空間太少卻可能導致生命貧乏。

我們不要變成中空的雨衣。

第五章

中國式契約——雙贏的策略

第一次見識到「中國式契約」的經驗真教人難忘。當時我擔任某石油公司馬來亞南區分公司經理，任務之一是與當地華人油品銷售業者商議代理合約。當時我年輕、有衝勁，大概也有點天真。某次完成磋商後，銷售商與我握手，並依習俗共同舉杯飲茶，感覺無比熱絡。接著我從公文箱中取出公司的正式代理合約書，填上數字，準備簽署。這位銷售商見狀，大吃一驚問道：「你幹什麼？你如果以為我會簽字，那就大錯特錯了！」我說：「我只是把剛剛雙方同意的數字填上罷了。」他卻說：「假如我們已經說定，為什麼還需要法律文件？你這樣做不免令我起疑，是否合約對你有利，你打算運用法律的力量，保障對你有利的條款。」他接著又說：「在我們的文化裡，一則好的合約必可自動落實，協議達成時雙方在歡喜中離去。假如只有一方微笑，另一方卻皺眉頭，那麼即使訴諸法律，也無法使這樣的協議落實施行。」

皆大歡喜的解決方法

經過我一番解釋，他最後終於相信那只是一紙徒具形式、沒有實質意義的例行文書，但這段插曲卻縈繞我心。在我所成長的文化環境中，大家都相信成功的協議應該是只有自己會笑（但要忍住不笑，以免對方覺得被占便宜）。我們總認為，協商的目的本來就是犧牲對方利益以增進己方利益。因此，協議一旦達成，便須藉助法律的強制力，使己方權益獲得保障。但我所遭遇的另一個文化環境中，大家卻認為協商的目的是找出皆大歡喜的解決方法。難怪英國社會需要如此龐大數量的律師。

我後來了解，「中國式契約」的意義，不僅在告訴我們如何建立可長可久的生意關係，更闡明了一個原則：妥協仍是進步的先決要素。唯有雙方各讓一步，才能創造雙贏。它讓我們知道，彼此間必須互相信任，而且對共同的未來有信心。顯然，它告訴我們奉獻犧牲的道理，讓我們知道放棄一些眼前的利益，可以避免未來的弊病。或者更正面積極的說，它體現投資的原理：現在花錢，將來回收。

假如我們不準備放棄某些東西，不願意為未來下賭注，而且不能承擔託付他人所帶來的風險，那麼想成功管理「弔詭」，可謂緣木求魚。反之，假如我們有這些意願，便會有許多條「穿越弔詭的蹊徑」在眼前鋪陳開來。一味追求自身的短期利益，而且貪求贏得所能贏得的一切，只會造成永久的對立，破壞合作關係，阻礙進步，徒然造就更多法律與強制執行機構。

這種「中國式契約」促使我對人類的文化習慣進行全面省思；甚至包含中國文化（中國人也許無法苟同我將他們的交易習慣發揚光大為一條人生通則）。但我相信，追求自我利益的行為，必須由「同情心」（sympathy）加以平衡。如亞當斯密一再提醒，同情心是一種民胞物與的感情，是道德行為的真實基礎。唯有具備「同情心」，我們才甘冒風險，把未來託付給他人；也才能給予他人超出他們應得的信任，或希望使素未謀面者的生活獲得改善。自利行為如果不受制衡，將使社會變成一團混亂，在那裡，任何一場勝利都會摧毀我們未來賴以維生的對象。若真如此，那將是個終結一切弔詭的大弔詭。英國曾有這樣的例子，農民在輪流耕作公有農地期間，皆設法在短期內將土地資源利用至最大極限。由於大家都如此做，終而導致公有地毀壞、大家都無法再利用的悲慘結局。

有人認為，同情心的力量畢竟薄弱，難以與自利心抗衡。不過，有證據顯示這種看法並不正確。心理學家尚·皮亞傑（Jean Piaget）研究發現，兒童遊戲時存有一種與生俱來的濟弱扶傾觀念，較大的兒童尤其有此想法。他們對自己施惠他人的行為通常的解釋是：「讓某人高興」或「怕某人哭」，而且施惠的時候比獨享的時候多。中國人從小學開始教導學童與人分享的道理，以協助他們學會「中國式契約」的原理。他們長大成人後，通常還能保持這份習慣。多數人不會在停電時抬高蠟燭售價，也不會在暴風雪來臨之際調高雪鏟的價格。人類內心固然存在貪婪與殘忍，卻也存有同情心。

妥協方能成長

將「妥協」說成是一種美德，聽起來很矛盾，因為妥協通常是軟弱的象徵，或者是承認失敗的表現。一般人認為，強者不會妥協，而且原則是永遠不該妥協的。我卻要說，剛好相反，強者不但知道什麼時候該妥協，而且知道若為維護某個更重大的原則，所有的原則都可以妥協。

在這個混亂的時代裡，我們所面臨的絕大多數兩難困境，都不是那種非對即錯、可以直截了當在對或錯之間選擇其一的困境，但如果是這種情形，則妥協的確是軟弱的表現。我們所面臨的是遠比此更複雜的情況，必須在同樣都是對的選項中做出抉擇。我希望既多花點時間在工作上，同時也想多花點時間和家人相處；我們希望既善盡公司的社會責任，同時也要獲利豐厚；我們希望信任部屬，可是卻必須知道他們在做些什麼。有些時候，發生關係的兩造，會有利益衝突的情形，假如雙方都不肯妥協，就無法推動任何事情。由於雙方都拒絕讓步，事情只會原地踏步，毫無進展。人們為了「自尊」，竟寧願犧牲進步。

一九七〇年代，我曾經聽過大為．歐文勳爵（Lord David Owen）的一場演講。當時他的頭銜還是歐文博士，剛剛卸下工黨政府外相的職務，還未擔任社會民主黨黨魁。他對一群主教講演，題目是〈妥協的美德〉。他舉一個例子說，某年八月，大多數同僚休假，他留守外交部辦公室時，有人打電話要求提供鎮暴器材給政權搖搖欲墜的伊朗國王。他說，他對伊朗國王及其政權班子一向深惡痛絕，因為這些人違反一切民主與社會正義的原則，而這些原則原是他本人及所屬政黨所堅信不移的。然而，在身旁沒有人提供建議下，他權衡後發現一共只有兩種選擇，而提供鎮暴器材是比較好的一種，因為若不如此，國王的軍隊勢將開槍鎮壓，造成嚴重死傷。他決定支援一個他憎惡不已的政府，只因為另一個選擇會更糟。也就是說，他為了一個更重大的原則，而犧牲其他原則。

他告訴那些主教，當我們過度堅守立場，對自己能夠擇善固執而感到欣慰，但在此同時，我們可能已經犯下更大的錯誤，亦即故步自封，使事情無法朝著正確的大方向前進。諷刺的是，歐文本人在幾年之後，卻因過度堅持立場，使他所領導政黨加速式微。而又過了幾年之後，他僕僕風塵飛往前南斯拉夫，勸解交戰中的塞爾維亞人、波士尼亞人與克羅埃西亞人相互妥協，以打破僵局，邁向和平。

彼得・理察士（Peter Richards）與潘密・理察士（Pam Richards）是環保團體「地球之友」（Friends of the Earth）的會員，而且積極投入生態保育運動。他們在海峽群島（Channel Islands）經營蔬果農場。由於蔬果市場競爭非常激烈，謀生相當不易。彼得說：「假如我們不在新成熟的馬鈴薯上覆蓋聚乙烯，它們不到兩週就會壞掉。」潘密說：「我們必須在理想與現實之間求取平衡；我想，就是必須妥協吧。妥協是成長的一部分。」

民主的基本元素

「堅守原則」是種很吸引人的情操。假如對某些原則深信不疑，自然會永遠不覺得有妥協的必要。某些口口聲聲不堅持原則的人，事實上未必不堅持原則；相反的，他們可能有個凌駕一切的指導原則，這個原則可能是追求他們眼中的自我、公司或國家的最大利益，甚至可能是他們口裡所稱的「上帝的旨意」。他們永遠不會犧牲這些最高原則。除非遵循他們所選定的道路，並搭乘他們所選定的「交通工具」，否則他們絕不前進。對他們而言，妥協的意思就是「有條件投降」。堅守原則固然帶給他們力量，可是付出的代價也不小。其他人除非改變想法，向他認同，否則就是和他們對立。這種人從來不了解創造「第二曲線」（見第三章）的必要，因此到了某個時機，他們的曲線便急轉直下。

一個優秀領導者的堅定與自信，必須有妥協精神加以調和，才不會令其他人覺得被排斥。柴契爾夫人從來不覺得有必要妥協；她的堅定不移帶給她力量，也飽受讚譽，甚至對她的作為不以為然的人也不能不佩服。但到最後，她卻因拒絕妥協而被迫下野。妥協是民主不可或缺的基本元素。任何領導如果想要保有一批有衝勁且有能力的追隨者，而不是一干逢迎拍馬之徒，就必須通曉妥協的藝術。

另一方面，假如妥協過頭，可能會損失過多。到這地步就不算是「建立共識」，而是軟弱的表現。不正確的妥協會阻礙進步，而不能促成進步。我和許多人一樣，不喜歡與人衝突。為了避免衝突，我不惜作任何讓步。曾經，我明知某些人能力不足，留在組織裡會造成傷害，但我卻為了逃避不可避免的衝突，而忍著不攆走他們。我這種做法，是為了求得生活寧靜而犧牲真理，是為了維護次要原則而犧牲主要原則。我應該下相反的決定才對。

非關原則

有一群高階經理人參加一場企業管理訓練課程，當他們抵達會場時，發現每人桌上都放著一本古希臘著名悲劇《安蒂岡妮》（*Antigone*）的英譯本，這個課程的第一項作業，就是回家研讀這本書，隔週到課堂上討論。起初，他們以為主辦單位將他們和隔壁的文藝研習班搞混了，後來才確定沒弄錯。安蒂岡妮的叔叔克里昂（Creon），在爭奪底比斯城（Thebes）的戰役中，打敗並殺掉安蒂岡妮的哥哥，還將他的屍體丟棄城外，等著兀鷹來啄食。安蒂岡妮相信，她必須親眼看到哥哥被妥善埋葬，否則靈魂將永遠遭到憤怒女神的追逐。但她叔叔不准她安葬她哥哥，並勒令安蒂岡妮如不遵從，他也會將她一併殺害。這裡的問題在於：

該屈服於權威，還是不顧一切去做自己認為正確的事？或是有可能找到妥協的做法？

自古以來，每一世代的被征服者，都必須面對這類兩難困境；而這類矛盾在企業內或家庭中也不罕見。安蒂岡妮決定堅守原則，終而因此犧牲性命。世界上的確有一些原則值得我們為其犧牲。問題是：我們能否確定我們所打算捍衛的原則是其中之一？由於這個問題永遠引人關切，因此這齣戲首演至今雖然已經有兩千五百年，卻仍歷久不衰。

唯有為了追求另一個更偉大的目標或更偉大的原則，我們才可以犧牲某個原則。我不只討厭衝突，也憎惡戰爭與暴力。但世上存在著弱肉強食的情形，存在著一些專門欺凌弱小的國家。這些國家眼裡只有那些比他們強大，而且隨時準備展現實力的國家。因此，我能諒解在用盡一切解決方法卻仍失效後，為了追求和平與秩序，而實施有限度的戰爭及有限制的使用武力。我也願意為了正義而戰。假如我過度緊抱自己的原則不放，等於是縱容所有的流氓與罪犯。為了更高的正義原則，我們可以放棄次要的原則。

然而，生命中大多數的妥協並非與原則問題有關，而是與利益有關。假如不採取這些妥協，我們可能會沒有盟友，也沒有進展。因此，中國式契約的哲學雖然未必帶給我更多榮耀，卻可以帶給我們更多收穫。

與未來訂約

當我們試圖在眼前需求與未來需求之間求取平衡之際，也不得不有所妥協。「短視近利」是個備受爭議的醜陋詞彙；企業因圖近利而遭指責，政府因短視而受咒罵，沒有人在人生中可以擺脫這些困擾。我們都知道，要獲取我們最想要、對我們最有益的事物，如健康、愛、長壽，一定得放棄一些眼前的快樂，或者做一些不想做的事。個人的短視近利會損害我們的健康。換句話說，我們知道，透過這種個人妥協的方式，可以處理大多數我們喜歡卻有害的事物。

這裡的弔詭是：為了未來的益處而犧牲眼前享受，應該做出多少妥協？一切的投資，都是為了讓明天更好，而放棄一部分今天的東西。假如我們對未來有信心或有所期待，投入才有意義。而這通常也是另一種妥協。為了確保後代子孫有個更乾淨、更安全的生活環境，我們打算克制自己的不良環保習慣到什麼程度？那樣的環境出現時，我們很可能已經不在世間。假如其他人不照做，我們本身願意約束自己的行為到何種程度？英國農民濫墾公有地的悲劇，會不會在整個地球擴大呈現？或者，我們會有所妥協，能夠調整自己的短視行為，以達成更偉大的共同目標，讓許許多多我們永遠無法謀面的後代過得更好？我相信，只有當我們的眼光能夠不再局限於自己的一生，當我們能接受世上存在著比我們自己更重要、更長久的事物時，我們才會願意那樣做。

從某個比較個人的層次來說，每對雙方皆有工作的年輕夫婦，在決定是否要生兒育女以及何時進行時，往往必須在「共同目標」以及「妥協」的話題上掙扎。養育子女可能必須犧牲很多眼前的事物：例如少掉一份薪水收入、改變生活型態或人際關係等。雙方能否各讓一步，達成養兒育女必須的妥協，關鍵在於兩人對於共創新未來是否具有堅定的共同信念。假如雙方各自堅持保留目前所擁有的一切，即無法達成生育的決定。他們必須了解，只有彼此妥協才能朝向建立家園的道路邁進。但是，除非他們先擁有共同目標，否則不可能甘願妥協；而這個共同目標必須大過個人目標，雙方還要能彼此信賴。當年輕人不再流行妥協，生孩子也就跟著退流行了。

經理人與股東

企業將所配發的股息提高，便相對減少未來可供運用的資本。假如股東因為可以自由賣掉持股，因而對公司的未來漠不關心，那麼他們會寧願看到股利，而不希望保留盈餘。但經理人則相反，他們的前途與企業的未來息息相關，因此希望盡其可能為了公司的未來進行投資。雙方自然常會在事情的優先順序上發生衝突。

假如雙方沒有共同的理想，也沒有針對長期目標獲得共識，那通常會遷就最急迫的事，或最有實力的一方。假如我們認為公司比較需要股東，比較不需要經理人，則股東會取得上風。這種情況下的妥協是強制性的，而非自願性的；是英國式契約，而非中國式契約。唯有讓股東的未來也與公司的命運緊密結合在一起（如同目前德國與日本逐漸出現的趨勢），他們才會和經理人懷有共同的理想，也才會願意犧牲部分眼前的收穫以換取未來的利潤。不過，必須要有一個讓他們覺得似乎值得追求的共同理想才行。總而言之，假如要人看遠不看近，就必須提供他遠景的承諾。假如看不到美好的未來，必然會變得急功近利，因為沒有理由為了未知的明天而犧牲眼前的幸福。

「認股」的概念目前在英國與美國很普遍，用意就是希望在高階經理人與股東之間建立共同的目標。這個概念的原始構想是希望藉以使經理人的某部分津貼與公司的長期表現有更密切的關聯。這種做法的確有效，原因是他們必須在一定的年限後，或者必須在公司股價上漲超過選擇權的價格時，才能夠行使選擇權。假如我們規定所有的股東都必須如此，他們一定會對公司有另一番看法。現在與未來之間的權衡關係將大幅改變，而且妥協會變得比較容易。

第三角度

假如我們希望建立如中國式契約般可長可久的關係，就必須先找到共同的理想，以使雙方基於追求更大的共同利益，而有理由做出一些犧牲。假如彼此欠缺共同的目標，便會各自固守一隅，爭取自己的權益，且人與人、團體與團體間會缺乏互信；在此情況下，妥協是強者逼迫弱者做的事，象徵著失敗而非進步。在民主化社會中，假如不希望利益不同的團體之間爆發爭戰，一定要找出共同的追求目標。

假如對立雙方之間出現第三者，我們通常願意與其結合，以對抗共同的敵人。我們的盤算是，結盟會比落單有利。妥協的價值在此似乎不證自明。本質上，兩方面如果有共同的敵人，必然會導致某種暫時性結合，因為雙方會相信，透過聯手應可擊敗敵人，並基於這個假定達成妥協。假如敵人真的被打敗了，聯盟關係隨即解除。可是，萬一敵人持續頑強抵抗，結盟雙方就會開始懷疑，自己為了建立結盟關係而讓步，卻遲遲沒有收穫，這樣的妥協是否值得？企業之間的結合，如果是寄望透過結盟，而在規模與表現上壓過他們的共同敵手，這是一種貪圖近利的短視做法。

就算是有共同敵人的結盟關係，不論任何一方都很難長期妥協或持續做出犧牲，除非打的是真實的戰爭，而非經濟戰；然而沒有人希望發生真的戰爭。不過，在多數情況下，我們可以找到某個「第三角度」，那是一種在相互對立事物中找尋平衡點的古老做法，也是「穿越弔詭所必經的蹊徑」。

三合一思維

一七九三年六月三十日，巴黎「考德利爾俱樂部」（Club des Cordeliers）通過決議，發動全體市民在自家房舍正面寫上大字：「全民團結，為自由、平等、博愛而奮鬥。」這是法國大革命名言「自由、平等、博愛」首次以文字型態出現，也是有史以來影響最深遠的一場牆上塗鴉活動。同時，這也是「三合一思維」（Trinitarian thinking），亦即以「第三方面」調和對立雙方的一個絕佳範例。

眾所周知，自由與平等會相互抵消；假如加入了博愛，兩者便能和諧共存。假如人人彼此相愛，便不會為了伸張自己的自由，而侵犯他人同等的自由；也不會因為堅持平等，而妨礙他人的自由。

世間之事多由相互對立的事物組成，例如雌與雄、工作與休閒、生命與死亡。過去英國人向來認為，對立兩方之間的矛盾，恰是維持公平的最佳處方。英國的司法制度以及議會制度皆是建立在這個假定之上。但今天很多人卻認為，英國的司法制度既不公平也不正義。

三合一思維或第三角度思維，總是不斷尋找某些能夠調和或啟迪對立雙方的解決方案。英國的兩黨政治天平經常失靈，導致一黨掌權過久的不公平現象；假如第三勢力能夠茁壯，這個問題或許可以解決。在司法程序中，如果能設置立場超然的陪審員，或許可以解決判決不公的情形。兩性之間的矛盾可以仰賴雙方共有的人性共通點而得以化解。而假如我們對永恆的真諦有更多了解，也許不會把生與死看成對立的兩極。透過學習，我們也許可以將工作與休閒串連在一起，從而使兩者相互調和。愛可以止息紛爭，而且可以化歧見為激勵進步的原動力。誠如亞當斯密一再強調，同情心可以使市場經濟的運作保有道德。

三合一思維鼓勵我們不斷尋找另一種方向，亦即尋找第三角度。三合一思維告訴我們，假如金錢造成社會分崩離析，為何不設法使社會「非金錢化」？假如更多美好或必要的事物，如教育、住宅、醫療、交通、基本食品等，可以免費提供，社會將會變得比較平等。到那時，貧富之間的差距縮小，人們也比較找不到累積財富的理由。按照三合一思考，假如「資方」與「勞方」本質上就是彼此對立，也許我們可以考慮以「成員」的觀念取而代之，以化解勞資對立的態勢。

我記得很清楚，當年曾和我的兩個小孩為了電話的問題發生爭論。他們十來歲時，一天到晚打電話給朋友，我們夫妻用盡一切辦法限制或阻止，都毫無效果。反而使他們找藉口、撒謊，徒增親子間的口角。運用三合一思維，我找到一個「第三角度」；我為他們兩人各裝設一具電話，並為他們支付基本費，但我的電話不再容許他們使用。如此一來，假如他們電話使用過量而付不起電話費，就會遭電話公司自動停話。我的小孩認為他們獲得某種自由；而我則注意到，從那時起，多半由他們的朋友打電話進來（當然是用他們雙親的電話）。我的電話費大幅減少，足足可以彌補為他們所支付的基本費，而且，從此我想打電話時就能隨時打，不必再與他們相爭了。這是一種不犧牲任何原則就可以奏效的妥協做法。

對西方國家公寓住戶來說，停車問題最棘手。一方面，每個人都認為，自己或訪客的車輛停在公寓外是天經地義的事。另一方面，沒有人喜歡別人的車停在自家外面，這會妨礙視線，破壞景觀。相關人士曾做無數次安排規章，並從建築技術面設法改善，但始終無法找出滿意的解決方式。後來有人採用三合一思維想到，最公平的辦法可能是在離開公寓一段距離之處闢建共用的停車場，並公告公寓四周的主要區域禁止停車，以維護觀瞻。一個原本令所有人都煩惱的問題，如今只要大家多花點小錢就可以解決，並能增進住處的整潔與寧靜。這又是一個妥協奏效的例子，只因我們找到第三角度。聰明的協商者都曉得運用這類三合一利器來排除障礙。

這本書裡面有許多三合一思考的例子。透過這種思考方式，經常可以取得令人尚能接受的妥協，亦即找出可以調和對立雙方的第三角度。我們要多多運用「中國式契約」的概念，解決生意上乃至社會上的問題。日本人以決策緩慢著稱，但決策一旦做成，全都堅定可靠。究其原因，乃在他們花費很長的時間建立共識。所以說，「中國式契約」與「日本式習慣」其實是相通的，西方人可以學習這些東方的優點。但在學習的同時，必須改變一些文化傳統：例如改變你輸我贏的觀念，而接受如果大家都只稍微贏一點，有可能大家都贏的觀念；例如改變「妥協即軟弱」的觀念；改變「相信好律師勝過好協議」的想法；改變「只顧眼前不管未來」的觀念。這些想法是文化因素塑造出來的，並未深植人性。我們可以改變我們的思考方式。

積極參與人生

任何事都沒有完美的解決之道，也沒有人能預測到任何行動的最終後果。唯有事後回首才看得到真相，即使科學上也找不到十全十美的答案，科學家也不預期獲得任何完美解答。在此前提下，假如有人宣稱能預知任何事的全部真相，那個人不是過於自大，就是過於愚蠢，或是過度缺乏感受力。哲學家卡爾．波普（Karl Popper）曾說：「每個人所知道的事各不相同，但每個人所不知道的事都是無限。」即使權威人士也會犯錯，但這無礙於他們繼續向世人灌輸理想。

根據本書的前提，每個人都擁有使自己與眾不同的空間，因此，每個人都有權利認為自己是對的。我們如果也像「混沌理論」中的蝴蝶一樣鼓翅，可能會擾亂天氣。在無人確知未來的情況下，我們都有作夢的權利。但是，任何意願或夢想，若想讓他人心甘情願接受，就必須採行某種形式的「中國式契約」。在這種契約裡，各方面的利益都能獲得了解與注意，不論那是眼前的利益，還是未來的利益。

在波濤起伏的時代，人們總汲汲找尋確定的事物與絕對的權威。人們希望當追隨者，而不想當帶頭者，即使小事情也是如此。人們希望「領導者」代為解決困境，而重獲寧靜生活。人們覺得照顧自己已經夠難，哪還能考慮他人。這種想法不容存在！這種想法會扼殺未來！由於各種各樣的弔詭實在太複雜，假如我們要找到人生的意義，就必須積極介入人生。我將在最後一部分闡明，你我的存在

第三部

管理弔詭

再興聯邦

「中空雨衣」的象徵概念，促使我們正視一件事：如何在較大的環境架構下，為個人的願望與決定找到立足空間。各文化對個人的尊重程度不一，但目前全球各地有個普遍的趨勢是，個人在面對組織、國家、跨國機構時，無力感與日俱增。在以往，民主意謂人民握有權力，然而現今卻演變成「人民握有投票權」的新解。這兩者是不一樣的事。

選票是最後的手段，可以有效提醒統治者注意權位的來源，但個人卻很難運用選票影響攸關本身利益的周遭事務。此外，我們日常接觸到的機構，特別是商業機構，有權投票的人往往是外面的人，如股東、理事等等，在裡面工作的人反而沒有投票權。民主有其局限。選票無法填充「中空的雨衣」。

因此，假如我們想調和人性與經濟的矛盾，就必須設法提高個人或地區的影響力，如此方能使每個人覺得自己及身旁的人有機會與眾不同。除非讓每個人覺得自己能夠擔負起一些個人責任，否則根本沒有希望穿越弔詭。空有民主的形式是不夠的。我們必須透過改變組織結構，將更多權力下放給小單位與地方單位，以開闢出一條途徑。縱然這麼做會引發種種混亂，我們還是非做不可。在此同時，我們仍要致力提高效率，並繼續追求有效協調連繫與控制所能帶來的利益。因此，目前企業流行對個別員工賦權，使其能勝任我們希望他們做的工作。這種做法雖然出於善意，但這樣做還不夠。我們必須改變結構與制度，以反映出新的權力均衡狀態，亦即聯邦制度。

新權力均衡

聯邦制是個老構想，但它可能馬上又要當道；因為當初設計這種制度的目的，就是要在同個機構裡創造出某種權力均衡狀態。聯邦制的精神，在於該大的地方大，該小的地方小；某些方面集權，某些方面分權。它的許多訴求與決策都以地方需要為目標，但它的眼界卻擴及全國乃至全球；它讓組成分子擁有最大的獨立自主權，又讓它們之間恆常保持一種必要的相互依存關係；它鼓勵差異，卻又對此有所限制；它需要維持一個強而有力的中心，但這個中心是以致力服務各組成分子為最大目的；它可以而且應該由這個中心來領導，卻必須由各個組成分子分別負責管理。在聯邦體制下，弱小成員有機會影響強大成員，個別成員也有機會各自展現力量。

目前一般人心目中的聯邦制是應用於國家的一種制度，如美國、德國、瑞士、澳洲、加拿大。至於英國和西班牙，雖然當地政治人物可能不願承認它是聯邦制，但實質上這兩個國家皆是由幾個分開的區域所合成的聯邦國。甚至法國，隨著地方自主權的提高，也愈來愈像個聯邦。但聯邦的觀念其實不只應用在國家。任何組織，不論大小，都可以應用聯邦制的構想。醫院、學校、地方政府，以及大多數慈善團體都可看到聯邦色彩：在一個共同的中心協調連繫下，各地區分別進行活動，但又屬於同個整體。各種大大小小的企業都有聯邦傾向，也都需要擷取聯邦制所能提供的一切。

我們也許覺得奇怪，為什麼這麼好的構想並未大受歡迎。很少企業刻意實施聯邦制；就好像歷代以來的中央政權，很少自願將國家改變為聯邦結構。這是因為真正的原因在於，除非不得已，否則我們通常不願意放棄權力，而聯邦制便是平衡權力的具體做法。

聯邦構想是「第二曲線」的典型案例，但絕大多數機構或社會都是等到事情迫在眉睫，才不得不採行聯邦制。這種思考組織問題的方式，不但迥異於傳統思考方式，而且令人非常不舒服。這種新思維帶來混亂且往往導致某種程度的情況失控。實施這種方式的唯一正常理由，乃是因為在一個複雜的世界裡，除此之外，別無真正的選擇。沒有任何一個人、團體或行政主管全知全能到足以獨力平衡一切的弔詭，或從中心掌控全局，而且即使所有的人都容許他如此做，也辦不到。我們必須釋出空間給小單位及地方單位。

留給地方決策空間

實施聯邦制有賴一套由各個組成部分相互訂立的「中國式契約」，而它的運作則必須透過形狀與大小各異的一些「甜甜圈」；這種甜甜圈基於需要與權利雙重考量，而留給地方單位極大的決策空間。各個組成部分必須針對整體的需求，各自調整目標；反過來說，整體的目標也必須顧及個別成員的需求而調整。在聯邦結構下，沒有任何人或單位可以完全照自己的意思行事。因此，這是一個實踐本書觀念的絕佳例子；它既帶來許多機會，也帶來諸多困難。

坦白說，聯邦制的概念並不容易實施或了解。前南斯拉夫絕不是個可以加以宣揚的好例子，加拿大也不是。美國加州無論對內或對外都因實施聯邦制過了頭而問題叢生。ＩＢＭ宣稱該公司已經開始服膺聯邦制的概念，不過，它也許不會是一個最成功的例子。建立歐洲聯邦的目標不只嚇壞了英國，也嚇壞了許多人。然而，我們必須堅持聯邦觀念，因為這是對大型機構重新賦予意義的最佳途徑，也是使大組織扣緊它的成員，得以建立共同目標的最佳方法。

與「邦聯」不同

人們對聯邦制的誤解，導致許多混亂與困難。例如，邦聯（confederation）便不同於聯邦。邦聯是幾個有關成員為了共同執行某些工作，而建立起的一種聯盟關係。因此，它實際上只是一種互利互惠的組織。一般而言，它的成員沒有理由做任何犧牲、讓步、妥協，除非這樣的犧牲明顯帶給本身更大的利益。邦聯不是一個具有行動能力的組織，因為它既沒有這樣的功能設計，也沒有決定行動目標的意願。取代前蘇聯而成立的「獨立國協」（Confederation of Independent States）是個邦聯，我們可以斷定，它永遠不會是個有實際效用的組織。「大英國協」（British Commonwealth）也是邦聯，但它只是個運用共通語言維繫感情而生的產物，根本算不上是一個真實的組織。這些都不是聯邦制。

邦聯在必要的時候也會進行調適，但往往為時已晚。邦聯組織既無法發揮領導作用，也沒有開創的功能。它是權宜制度下的產物，邦聯的成員沒有真正的共同目標。英國人希望西歐各國維持一種經濟邦聯的關係，亦即停留在共同市場（Common Market）的階段。但許多西歐國家卻希望歐洲共同體朝著聯邦制國家體制邁進，亦即有個更偉大的共同目標；在這樣的組織裡，成員願意犧牲與妥協；在這樣的組織裡，富裕國家願意扶貧濟弱；在這樣的組織裡，大家有共同的標準，也有共同的願望。

歐洲統合的道理，也適用於一切的組織。聯盟（alliance）、合資（joint venture）、網路（network）都是建立邦聯制的工具，都是基於雙方便利而進行的安排。也因此，一旦便利性發生變化，彼此的關係也會變得脆弱。有明確目標的組織會想要採納聯邦體制，而不會希望成為邦聯制。兩者差之毫釐，失之千里。

聯邦制的關鍵觀念在於「雙重公民身分」（twin citizenship）與「輔助性原則」（subsidiarity），我將在接下來的兩章加以解釋。它們雖是老觀念，但針對當代的需求而有了全新的意涵。

第六章

雙重公民身分

我去拜訪美國德州朋友時，他一副十足德州人模樣，而且以此自豪。但他家前院草坪有支旗桿，上面飄揚著星條旗，他似乎也非常以身為美國人為豪。面對我的好奇詢問，他說：「當然囉，因為我是美國人啊！」沒錯，他既是美國人，也是德州人。同樣的情形，一位來自慕尼黑的女士告訴我，她是個巴伐利亞人（Bavarian），也是德國人。

既大又小的規模

「雙重公民身分」是聯邦制的關鍵要素：你既屬於自己的邦，也屬於更大的一個聯邦。如果將這個觀念廣泛應用，我們會發現，其實每個人的生活中，都可能面對許多雙重公民身分的問題。而我們的確有必要從這個角度思考問題，即使在個人生活中，「雙重忠誠」（twin loyalties）的情形也有先例。當年我結婚時，原以為只是兩個人的結合，即我和我所愛的女孩。直到開始安排婚禮時才發現，我也即將成為另一個家族（老婆家）的新成員。結婚之後，我同時隸屬兩個家族，必須調和並平衡因此而產生的雙重公民身分與雙重忠誠問題。當前有些企業也像國家一樣，逐步走上聯邦制；因為他們希望讓地區性的單位或特定的成員享有較多的獨立性。同時，他們也希望保有規模宏大的益處。「既大又小」有其意義，但管理起來卻煞費周章。

套用羅莎貝・摩斯・坎特（Rosabeth Moss Kanter）的五個F的說法：小單位通常行動較迅速（faster）、焦點較集中（focused）、較有彈性（flexible）、氣氛較融洽（friendly），而且較不沉悶（fun）。小單位可以比較貼近一般人，如顧客、病人或學生等。它們可以比較不官僚、比較人性化。我們這些「魚」大多喜歡待在小的「池塘」。在較小的團體中，我們比較有機會活出真實的自我，比較不可能成為一件無名無姓的中空雨衣。

另一方面，任何組織若能維持一定的規模，大多可以獲得「經濟規模」之利。在金融業、流通業、採購業等行業中，這種情形特別普遍；但製造業後來則不像以前那般重視規模。企業中研發部門的用處尚不明顯，但付出的經費愈來愈高，需要挹注大筆現金支撐。製藥公司必須維持龐大規模，石油公司、飛機製造公司也是如此。對員工來說，在大企業工作較有安全感，也較有變換工作內容、開拓眼界的機會。大公司花得起錢對員工進行好幾年內看不到回收的基礎訓練。我過去服務的石油公司曾告訴我：「你在本公司已服務十年，所以值得把你留下來。」很多人憂心，英國廣播公司如果將組織結構打散，成為許多小規模獨立單位，其中恐怕不會再有任何單位願意花錢培育未來所需的主管與技術人才。

雙重公民身分

聯邦制是維繫「大」與「小」之間適當平衡關係的一種古老工具。在某些事物上要大，而且在某些事物上要小，這項工作相當不容易，因為必須讓小的部分保持獨立，同時又不讓它脫離較大的整體；也就是要求異中存同。因此，聯邦制之所以困難重重，主要是因為它試圖結合兩種相互對立的因素，亦即想要管理弔詭。「雙重公民身分」的觀念，使聯邦制有可能實施。假如我們同時對自己隸屬的小單位，以及小單位所屬的大單位皆有歸屬感，便能了解為了整體利益而對個人或區域的獨立性進行一些限制，實屬必要之舉。這麼做並非割讓主權，而是主權分享。

在許多英國人心目中，歐洲向來只是一個「前往」的地方，而不是「歸屬」的地方；他們從不認為英國是歐洲的一部分。除非有一天這些英國人能夠直覺認定自己身在歐洲，否則歐洲與歐洲共同體對英國人而言將永遠是「他們」，而非「我們」。這些人看不出「雙重公民身分」有何意義，因此也無法深刻感受聯邦制的價值，而認為「聯邦制」是個齷齪的字眼，其意義等同於失去獨立性，卻又無法從新的歸屬身分中獲得任何補償。

城市蔚然興起

地方性的公民身分較無認同問題。每個人都能同意自己是所住村里的一分子，尤其如果左鄰右舍也是同事時，鄰里認同感更強。我們和許多鄰居一起走過從前，因此也都相識，未來也將休戚與共。

設計巴黎龐畢度中心（Pompidou Centre）及英國勞德（Lloyd）大廈的建築師理查・羅傑斯（Richard Rogers）曾說，詮釋歐洲的任務逐漸由城市承擔。例如，巴塞隆納奧運會讓人看到的是巴塞隆納這個城市，而非西班牙這個國家。德勒斯登正在努力讓城市恢復成歐洲文化、藝術與教育中心的地位，而非僅是德國的一個城市。一般人較容易與所居住的城市產生關係，卻較不易認同整個國或整個州。

雖然我們較難建立對於較大區域的身分認同，不過，假如要維持合宜的均衡關係，便需要對小地區與整體有一樣的認同感。就個別企業來說，將不同的功能部門加以結合，或將幾個區域組合成群，或實施集中現金管理或採購，在邏輯上都相當有意義；但是，這些行動也都會侵犯獨立單位的權力與決策。在此有個弔詭：如果要使一個單位的獨立性對整體產生最大價值，就有必要犧牲部分獨立性，交由中央集中運作。如果不能了解這個弔詭，便會覺得自己的權力受侵犯而充滿怨尤。除非某個地方單位對中央的功能運作有信心，而且對本單位所歸屬的較大團體懷有歸屬感，否則不可能心甘情願做出這類妥協。我們需要具備這種第二重公民身分意識。

五英鎊鈔票拍賣會

為了證明這個觀點，在高階經理人訓練課程中，我總是和受訓人員玩一個簡單的遊戲。我把邏輯學家所稱的「囚犯的兩難困境」（Prisoner's Dilemma）遊戲稍加修改；由我提供三張五英鎊紙幣進行拍賣，請兩名參與者競標。通常，我會要求兩名自願者背對而坐，彼此看不到對方的臉，再請他們輪流出價購買第一張紙幣。絕無例外，第一個人都是喊一英鎊，第二人提高一些，這樣輪流喊上去；

有時一次加一鎊，有時甚至一次加兩鎊，但有時也只加幾分之一鎊。通常一方喊到五鎊時，另一方就會停止喊價。但也不盡然，有一次，就有人以二十三鎊買下第一張五鎊鈔票。拍賣第二張五鎊紙幣時，雙方出價次序對調，但結果相同，都是以五鎊或更高的價格買下我的五鎊紙鈔。第三張鈔票拍賣情形也差不多；不過，往往有人為了取得勝利，設法比對方多取得一張鈔票，而不計較所付出的代價是否超過回收的價值，以至於第三張鈔票的成交價經常超過五鎊。

其他受訓學員注視著拍賣會的進行，驚奇的看著兩人像白痴的喊價行為。許多人躍躍欲試，自願參加下一回合拍賣，急於實踐自己的「搶先標購理論」或其他理論。但是，當我謹慎的從房間不同角落分別挑出競標人選後，最後的結果大概都一樣。最後，我會選出坐在一起交頭接耳，而且表示自願一同出來參加拍賣的兩個人，由他們進行最後一場實驗。一開始，其中一人會出價十便士（等於十分之一英鎊），另一人則會說「不喊價」，於是第一張鈔票以十便士成交。第二張鈔票反過來自另一人以十便士購得。拍賣第三張鈔票時比較緊張，但通常能夠依照兩人的做法一人喊十便士，第二人放棄。如此一來，他們兩人共付給我三十便士，就取走三張五英鎊鈔票，兩人再平分。不過，偶而在拍賣第三張紙鈔時，也會出現競爭場面，第二個人可能會搶先喊價五英鎊而取得這張鈔票。這種情況下，兩人只能各自獲得四．九英鎊的利潤，其中一人則有被出賣的感覺。

我會問學員，這遊戲到底是怎麼回事，為什麼兩個有邏輯、有概念、成熟的人，只不過因為被我分隔，就出現這樣幾近瘋狂的競爭行為？我刻意不讓他們溝通，使他們無法建立同盟關係；無法建立共同的目標並採取一致的步驟。唯有當我挑選那些事先有機會彼此交談的人時，他們才能夠達成某種互蒙其利的目標。任何有意義的組織行為皆包含以下要素：首先，雙方必須懷有共同理想；其次，雙方願意為了促成共同理想而犧牲自我；第三，雙方都信任對方也會採取相同的做法。許多時候，由於彼此沒有溝通，缺乏互信，也毫無共同理想，因此無法產生這種有意義的組織行為。更明確的說，由於彼此皆不懷「第二重公民身分」的意識，因此不可能達成任何有意義的妥協，也不可能在整體與部分之間創造一種妥適的平衡關係。

令人沮喪的是，這項試驗屢試不爽；幾乎每次的結果皆如我預期。除非人與人之間存在著清楚的共同目標與互信，使雙方能夠確信個人一時犧牲可創造後來的共同利益，否則人們本能上總會優先追求自身的利益。今天，我們在真實世界的每個角落，處處可見人們在玩「五英鎊拍賣遊戲」。

凝聚共識的標幟

第二重公民身分非常重要。有趣的是，它和政治人物與經理人用來強化較大範圍忠誠的工具竟有幾分雷同。不論他們所用的是「聯邦國旗」，或「企業標幟」（logo），他們都希望讓它在一切可能的時間，出現在一切可能出現的地方，以增強共同意識。這些聯邦國歌或者形諸文字的企業信念與價值，固然象徵意義大於實質意義，但重要性卻不容忽視；因為它表現出某種理想，而藉著這份理想的力量，可以維繫成員為一體，讓全體成員懷抱著符合組織期望的共同目標，一起奮鬥前進。

現代組織花許多時間處理有關建立共識的問題，其實，對於共同的理想，不僅是建立便罷了，還要在組織中溝通並予以加強。共同理想也許看似「美麗的空話」，有時也的確如此，但若建立得好，卻會是足以黏合整個企業的黏著劑。理查·帕斯卡（Richard Pascale）與安東尼·阿索斯（Anthony Athos）給它一個更崇高的名稱，稱其為公司的「靈魂結構」（spiritual fabric）。這兩位學者是針對日本公司而作此描述，但這其實是早已存在於西方的古老傳統。在伊莉莎白時代的英格蘭，女王的最大任務是建立共同理想，也就是維繫全球各地的英國冒險商人為一體，並創造威震寰宇的大英帝國。在美國，每任總統就職時總會強調，自己不只是投票支持者的總統，更是全體同胞的總統。這位新元首也會指出，人民唯有彼此互助，才能夠使自己得到所需的幫助。他也會提醒聽眾要共同復興美國的固有傳統。「我們必須證明自己夠資格承受祖先留下的基業。」這番話並非只是華麗詞藻而已，而是塑造共同目標所必要的條件。悲哀的是，偉大的金玉良言很容易失落在現實生活中。對領導者而言，如何讓底下的人遵奉此金玉良言，以及認同更大範圍的公民身分，是一項艱巨的任務。

走動的領導人

元首或領導人無論在面對組織成員，或面對組織外的世界時，都必須是組織整體的代表，如此方能發揮功能。他們也許位居組織的中心，卻不可以把自己固定在組織的中心。為了強化共同的目標，他們必須扮演首席傳道者的角色，不時走動，談論、聆聽、教導有關共同的目標的種種。由於這個角色與最高行政主管的角色格格不入，因此，許多組織現在開始把兩個角色劃分開來。傳道者的工作很難透過委員會議或備忘錄加以達成，因為光靠邏輯說理不容易打動人心。大規模組織中的聯邦體制首長主要的工作類似於大學教授課外對學生進行所謂「時事講評」。成功的總統與首相都知道他們的首要任務是收攬民心。無論是羅斯福總統於收音機中的「爐邊談話」，柯林頓總統的小鎮會議，邱吉爾首相的戰時廣播，實際上都是一種普及化的「時事講評」。

然而，建立雙重公民身分不僅需要旗幟、國歌，以及口才敏捷且經常拋頭露面的聯邦最高領導人，更要透過人員在不同組成部分之間，以及各組成部分與聯邦中心之間的移動，亦即透過所謂「互動交流」，而對雙重公民身分產生潤滑作用。藉此，有更多人可以直接接觸到更大範圍的組織；他們不但自身獲得成長，同時對整個組織的信念也隨之增長。殼牌石油公司是世界上最早建立聯邦式結構的企業之一；該公司深知，五千名派駐海外的人員是維繫企業為一體的主要力量，影響遠超過任何股東，或正式體制下的任何權威人士。經營連鎖渡假村的「地中海俱樂部」（Club Mediterranee）是另一個不同層次的聯邦式組織。該公司堅持，各渡假點的經理人必須每二至三年調動服務地區，以創造出擁有共同習慣與價值的國際性大家庭。

聯邦制的架構

共同法律架構與共同貨幣是聯邦制的另外兩項要素。它們不斷提醒每一個人，要記住自己是某個更大組織的一部分；但這只是兩項要素的象徵性功能，它們另有一個實際的角色：讓各個部分合力發揮作用。

以企業組織來說，共同法律架構相當於一套基本行動綱領，告訴每個人在組織內應如何行事。在某些地方，人們稱其為「聖經」。不過，公司如果夠聰明，千萬不要讓它像真正的聖經一樣篇幅龐大且深奧難解。法律如果過於繁複，只會使律師費更昂貴，讓律師得到更多好處。共同貨幣可以視為企業組織的共同資訊系統；藉此，大團體不同部分的各種「輸入」與「產出」皆可加以估量與比較。這聽起來像是基本常識。然而，太多時候，銷售部門只管銷售，卻不知道銷售對提高產品附加價值有何貢獻；採購部門只管成本，卻不知道成本對於銷售有何影響。過去在英國，醫生開藥方要病人自行買藥，或推薦病人找專家時，皆不知道費用，也不認為自己應該知道。他們認為，如果知道費用，會影響到他們的醫學專業判斷。但是他們卻又抱怨，診療費用總是偏低。當時，英國全民醫療體系（National Health Service）並沒有共同的「貨幣」，因此缺乏對於財務盈虧的參與感或責任感。弔詭的是，在他們把全國醫療體系打散為幾個自負盈虧的單位後，共同目標的意識反而增強，這是因為每一個成員現在必須相互溝通，而且也有了溝通的管道。有句話說得好：一個能夠讓成員彼此交談的組織，也是一個能夠團結的組織。

然而，我們必須注意，法律與貨幣的力量沒有強大到足以完全壓倒地方認同。總部也許渴望建立一致性，希望組織的每一個成員皆一模一樣。但顧客在乎的是取貨方便與物美價廉，而地方單位則希望能夠和其他單位有適度的差異。「一致性」如同「平等」一樣，都是「自由」的死對頭。但因過度自由會傷害效率，因此有必要求取平衡。

我家附近新開張的超商不賣做義大利燉飯用的米。在我所住的英格蘭偏僻一角，這種米被視為外國人的食品，但我卻因為它是無數佳肴的原料而頗為喜愛。我們要求店長進貨，他卻表示礙難照辦，因為店內擺設方式與販售商品項目皆須遵照總公司規定，分店無權決定。我懷疑，總公司如何能這般全知全能，了解各地顧客毫無規律的品味變化？還是公司不信任這位分店經營者？我在想，他在其他方面擁有多少決定權？或者他只是一部會走動的自動販賣機，遇到像我這類顧客時，一律採用標準的反應方式：沒有反應。這裡的「地方公民身分」意識相當薄弱。凡事講求一致性的組織總認為總部懂得最多，而且認為讓地方下決定相當危險，讓各地擁有不同特色也非必要。我認為這類想法非常危險；因為他們否定了弔詭的存在，而且防堵弔詭，而不是設法加以平衡。

金錢會說話

我們也應該謹記前述「五英鎊拍賣遊戲」的另一項啟示：金錢會說話。金錢也許不是世上最重要的東西，但沒錢寸步難行卻是事實。假如一個人同時與兩種公民身分皆有財務上的關係，便比較容易相信自己擁有雙重公民身分。沒有錢，遊戲似乎不可能玩真的。目前許多公司的薪酬制度已經開始反映這個事實。愈來愈多公司採行利潤分享制，未來也許會有更進一步的做法。有一天，員工可能擁有四部分薪酬，最大一部分是根據個人的職位、經歷、專業能力等因素而發放的工資；這部分和以往沒什麼差別。除了日本以外，新做法和以往最大不同之處在於，未來工資收入將僅占個人薪酬收入的五成。未來薪酬的第二部分是公司整體盈餘分紅，第三部分是直接所屬單位（第一重公民身分）的團隊績效利潤分紅，最後一部分是個人績效獎金。預計兩類紅利通常可各占總薪酬的二〇%，個人貢獻獎金則占一〇%。

乍看之下，數目似乎很龐大。但我們必須了解，工資部分只計底薪，亦即只有原來總薪資的二分之一。換句話說，個人長期總收入也許差別不大，但某段時期的收入多寡完全根據實際表現而定。當公司營收狀況良好時，員工的收入也提高，但公司的負擔卻不會增加；反之，當景氣不好或個人表現不佳時，員工收入也減少，不過，公司卻不需要裁員，因為人事成本已自動下降。這種做法可以使「公民身分」問題獲得解決：員工可長久保有工作，而且在有利潤可分時，便可以分享到。日本企業就是靠這套薪酬制度，維繫重要幹部的終身雇用制。

分紅比例必須大到足以激發興趣。目前一些公司把紅利設定在薪酬的五%至八%，效果比耶誕或新年獎金好不到哪裡。這種裝腔作勢無法真正拉住員工的心。而且，比例的設定必須讓員工覺得公平而客觀；必須根據具體的數據，而不可預先設定名額的比例或憑主觀判斷。但個人績效獎金例外，因為除了抽取佣金的銷售人員外，無法完全客觀決定個人應得金額。在此，必須考慮到各方意見。

假如所根據的意見是某個群體的集體意見，而且這個群體獲得一筆經費，可以用來分配給成員，那麼地方公民身分意識便會進一步加強。一個開明的團體不會規避配發金錢的工作，因為他們知道，無論給多給少都必須拿出理由。另一方面，個人所屬的工作小組並不是評判個人貢獻的唯一仲裁者，更高層的上司，以及工作小組外的同仁，都可以提供相關意見。不過，許多團體會規避這個問題，而將這筆錢平分，只要能夠維持平衡就好。來自個體內部與外部兩方面的意見，可使評定貢獻者有更多機會了解各方反應，並進行修正。嚴格說來，假如要加強雙重公民身分意識，應該減低個人績效獎金的比重，不要讓它的重要性超過小團體及大團體的整體績效。

顯然，唯有重新分配組織的薪酬制度，才有可能一次進行如此戲劇化的調整。已經上軌道的組織必須採漸進式改革，趁著營收較佳的幾年期間快速推進，時時謹記最終目標，不論情況好壞，都要經常向員工詳細解釋之所以採取這套制度的原因，並說明它的實質內涵。要讓員工了解，這是共享「公民身分」所帶來的利潤，也是分攤風險的方法。

消失中的中間地帶

「雙重公民身分」這個詞，似乎意味著我們僅是兩個國家的公民。但理論上應該遠超過兩個。我首先是所居城鎮的公民，然後是地區的公民、國家的公民。在此之上，我還是某個經貿共同體的公民，或某個聯邦的公民。再上去，我是個世界公民。但理論與人們的實際心態總是有段距離。在真實生活中，大多數人似乎只能同時對兩個層次效忠，而且通常是留取兩端而壓縮中間。一位朋友說：「我首先是個蘇格蘭人，然後是個歐洲人。我一點也不覺得自己是個英國人。」只有在某些小到自成一族的國家，如我的祖國愛爾蘭，才不需要壓縮介於聯邦與民族之間的中間地帶。有些企業嘗試在總部與作業單位之間增加另一個效忠層級，但是這樣做只會徒增混淆，反而減弱了公民身分意識。

至於政府則必須決定，在提供醫療、教育或社會福利給公民時，應該省略掉哪些層級。假如他們堅持保有中央控制權，而授權由地方單位實施。那麼介於中央與地方之間的層級純然是個障礙，且必將趨於萎縮。中央政府必須釋出一部分權力給中級單位，本身只保留一些提供服務與建議的角色，經費分配則完全依照固定公式；要不然，就必須將中級單位改為可供地方單位選擇性運用的資源中心；至於是否利用它，完全視地方單位的意願。所以，聯邦制的實施，的確造成某種集中化的現象。

另一個關於中級政府消失的更有趣例子，是由大衛・歐斯本（David Osborne）與泰德・蓋伯勒（Ted Gaebler）在合著的《新政府運動》（*Reinventing Government*）中提出。他們希望，未來會有更多政府部門，能將公共服務機構的所有權與控制權移交給社區與個人。他們希望民間團體、鄰里組織可以成為授權對象，代為執行許多原由政府執行的地方活動；必要時並可由中央統一給予經費資助。而且演變到這種地步，恐怕會導致整個行政層級都不再有存在的必要。

英國最近出現一些負責專門業務的代辦處，可說是朝這個方向邁進了一步。這些辦事處享有自主權，它們負責在各地提供各項原來由政府提供的服務給當地民眾；範圍從社會福利金發放，到各類資訊的諮詢服務，不一而足。假如有一天它們徹底獲得自主，屆時也就是聯邦式公務體系建立的時候。目前英國在財政部分無意完全放手，例如各代辦處員工的薪酬、等級、人數等規定，都還是由中央統一掌控。然而，假如一個地方單位連進用員工都無法作主，便無法產生真正的地方公民身分意識。同時，對技術性細節進行監控，並不能保證第二重較大範圍的忠誠。要是我們不希望因為新的獨立單位繁增，而導致政府公務體系的古老傳統一一消失，那麼建立第二重忠誠便有絕對的必要性。由此可見，實施聯邦制不是一件容易的事。

不過，「地方公民身分」的定義可能太多。美國加州就因為政府層級過多，快速陷入動彈不得的窘境，人們很難知道真正必須負責的單位在哪裡。無論在公司或國家裡，公民身分層級如果太多，會導致某種因過度官僚化而帶來的夢魘。我們需要讓更多中間的層級消失。

改採網路式結構

歐洲幾個大國本身就是不同族群區域所構成的聯邦式組織。它們的國會議員都知道，有朝一日歐洲進一步形成聯邦時，各國國會極有可能遭兩頭擠壓而消失。可以理解他們對歐洲聯邦的構想不會有好感。誰都不願意自己成為「消失的中層」。即使為了提升效忠層級而不得如此，滋味還是不好受。其實，不只各國國會面臨這個「中層消失」的兩難困境，一些企業組織在過去十年間也削減層級，而且並不限於那些蓄意建立聯邦式結構的公司，也包括那些並不刻意、或者不自覺已走向聯邦制的公司。在聯邦式結構下，層級有限，而且地方單位的重要性提升。在擴大的組織中，人與人之間的關係是建立在實際需求上，而不是基於階級隸屬。我們要揚棄階層式組織，改採網路式結構。

我曾有機會聆聽法國某個大型超級市場與旅館連鎖集團的主席演講，他向一群面露懷疑、固守階層制不放的西班牙聽眾解釋，集團正在實施的聯邦式與分權式組織。其中有位聽眾最後終於以略帶挫折感的語氣發問：「請告訴我，里昂分店經理該向誰報告？」這位主席先生顯然並不了解問題，他說：「喔，如果是配銷上的問題，他必須找在馬賽辦公的專門人員，但若是採購上的問題，負責人會在巴黎。」「沒錯，但他的直屬頂頭上司是誰呢？」「沒有一個人可以真的稱得上是他的『頂頭上司』。」你可以想見那群西班牙人滿臉迷惑的模樣，他們所住的國家結構上有幾分聯邦制的色彩，但在企業組織運作上卻不是聯邦式。「雙重公民身分」是不需要中間層級的。

找回喪失的忠誠

「雙重公民身分」是一系列弔詭的關鍵要素。這一系列弔詭存在於我們的社會，也存在我們的組織；不論企業、醫院、政府委託代辦機構、慈善團體等等，皆存在這個弔詭。假如我們否定較小的地方性忠誠，就會扼殺自由、主動與原創的精神，因而一味依賴中央。IBM公司在一九九〇年代初期便是如此，結果付出極大的代價。另一方面，若我們否定對中央給予較大忠誠，將會導致效率低落、工作重複、誤解等情形層出不窮；因此兩種忠誠我們都需要。

一九九三年，英國內政部的社會事務部門發行一本論文集，題為《美德的喪失》（*The Loss of Virtue*）；書中指出，「責任」、「忠誠」、「義務」等字眼，已經不再是常用詞彙。一般將此現象歸咎於社會道德及風氣的敗壞；也有些人將此歸咎於宗教，認為是因為宗教未能陶冶出一種明辨是非的觀念。當時的英國工黨發言人湯尼．布萊爾（Tony Blair）指出，除非一個人對某個較大的組織擁有歸屬感，除非他從這個大組織獲得的東西不比付出的少，除非他覺得這個組織比他的小團體更重要，否則前述字眼都毫無意義。用我的話來說，布萊爾的意思是：假如沒有一種「第二重」、亦即較大範圍的公民身分意識，人們不免自私自利。假如我們無法在同胞之間創造出一種較大範圍的公民身分意識，我們的社會便無法維持均衡狀態。

我們如果能正確理解聯邦制的真諦，我們的組織以及社會，都能建立某種地方性的歸屬感，也建立一種較寬廣、較宏大的公民身分。

第七章

逆向授權的藝術

輔助性原則（subsidiarity）這個詞十分拗口。然而，一旦說得順口之後，便很難將它忘記。輔助性原則不僅是聯邦制的核心觀念，也是一切學習的基本因素；任何變革如果要有效，必須要靠它；成功的團隊合作也少不了它；任何意圖使每個人為自己負擔更多責任的措施，都不能缺乏這項要素。可是，這個詞的意義卻相當含混不清。

歐洲共同體執委會主席雅克・德洛爾（Jacques Delors）曾懸賞徵求這個拗口名詞的適切定義。其實他大可不必多此一舉，因為到處都有人給他提示。在政治上，美國憲法增修條文第十條規定各州權利的原則，即是輔助性原則的一個例子，只不過沒有明白使用「輔助性原則」的字眼罷了。更早的時候，羅馬天主教會也借用政治理論中的概念，鑄造了這個詞彙，還變成一條道德原則。教宗通諭中最近一次出現這個詞是在一九四一年的《四十年通諭》（*Quadragesimo Anno*）中：「如果一項工作能由較小、較低層單位有效執行，卻為較大且較高層次機構霸占，那麼這種霸占行為便是不義之舉，且擾亂了自然秩序。」這段話說得很重。我用淺白的話來詮釋一下：偷取別人的責任是不對的。我們也可以將「輔助性原則」定義為「逆向授權」（**reverse delegation**），亦即由成員授權給中央。

中央應保留哪些權限？

不久前，我的小女兒與其他人合夥創業。他們的產品很好，卻沒有任何從商經驗。眼看著他們做出一些我可以肯定是危險而魯莽的決定，我忍不住要出面干預，並提出我的寶貴經驗。我愛我的女兒，而且深切希望她創業成功。我想施以援手，但他們卻直率的要我少管閒事。我後來才了解，原來我那樣做無異是奪取他們的決策權，不僅使他們無法享有憑己力成功的榮耀，也剝奪他們從失敗中學得教訓的機會，於是我道歉。下一次，我會等他們來問我，等他們對我逆向授權。

凡是聯邦式的組織都很重視輔助性原則。他們不得不如此，因為逆向授權的原則是聯邦制運作的基礎。其中的個別組成部分或成員國自願將部分固有權力讓給中央，因為他們相信，某些事透過中央集體運作，會比個別成員單打獨鬥來得有成效。因此，他們在本身可以駕馭的範圍內，盡量保有最大的獨立性。至於中央要保留哪些權力，則透過集體協商方式決定，再將決議具體形諸於正式的憲法上。任何聯邦式組織都有一部成文憲法，英國人對成文憲法深惡痛絕，或許與他們對聯邦制直覺上不信任的態度有關。實施聯邦制不能有模糊地帶，否則將因權責重疊與相互誤解，而導致一團混亂。

愈來愈多公司繞著核心四周建立各種聯盟關係，因此不得不協商權責劃分問題，並且必須在合理的範圍內，盡可能讓組成部分擁有決定權。若缺乏某項事物的所有權，通常很難加以支配；因此一定要協商，也一定要進行輔助性原則，盡力使權力與實際行動的距離拉到最近。

衛星體系

荷馬・巴拉密（Homa Bahrami）描述矽谷裡的新興高科技公司時，稱其為「多極化」組織，並說：「它們比較像是由許多企業單位構成的聯邦體或『星系』；這些組成單位通常彼此相互依存，彼此依賴對方的關鍵性專業能力與訣竅。它們和中心的地位相等。中心所扮演的角色包括：協商建立共同的大策略目標，發展共享的行政與組織基礎功能，並創造一種『文化黏著劑』藉以產生『綜效』（synergy）」。

有家公司雇用一百位在各領域中的專業人員。這些角色包括財務、行政、基礎功能支援（含採購）、法律事務、人力資源、團體溝通等。我們應該注意，這一切角色的服務性質大於執行決策性質。

「扁平式組織」（horizontal organization）目前也很流行。根據麥肯錫顧問公司的兩位管理顧問奧斯多夫（Ostroff）和史密斯（Smith）描述，這種組織有十大基本通則，其中包括「工作團隊的組成是以流程而非以功能為中心，而且選定一些主要的工作目標，將不具附加價值的活動減至最少，以便組織扁平化。組織的建構是以團隊而非以個人為基本單位……」他們認為，困難的地方在於如何先找出最適當的輔助性原則程度，盡可能交出應該下放的權力，使無論團隊或個人皆有可直接掌控的工具，藉以完成自己責任範圍內的工作。在他們看來，最能貼近實際行動的團隊，也就是輔助性原則程度最恰當的團隊。中心或總部所擔負的任務只不過是設定標準，卻未必要硬性規定成員以何種方式達成。公司根據客觀的標準衡量各單位的表現，而給予各單位評斷。

流程再造

有人稱這種做法是「流程再造」（process reengineering），但事實上這只是將現代的名詞套在古老的原則上。假如我們希望妥善因應當前波濤起伏的環境，便須重新闡揚這項古老原則。今天人們已不再相信組織核心或頂端的人一定最了解狀況，也不再有任何一位領導者能夠完全代替屬下從事一切的思維活動，且不會再有人希望領導者繼續做這項代人思考的工作。

全球各地的企業組織，遵循這個原則，已經逐漸將總部拆解並疏散至不同地方。矽谷的百名專業人員似乎是一般企業總部規模的標準人數。瑞典與瑞士合資的工程巨人ＡＢＢ（Asea Brown Boveri）公司總部位於蘇黎士一棟不起眼的辦公大樓內，人數大約百人；在這裡發號施令，掌控高達二十二萬五千名員工的跨國大企業。英國石油公司的倫敦總部大約有兩百人，但正打算縮減。維京集團的總部，甚至只有五個人，照樣順利運作。

他們的做法之一，是將中心疏散。沒有必要讓企業裡所有擔負重責大任的人，全都集中到同一個總部上班。負責協調或連繫特定產品類別生產工作的人，應該要坐鎮在生產該類產品最多的地區。負責協調聯繫研究工作的人可以到最大的一處實驗室上班，就地掌握情況。這是一種廣泛分散權力的做法。這樣做可以讓這些人員因為更貼近實際行動，而對整體政策更具參與感，這是輔助性原則的具體實踐；就像歐洲共同體將歐洲復興開發銀行（European Bank for Reconstruction and Development）設於倫敦，歐洲大學學院（European University

Institute）設於義大利佛羅倫斯，而將歐洲議會（European Parliament）設於法國的史特拉斯堡，也是實例。假如把全部機構都設在比利時的布魯塞爾，便會造成過度膨脹的現象。其結果將導致原應由某個區域擔負的責任，遭中央奪取。

中心應該縮小，而且應該適度疏散，但它同時應保持強大的權利與充分的訊息。中心的真正任務，乃是承擔組織整體的終極責任。它所保留下來的權力通常包括「財務創新」（對策略性投資的選擇權）；「人事創新」（進行重大人事決策的權利）；資訊系統（組織的動脈）的設計與管理；以及在事情出狀況時的「強行介入權」（這項權力最受爭議）。唯有站在中心的人，才能綜覽全局。他們雖然無力鉅細靡遺的管理，而且因人員太少不太會有這種事必躬親的念頭，但他們可以做督促的工作、影響的工作，而且在必要的時候進行干涉。中心的主要任務是接受付託，為未來掌舵。但它也必須能掌握現在，以免在未來還沒來臨之前，就已經無法安然度過眼前的情況。

資訊革命與虛擬企業

英國電話公司的麥克．貝特（Mike Bett）堅稱，聯邦制如果沒有一個強而有力的中心，將無法有效運作。過去，所謂強而有力的中心，就是一個龐大的中心。為了統整各項計畫與掌控各項活動，有必要在中心配置大量人力。在這種情況下，權力完全集中在一個地方，聯邦制變成有名無實。但由於資訊革命的發生，如今中心可以持續取得充分的資訊，卻不須規模太大；可以維持強勢的權力，卻不必集中一處。如今的權力分布較趨均衡，企業組織中樞可以同時存在於執行長及其他重要員工的筆記型電腦中。我們幾乎可以在我們的手提箱內，發現所謂「虛擬式組織」，亦即螢幕上的組織形象，就存在其中。資訊時代的來臨，使聯邦制成為可能。

不過，這種新型的疏散式新中心，彼此仍然必須透過螢幕碰面與溝通。視訊會議（video conference）、有聲郵件以及各種相關科技的出現，固然有助於達成目的；但是，目光可直接接觸的面對面溝通其實無法取代。新式疏散型組織的各個執行中心，看起來愈來愈像交誼會館或會議廳，是個交際場所，而不是日常工作的所在地。就如一般的聯誼俱樂部，這些實體中心也都有人常駐，負責經常性事務，但公司真正的要角平常都不住在這裡，也不在這裡辦公，唯有在舉行必要的會議時，他們才會前來利用這些「會館」。甚至董事長或執行長也未必經常在總部上班。大部分的主管平常都不會待在中心，大多數時間他們要外出，親身領導旗下的人馬作戰；各個不同性質的決策中心則扮演指導、輔導、支援的角色。這些主管偶爾回到「會館」時，甚至可以使用電子配備齊全的個人專屬辦公桌；這種活動式書桌在它的主人回中心報到時會自動移出來，並接上電源。

義大利式的權力平衡

有人會好奇，企業總部的建築風格是否有改變？權力核心人士是否將會高高在上，坐鎮於大樓頂層？事實上，無論是只有一百名專業人才的總部，或是具有交誼會館性質的中心，都不需要一座像火柴盒般層層堆疊至雲霄的摩天大樓。過去，有人覺得企業執行長的辦公套房應該位於極高之處，甚至應該比雲層高。但如今，由於人們已體認到，坐在中心的人並不是全知全能，因此他們開始象徵性或實質上的逐漸移往地面。他們會不會將舊有的高層主管套房改成高級老人公寓？或者索性將大廈拆除？未來總部大樓的變化，將是真正輔助性原則的外顯徵象。

以義大利為例，大多數義大利城鎮的面貌足足有幾個世紀未曾發生變化。當然，任意改變諸如佛羅倫斯、羅馬等古老城市的屋頂造型，可能會被冠上破壞文化之罪名；但我懷疑，義大利社會的組織型態也有關聯。義大利中央政府至今仍然深感無力的一件事，就是真正的權力仍然掌握在各個家族以及地方勢力手中。輔助性原則往往略過政府的正式機構。我親身到托斯卡尼住了幾個月後，頓然領悟到，自己根本無從遵循多如牛毛的義大利建築、購車、駕駛、納稅、雇工、租屋等法規。一方面因為法令變動頻繁，一方面因為有關當局無力執法；於一個奉公守法，凡事照章行事的英國人而言，他們無法提供任何保障。

漸漸我開始了解到，根本沒有人期望你謹守每一條法令，但假如你與地方人士發生衝突，他們則握有充分的法律依據可以修理你。我們居住的社區是個家族網路式的社群，社區成員彼此相識，也知道對方以什麼維生。如果漠視地方力量，便必須自行擔負風險；法律只是最後的憑藉，平常派不上用場。外地人在這裡受到歡迎，但永遠成為不了「自己人」。政府大可以擺出官威、訂定法令、實施各項管制，但絕大多數時候毫無效果。反之，地方力量的非正式系統卻非常有效。

許多人會說，在義大利，輔助性原則做得太過頭了，以至於國家四分五裂，地方勢力日益壯大。「黑手黨」是所有家族勢力中最大的團體，迄今仍雄霸一方。政府不但無能，而且腐敗，假如這個國家要成為一個可以有效行動的個體，就需要在權力均衡工作上再下功夫。然而，在妥善建立新的權力均衡狀態之前，首先必須形成某種全民共識；要讓大家體認，為了追求整體利益，地方必須將一些權力讓給中央，因為聯邦制的實施必須依賴逆向授權。目前這種體認已逐漸出現；昔日的政客為了維護本身利益，縱容輔助性原則流於浮濫，但這批政客已逐漸退出政治圈。我預期平衡的權力關係很快可以在義大利重新建立。

義大利是個家族的國度，是個由許多小單位連為網路的國度；不僅生活如此，在商業上也是如此。義大利人的某些本能行為，其他國家的人卻必須刻意去做才做得出來。

小單位擔起真正的責任

輔助性原則的意義，就是要讓規模小的單位擔負起真正的責任。理查．布蘭森（Richard Branson）偏好五、六十人的單位；安東尼．傑伊（Anthony Jay）在《組織人》（*Corporation Man*）中表明他對四、五百人的單位情有獨鍾。微軟公司的比爾．蓋茲則認為應以兩百人為上限。畢德士曾經研究很多大機構分解為小單位的實例；如聯合太平洋鐵路公司（Union Pacific Railroad）將公司打散為好幾個人數各為六百人的單位。但畢德士認為合乎自然的單位規模應該只有一百五十人，他於《新科學家》雜誌（*New Scientist*）發表研究心得：「大多數現代陸軍部隊，皆以一百三十至一百五十人為最小的獨立作戰單位。」並指出：「許多公司擴充至一百五十人至兩百人之間時，往往面臨難以跨越的門檻；缺勤與身體不適的員工數目不成比例的上升。」又指出：「任何學術研究單位在研究人員超過兩百人時，就會分成兩個次級單位。」以及「西元前六千年左右的新石器時代、中東地區住著一百二十至一百五十人。」或「主張建立社區的當代美國基督教『胡特爾教派』（Hutterites），以一百五十人為各個社區的人數上限。」

撇開精確的人數不談。重點在於，我們所需要的單位，一方面規模需要大到有足夠能力從事組織必須做的工作，一方面又要小到讓成員能彼此相識。十四世紀的奧坎主教（Bishop of Occam）應該早已了解這個道理。根據著名的「奧坎剃刀」（Occam's Razor）簡化原理，一個單位應該盡可能縮小規模，但也應該大到它所必須維持的規模；這是一種平衡的弔詭。

相互信任是關鍵

輔助性原則有賴互信。中心要對各單位有信心，各單位也要對中心有信心；

而各單位內部的成員彼此之間，也必須互相有信心。如果互信繼續存在，便不需要書面的程序規定、操作手冊、稽查員、績效數字、副署；這些玩意把一些大型組織搞得一團混亂。這些全是不信任的象徵，恐懼的氣氛導致許多組織看起來有如禁錮人類靈魂的監獄。其實，這既無必要，也不應該如此。我們的工作可以是我們最大的驕傲。換句話說：我們都希望能夠為自己的工作署名負責。的確許多人已經象徵性的為他們的工作簽名背書。像製作電視節目的團隊成員，他們的名字都會出現在節目的最後。當你看到這一長串參與者的名單，也許會奇怪為什麼有人需要知道這檔節目每一個人的姓名。沒錯，我們不需要知道，但他們需要告訴我們；因為他們需要這份榮耀，也要藉此感謝別人。

有位朋友被任命為某家小型藝術印刷廠的經理。他一走馬上任就召集所有員工，告訴他們，在工廠以往出產的產品當中，有一大半的品質令人羞愧。他說：「我希望所有接單製作產品的同仁，在交貨時同時附上一張紙卡，上面簽署每個參與者的名字，並寫著：『我們對這個成品負責，願您滿意。』」他接著又說：「我原以為這番話會惹他們反感，誰知卻換來一陣歡呼。」員工說：「我們也一直對大多數產品感到羞恥，但我們誤以為那是公司希望的做法：在可接受的範圍內，以最低成本生產最低品質的產品。假如公司能提供機器設備，使我們得以生產符合所有人心目中標準的產品，那麼我們樂意簽名負責。」輔助性原則的實踐固然有賴相互信任，但據我所知，署名負責乃是確保品質的最佳做法，這就是為什麼專業人士會在自己的作品上署名的緣故了。簽名等於是確認他們的責任。我們因而知道，一旦事情出錯時應該責怪誰，事情做得好時又應該感謝誰。

八人划舟隊

不過，這種互信的建立相當耗時，必須每一個有關人員與單位都能贏得信任才行。我曾形容典型的英國工作團隊為「八人划舟隊」：八個划舟手使勁加速往前划，彼此互不交談，只聽命於一個自己不能動手划的人（舵手）。我自認作了一個妙喻。但後來，有位本身是划舟手的聽眾卻對我提出指責，他說：「你拿我們開玩笑實在大錯特錯。假如我們彼此之間相知不深，或對彼此的操槳不是完全有信心，就無法在沒有交談、溝通下就快速往前划，也不可能願意接受一個本身不操槳的人指揮。正因為這個緣故，我們必須經常在一起練習、一起用餐，甚至長期住在一起。」

於是我想到，日本公司下班後同事仍聚在一起。同時我也注意到，許多演員不僅排練時在一起，社交生活也在一起。似乎我們有必要無論於公於私都充分了解彼此，如此一來才能知道某人是否值得來往，或甚至是值得信賴。我的兒子曾接受典型的英式教育，這套教育制度以塑造個人為宗旨，格外重視個人素質與技能的培養。他因而能在一群人中顯得突出。隨後，他就讀一所戲劇學校；學校選拔二十七名年輕人，一起接受為期三年的演藝訓練。他很快了解到，他個人的成敗，完全繫於劇團的整體素質；在一個平庸的劇團中，即使當明星也沒什麼用。於是，他開始全心為團體奉獻，把自己所知道的知識傾囊傳授給同伴，同時也從他們那邊習得新技巧。團員之間沒有競爭，只有合作。他說，除了假期之外，他根本沒時間與昔日老友見面，一切皆以劇團為先。「我們全都相互依賴。」我說他愈來愈像日本人，他卻說：「你這樣說是在恭維我。因為唯有日本人才了解個人在團體中應該如何自處。」

容忍水面上的錯誤

乍聽之下，在工作團體中如果能實施輔助性原則，這個團隊必能提供既溫馨又安心的工作。實際上，這項任務對負責執行的人而言不太容易：首先，團體必須夠小，而且成員必須相處得夠久。信心與信任無法以金錢購買，一個人必須在某個職位上停留夠久，其他人才有辦法評斷他的行動與決策的影響；任期太短通常不足以含括「回饋」的歷程。

而更重要的是，假如後來發現對方不值得給予信任時，必須能夠翻臉無情，請他走人。因為缺少了互信，輔助性原則便無法行得通。四處安裝檢查機制的結果，則是充斥懷疑與逃避，士氣日趨低落，工作品質惡化，最後連僅存的一點點信心也消滅殆盡。假如一個人可以從錯誤中學到功課，那麼少許的錯誤不僅可以被容忍，也應該被容忍。但錯誤過多卻會腐蝕信心，尤其如果這些錯誤都是戈爾公司（W. L. Gore）所謂的「水面下的錯誤」（below-the-waterline mistakes）[1]，

1 編注：指的是暗藏在水面下、表面上看不出來，卻會造成極大損害或導致毀滅的錯誤。

將會對公司命脈構成危害，那就更是嚴重。這種錯誤無法輕易被寬恕，因此，最好的做法是施展鐵腕，斷然處置，而不可只在口頭上表示遺憾。

畢德士曾經講了一個很不錯的故事，是關於麥克．華爾許（Mike Walsh）受命扭轉特尼哥（Teneco）公司頹勢的經過。在他走馬上任四個月後，聽說路易斯安納（Louisiana）地區的幾位經理人召集當地員工舉行一場「安全會議」，當員工到達會場時，公司的檢查人員即命令他們臥倒，搜查他們身上有沒有藏毒。華爾許覺得，這種做法恐將不利於他所打算塑造的組織風貌。於是他飛往當地，親自向被搜查者致歉，並利用那個集會的機會，舉行另一場大會。會中某些員工開始抱怨，公司提供員工在開會期間住宿的臥鋪車，安全上有問題。當地經理人並未正面解釋問題，而是詳細提出公司花於維護「臥鋪車」的經費。華爾許打斷他的話說：「為什麼不實地看看？」部分經理人說：「可是外面正下雨。」華爾許告訴他們：「這不成問題，他們碰到水又不會溶化。」於是，他實地參觀臥鋪車，確定這些車的確不安全，隨即要求有關人員著手修護。

消失的X因子

這項行動在特尼哥公司許多浩大的工作中，似乎顯得微不足道，但故事卻廣為流傳。像華爾許那樣的小小動作，對於建立實施輔助性原則所不可或缺的「雙向信心」，裨益莫大。信心的產生，源於對某個人的了解——知道他是誰、代表誰，以及具備哪些基本特質，如可靠、正直、堅強勇敢。這與目前企業組織內充斥著各種報表與委員會議的情形，實在大異其趣。畢德士在他的書中足足花了一整章的篇幅，探討「消失的X因子：信任」（The Missing X-Factor: Trust），但未提出簡易的解決之道。他說：「多讀幾本小說，少讀商業書籍。一切企業問題其實都是『關係』的問題。」

「輔助性原則」和另一個拗口詞彙「賦權」（empowerment）聽來相似。但兩者一個地方明顯不同。賦權的意思是：在高位的人向下交付權力；但輔助性原則的涵意卻是：首先讓屬於某人或某單位的權力，向下或向外移動，只有在不得已時才涉及權力交付與收受的問題。位於中心者必須服務四周各種組成分子。中心的任務，是幫助個人或團體履行責任，使他們不至於平白接受輔助性原則。透過這個做法，我們也許有辦法處理某種由個人主義所引發的弔詭；亦即既想有個歸屬的單位，又不願經常侍候老闆，或者不願接受某種「賦權」，尤其當背後隱藏的訊息是：「我賦予你權力做這件事，但如果我不滿意你的做事方式，我可以收回權力。」因此，輔助性原則不是一件容易的事，一個人必須先了解自己的責任所在，然後再將責任交付出去。這同時也意味著，我們必須能夠坦然面對不同的意見。假如我們要承擔責任，便需要清楚了解未來成敗的衡量標準在哪裡，哪些行為可以被接受，哪些則否。唯有在彼此能夠互信的情況下，才能妥善處理各種歧見、爭議與矛盾，獲得積極正面的解決。凡是以「輔助性原則」為基礎的組織，都是充滿了含混、爭論與矛盾。但是，假如爭論發生於彼此信任的朋友之間，且大家團結在一個共同的目標下，那麼這就是有用的爭論。蘇格蘭哲學家大衛．休謨（David Hume）說：「真理迸發自朋友間的爭論。」

受歡迎的組織

因此，一個建立在逆向授權與信任基礎上的組織，經營起來備極艱辛。坐在中心者也會感到孤單。然而，為什麼有那麼多的公司仍設法實施逆向授權？部分原因是為了回應個人主義的弔詭，亦即體認到，高教育程度的知識工作者，愈來愈希望既享有個人自由，也能有組織歸屬。為了吸引並留住最優秀的知識工作者，公司有必要確實實施輔助性原則，這樣的公司才會是受歡迎的組織。

大多數人的情況與知識工作者並無太大差別。我們都希望掌控自己的工作，卻又希望這份工作歸屬於某個組織結構。我們希望在知道組織的期許與要求後，我們可以全權決定以自己的方式完成組織所賦予的任務。我們的機構愈來愈迫切需要彈性與連貫性兼具，亦即需要能照顧到每一個人的個別需求，卻又能維持一種明顯可辨的一貫風貌；而輔助性原則正是針對這方面的迫切需求所進行的一種回應。往深層看，輔助性原則其實是種道德上的義務，因為權力屬於全體共有。無論經理人、教師或為人父母者都要迎接這項挑戰：協助所屬成員，讓他們能以負責的態度行使權力。

輔助性原則特別著重於個人的權利與責任，它是一切「公民身分」概念的基礎，對於一切有關社會構成的概念，它都是不可或缺的成分。假如我們希望在保有個人自由的同時，也能維繫醫療照顧與社會福利制度，就必須承擔對同胞的責任，也必須贏取保有自由所需的信任。每個人都從父母和師長學到這個道理，但反過來，輔助性原則所隱含的各項訊息，也指引我們為人父母之道。我們應該在兒女有能力處理的範圍內，盡量賦予他們責任，然後協助他們履行責任。輔助性原則是個意義豐富的古老詞彙，蘊含著現代人不可漠視的概念。

企業對於你我的意義

本書開宗明義的探討，當今普遍追求進步與經濟成就的多重壓力下，「中空雨衣」所代表的象徵意義，以及人類在重新發現自我過程中所遭遇的挑戰。這樣一本書，自然必須檢視企業在我們社會中的地位與意義。即使對那些在生活中與生產事業或商業幾乎毫無接觸的人，也需要對企業有所認識；要知道企業為誰而經營？為何而經營？事實上，每個人的經濟福祉，都直接或間接仰賴企業。一次經濟衰退，便足以讓每個人了解，活絡的商業交易究竟有何重要性。假如企業走下坡，一切也都跟著走下坡，包括工作機會、稅收、房價、政府開支等。然而，難道這表示企業純粹只是一個創造財富的工具，放手不干預才是上策？或者意味著，正因為企業所具有的社會衝擊力，所以不能一味追求利潤，反而應該承擔更大範圍的責任？

企業化經營

企業作風更是直接侵入我們的生活。如今，每一件事情都被視為某種形式的「企業」。每個現代人都在「經營企業」；不管我們是醫生、傳教士、教授、慈善工作者都不例外。每一個組織實際上都是一個「企業體」，因為判定它好壞的第一個標準，乃在它能否有效將「投入」轉化為合乎「客戶」需求的「產出」。另一個判定標準，則是對同等級對手的競爭力。唯一差異在於：社會企業（social business）不進行盈餘分配。據我觀察，美國人一向明白這個道理，但大多數歐洲人一直到最近都還沒注意到這個事實。不過，英國之前將學校、醫院乃至各項原本由政府負責的服務工作移轉由獨立的企業體經營，政府依據各企業體資源運用的效率高低給予資助，同時也要求這些自有企業型態的公共服務組織必須互相競爭，爭取顧客。當企業化經營的觀念浸透整個社會時，可以預料我們的生活方式將發生一場革命性變化。要了解企業化經營的意涵，我們必須思考下列問題：這個「企業」的經營目標是什麼？它究竟歸屬於誰？在這個企業裡（不管它是社會性或商業性機構）工作的我們，是不是只是企業的工具？我們的權利在哪裡？義務又在哪裡？

新資本主義

過去，由於我們把全副精神用於對付共同敵人，即共產主義，因而一直沒有好好思考前面提到大多數的問題。我們以前總假設，任何事物必定都比共產社會中央集權制度來得好。這種不假思索的想法忽視一個事實：資本主義社會裡，有許多超大型企業也是以類似共產社會的集權方式經營。如今共產主義已經身敗名裂，該是時候輪到資本主義接受本身最嚴格的自我考驗了。觀察近年來剛脫離社會主義、全盤輸入資本主義的東歐國家，我們可以看到這套制度雖然對某些人有益，卻無法明顯看出它是否對多數人有利。同時，愈來愈清楚的一項事實是：資本主義不只一種。米歇爾·艾伯特（Michel Albert）在《資本主義對資本主義》（*Capitalism Against Capitalism*）中，闡明英國版資本主義與歐洲大陸版資本主義的異同。此外，還有亞洲式的資本主義，即所謂「儒家資本主義」，特別是其中的日本型資本主義。

英國式資本主義有許多地方要向其他類型的資本主義學習。有人希望英國和美國企業開始效法日本和歐陸企業的做法，他們和六種「利害關係人」（主要股東、員工、供應商，以及較不明顯的客戶、環境、社會）維持某種「中國式契約」關係。這種六邊形契約關係不免會改變企業處事的優先順序，使企業對本身以外的其他「關係人」投以更多關懷。如此一來，企業便不再只是一種經濟性工具。諷刺的是，在全球競爭的壓力下，英美以外地區的企業紛紛改採英美模式，但英美企業卻反過來要向其他地區學習。

社會企業

關於「企業經營的目標是什麼?」這問題，我們會在接下來的第八章中探討。我將申論，不同類型的資本主義制度必須相互結合，以塑造出一種資本主義新形象；這種新資本主義對各個社會明顯更有貢獻，卻仍能保有彈性與效率。

另一個問題是「企業歸屬於誰?」傳統上，我們把公司視為一種只要有足夠的金錢便可擁有的財產，轉手時完全不必徵求全體工作者的同意。但在當今這個以人而非以事物為真正資產的時代，我懷疑這個傳統觀念是否仍然站得住腳。在新型的「社會企業」，「財產」的觀念顯然失效。那麼，到底該把企業認定為何種類別的機構？我認為，與其爭論誰是所有人，不如採取一種「第三角度」，即視「所有權」為一種和「財產」一樣無關宏旨的概念。如今我們應該考慮的是「成員身分」（membership）的問題。

循此思路所產生的結果，我將在第九章中深入探討「成員身分企業」（membership business）。對於在某個企業裡工作的人而言，「成員身分」不僅賦予他們意義，也加給他們責任。使他們不再是「工具」或「受雇者」，而變成「被授權者」（enfranchised）。假如我們檢視英文的「公司」（company）這個字的原義，會發現其實「company」本來指的就是「一群夥伴」（a group of companions）。也許我們應該重新發現「公司」的原始意義。

從某個層面來說，我們可以從許多志願團體與非營利機構的組織，發現「公司」的概念。就如同這些組織變得愈來愈「企業化」一樣，各個企業也反過來開始向非營利事業機構學習，希望建立屬於自己的新模式。非營利機構深諳將核心的工作（資金籌措）與選擇性的自由空間加以巧妙組合的方法（即奉行「甜甜圈原理」）；他們也最了解必須於適切狀況下訂定「中國式契約」。這類組織很可能在無意間掌握資本主義「第二曲線」的線索。

在遙遠的密西根州和巴西還有更多線索。假如資本主義要證明自己具有人性，我們還需要更多證據。

第八章

跨入後資本主義紀元

大家都認為，資本主義已經獲勝。有人宣稱，結合民主政治與自由市場經濟的這套制度，是最好的一套社會制度。商業活動帶給我們每個人財富與機會。西方國家的企管顧問與經濟學家，一窩蜂湧入歐洲中部幾個新近實施市場經濟的國家，一夜之間接下大量案件，指導這些國家以西方的方式日夜趕工，迅速解決紛至沓來的問題。

自由市場獲勝了嗎？

但資本主義進入前共產國家的初步成果，可說非常不理想。波蘭自一九八九年至一九九一年間，工業產值降低三五％，通貨膨脹率卻高達二六〇％。號稱經濟轉型準備工作做得最好的匈牙利，在一九八九年時，家庭平均食物與基本開支占家庭平均總支出的四五％，但這個比例在一九九一年時卻上揚為七〇％。在捷克，實際工資持續降低，一九九一年降一二％，一九九二年降一〇％。俄羅斯是個大災難，那裡的各項數字甚至荒謬至極。

威廉．齊根（William Keegan）在《資本主義的幽靈》（*The Spectre of Capitalism*）中，對以上所述的悲慘狀況進行一番鏗鏘有力的描述，他說：

> 驟然採行資本主義所造成的可怕後果是：使改革者所傳布的兩項要件（自由與穩定）彼此相互牴觸。為了使市場順利運作，必須實施價格自由化，但人們為了免受物價上漲之苦，紛紛搶購，結果必然導致惡性通貨膨脹急速發生。因此，既要追求自由，又要兼顧穩定，可說十分困難。

這是個難以尋得平衡點的弔詭。德國奧迪（Audi）公司一位高層主管說：

「有太多書告訴我們如何從資本主義走向社會主義，卻沒有一本書告訴我們如何反向而行。」他面帶愁容的補充一句：「我們好像是在幫這本尚未誕生的新書做研究！」

瘋狂式資本主義

在俄羅斯這類國家中，西方資本主義已經成為「交易」的代名詞。在現在的俄羅斯，黑市交易與黑社會組織活動一樣猖獗；促成各項交易的「黃頁採購指南」到處泛濫；路邊攤販與家庭商店處處可見。齊根指出，人們可以在波蘭購買汽車，四十八小時後運至莫斯科轉售，獲得的利潤等同當地教授整整十年的薪水。外來觀光客在莫斯科輕輕鬆鬆買件時裝或叫個應召女郎，可能花掉相當於當地人一年的薪水。他說，這種「瘋狂式資本主義」永遠也不會成為任何正常市場經濟體系的基礎；而單就現況而言，它似乎也未能提供足以令人生活滿意的自由。

俄羅斯這時缺少大型製造業，像它那麼大的國家，不能僅僅仰賴服務業與貿易業，也不應該在強權中衰之後，淪為歐洲的廉價勞工供應中心。一位俄國上校說：「我們過去在這個工廠裡製造環繞月球飛行的火箭，難道如今要一百八十度大轉彎，改而製造鍋碗瓢盆，和中亞國家搶生意？」即使在匈牙利，也僅有一成大型企業轉為民營企業；其他的九成假如民營化，恐怕無法獨力存活。

齊根所寫的是東歐一九九〇年代的情況。但我擔心，英國和美國也可能出現他所描繪的情景。那套儼然勝券在握的進軍東歐的資本主義，屬於英美版本；但還有其他版本，其中較值得一提的是日本與歐洲大陸其他國家，他們過去在融合「自由」與「穩定」這項工作上，創造比較好的紀錄。不只在經濟自由與相對平等兩者之間取得平衡，也提供較多機會給更多人。

不同版本的資本主義有一些共同基礎，如自由市場、財產私有制、投資私人化；另外，也都含有「六角契約」的觀念。無論實施哪一種版本，公司的運作都受到六種利害關係人的牽制：股東、員工、顧客、供應商、社會，以及周遭社區與自然環境。各版本不同之處在於對各個利害關係人的偏重程度有所差異。我們從各版本針對「企業經營的目標是什麼？」所提出的答案，可以更清楚看出其間的不同。

企業經營的目標是什麼？

企業經營的目標是什麼？一九六〇年代我在美國就讀的商業學府[2]提供很清楚的答案。在每間教室的黑板上方、人人都無法忽視之處，寫著幾個醒目大字：讓中期每股盈餘最大化（**maximize the medium-term earnings per share**）。它強調「中期」而非短期，強調「最大化」而非最適化（**optimize**）。二十五年之後，事情並沒有太大的變化。ＩＢＭ公司前執行長約翰・艾克斯（**John Akers**）宣布辭職的前夕抱怨道：「ＩＢＭ員工已看不到公司存在的理由。如今ＩＢＭ存在的目的，只是為股東創造利潤。」

2　譯注：麻省理工學院史隆管理研究所。

過去人們總假設，如果公司處在所謂的「完全市場」中，而且每個經理人皆聰明靈巧、精力旺盛，同時有一套足以造就優勢勞動人力的教育制度，自然可以從前述的基本前提衍生出其他種種推論。當我們回顧過去，竟然沒有人對這個前提以及種種假設提出任何挑戰。然而從親身體驗中，我知道那是謊言。

在我赴美之前，曾擔任一家大型石油公司派駐海外的地區經理；地點偏遠，職位不高。公司期望我規畫出有利可圖的方案，沒有人有把握這個地區分公司的營收能起死回生，但是我仍答應接下職務。

超越利潤

坦白說，當年驅策我努力工作的動力，根本不是股東的壓力，而是自我期許。對一個派駐偏遠國家的經理人來說，所謂「每股盈餘最大化」的觀念，可說非常遙不可及、非常不食人間煙火，也非常不切實際。我當時確信，自己有一份更嚴肅的社會功能，正如我曾告訴一位愛爾蘭老女僕（她埋怨說我是家族裡第一個「做買賣的人」）：「我在這個遠方國家協助生產人們迫切需要的物品；確保產品的品質良好、價格合理、交貨準時，而且還要維護當地的自然景觀與生活秩序。這是某種形式的『社會契約』，但是，為了使這份工作持續推動，它當然需要利潤。」

如今我相信，我就讀的美國商學院當年的教導是錯的，公司最主要的目的絕不僅是「創造利潤」。公司的主要目的應該是「創造利潤，以便能繼續經營或生產物品，而且愈做愈好、愈多。」把利潤當作追求其他目的的「手段」，而不視利潤本身為一種「目的」，這種說法絕非模稜兩可的文字遊戲，而是一種嚴肅的道德觀點。我們不能把某些必須做的事看成目的。為了活下去，我們必須進食，但若我們以飲食為人生目的，就是本末倒置了。在倫理學中，誤把手段當成目的，無異背叛自己；按聖奧古斯汀（Saint Augustine）的說法，這是最嚴重的一種原罪。

多年之前，有一份針對英國股票上市公司的責任所作的《瓦特肯遜報告》（*Watkinson Report*）中說：「利潤是主要的衡量標準。」但現在讓我們想想，這個衡量標準是用來測量什麼的呢？況且，衡量標準豈能當成目的？這就好像一個棒球選手把追求高打擊率當作終極目的。但是我們必須知道，提高打擊率是為了讓球隊在競賽中繼續晉升的手段，我們必須澄清這個邏輯關係。

英式個人主義

經濟學家萊斯特．梭羅（Lester Thurow）在《世紀之爭》（*Head to Head*）中堅稱英國式經濟學源於英國文化中對個人的重視，特別是對每一個別消費者的重視。他認為，個人比較在乎的是，某個工作所產生的結果對他有何影響，至於工作內容如何，反而較無所謂。盎格魯撒克遜民族所要的結果是個人財富，因為財富可以使他們夢想的生活型態得以實現。工作是達成某項目的手段，它本身並非目的。

安東尼．科林（Anthony Glyn）舉一四七七年將印刷術帶至英國的威廉．卡克斯頓（William Caxton）為例說：「卡克斯頓是廣為人知的現代生活型態典範：個人主義色彩濃厚的英國人，一心一意追求自己的興趣……。他利用三十年經商成功所賺得的錢，讓自己得以在日後的歲月中，盡情投入所鍾情的文學生涯。」英國商人被問及人生的真實目的時多半會說，希望先累積大筆財富，再做自己「真正感興趣」的事。做生意只是手段，不是目的。

英國商人通常對永續傳承不太感興趣。舉例來說，股票未上市的私營企業，很少成為連續經營三代或四代的家庭企業。它們通常在第三代之前就脫售轉手或公開上市。許多英國企業家覺得，要求子女接掌事業，也許是限制他們的自由。為英國經濟實力奠基的維多利亞時期企業家，普遍希望子女不要與自己的企業有所牽連，而希望他們好好當個地方紳士。

日式帝國組織

日本就不同。梭羅形容日本企業領袖既是「帝國建造者」，也是「社會建構者」，他們以身為一個偉大且不斷成長的帝國一分子自豪。對這種人來說，擁有及使用生產性資本，也許比擁有及使用消費性物品來得重要；事實上，他們樂意犧牲個人的消費，以換取「他們的」帝國成功。梭羅指出，古羅馬帝國中，宏偉的公共建築要比華麗的私宅多得多，但在當代美國，情形剛好相反。

日本員工加入公司的動機，非常類似志願入伍的軍人；他們不是為了追求個人財富與榮耀，而是希望參與締造某個豐功偉業。今天，最能提供建立帝國機會的機構，非企業組織莫屬。由於日本人有這種心態，難怪他們把長期成長置於短期或中期利潤之上；也的確，在他們的某些策略決定中，幾乎沒有把獲利率的因素計算在內。日本人為了封殺ＩＢＭ，讓富士通（Fujitsu）公司以僅僅一日圓的超低價標得廣島市供水系統的電腦工程。同樣是十年期的研發計畫，美國要求的平均投資報酬率是二〇．三％，英國是二三．七％，在日本卻只有八．七％。所以，日本對未來所做的投資比其他國都多。一九九二年，日本投資於固定資產的金額，差不多是國內生產毛額（ＧＤＰ）的三四．二％。同期間，英國的比例是一六％，美國則是一四．八％。

德式資本主義

德國的情況又不同。德國自認屬於「社會市場」經濟，而非僅是「市場」經濟。他們認為企業應該為全民服務，而非只為股東、員工效勞。麥肯錫顧問公司德國區負責人海因利希．韓斯樂（Heinrich Henzler）曾寫道：「歐洲企業的執行長由於遵奉凡事『共同議決』的法則，加上承繼某種流傳已久的父權式關懷，因而能對員工有一份深切的承諾；他們比較能夠把員工視為企業長期經營的夥伴，而不是看作無名無姓的『生產要素』。」他這裡所指的歐洲是歐陸，不包括英國。他進一步堅稱，這是某種極重要競爭優勢的根源。

德國公司無論大小，都會責無旁貸配合政府實施「在職訓練制度」，即使他們並不確定未來會不會正式雇用某位學徒，還是會培訓他。他們把這種訓練視為延續德國企業命脈的投資，而且這也是在延續自己的企業。中小型家族企業是德國經濟的主力，這些企業絕少脫售轉手，因為德國人普遍認為家族成員有責任繼續經營。

德國股市規模不大，原因之一是小型企業並未將所提撥的員工退休金投入股市，而是由公司保管這筆退休金。他們認為，公司會永遠存在下去，而且隨時有能力支付退休金。德國人也認為，員工在同一家公司服務一輩子是天經地義。德國人自有「接續」（continuity）的觀念，以及願意負擔昂貴社會福利費用（以妥善照顧一時遭遇困難的同胞）的心態；這兩種觀念或心態已深植德國的社會經濟制度中。德國企業存在的目的，是為了造福全體國民。

這些德國公司提撥退休準備金時能獲得稅捐減免，這對企業本身當然不無幫助。但他們同時還可以自由選擇運用這筆準備金的方式，而不像英國與美國那套制度，強制公司把提撥金交由外人管理，只考慮對員工退休生活有所保障，卻忽略公司的利益。許多德國公司會把這筆準備金再度投入事業中，以加強與主要供應商或代理商的關係，這與日本企業運用退休金的方式一樣，是另一股「接續」的力量。

德國銀行譯的做法更加強企業的「接續感」。德國銀行不以提供短期財務支援為要務，因為這會讓銀行一心只想確保借出去的錢安全無虞，好能催討回來，借給更能帶來利潤的對象。在德國，銀行都著眼於長期，把利害關係都寄託於企業。一九八七年，英國《經濟學人》（*The Economist*）雜誌估算，德國一百大企業中，有四十八家大型銀行持股在一〇％至二五％之間，另外有四十三家大型銀行持股達二五％至五〇％，剩下的九家大型銀行持股更超過五〇％。換句話說，每一家大企業都被大銀行所形成的網路所套牢，反之亦然。難怪在德國幾乎沒聽聞公司被競爭對手收購的情形，因為即使有意這樣做，也不會成功。

資本主義新融合

這些不同版本的資本主義，純屬歷史的產物。誠如某位德國外交部長所言：「英國人在戰後非常慷慨，他們堅持我們（歐陸）必須採行聯邦制、共同決策制度，以及以單一工廠為單位成立工會，但他們本身卻半樣也不採行！」除了梭羅和齊根二人外，還有許多人也都看出英美版本資本主義的流弊，以及他們有意無意鼓勵自私自利。此外，英美兩國既讚賞德國模式，也同意日本版本的資本主義很可能是日本文化下的獨特產物。而中國式資本主義，他們則認為長久以來是家族企業當道，情況較類似義大利與德國，反而不像鄰國的日本。

弔詭的是，雖然就建立富裕且相對公平的社會而言，德國與日本顯然最成功，但有一些跡象顯示，隨著全球市場趨向單一化，西方式資本市場所具有的多樣性，以及盎格魯撒克遜文化中對個人自由的講究，都會變得愈來愈具有魅力。德國中小企業家族的第三代，不如父祖輩那麼樂意擔負家庭事業的責任，以免一生被困在同一家公司與同一個城鎮。不久的將來，德國公司也將把退休準備金委交公司外部的事業管理人投資股市，這筆資金將促成德國股市成長；有人認為，十年之間，德國股市的規模將擴大為三倍。在此同時，德國與日本企業為了建立全球性的霸業而吸納國外股東；在這種情形下，不免會遇到一些投資人要的只是短期的報酬，公司無法期待他們懷有追求卓越經濟成就的企圖心。

六角契約關係的文化差異

結果，各個國家中，六種利害關係人的均衡關係逐漸發生變化。在實施英美式資本主義的國家中，傳統上是把股東放在第一位，其他的利害關係人只被視為「具有牽制作用因素」，這種做法也許合理，但終究只能對主要目標產生部分牽制效果罷了。不過，利害關係人的觀念如今已受到重視，大多數公司的書面宗旨中，都會納入所謂的「六角契約關係原則」，說明股東因其具有基本的重要性而仍名列第一位。股東雖然是「公司甜甜圈」的核心，但一般普遍同意，除非其他利害關係人的利益獲得照顧，否則無法填滿甜甜圈的空缺部分，企業也無法獲得充分發展。

在日本，最普遍的看法是「員工至上」。不過索尼公司的盛田昭夫卻認為，應該以顧客為先才對；他並不是一種抱持每一個人的理想派觀點，而是認為：唯有顧客才能代表公司所力圖建立的企業帝國。盛田昭夫比較謹言，因為他察覺一股來自競爭對手國的反彈；他們厭惡日本公司一味壓低價格吸引顧客，而犧牲其他利害關係人。日本企業有必要重新調整，一方面為了維持全球和諧，一方面也要安撫其他利害關係人。

德國企業一向努力去平衡六種利害關係人的利益，韓斯樂把它稱其為「社會均衡行動」，他堅稱，德國企業認為流浪漢、文盲以及其他社會問題不僅在道德上無法容忍，同時也會危害經濟。因此，企業基於本身的長期利益，一向樂意承擔可觀的社會支出。不過，目前已出現某種重新調整均衡狀態的趨勢。

過去，德國企業拒絕讓公司的股票在紐約股票交易所進行買賣。他們堅持：股票上市必須公布季報，這會打亂企業處理事情的優先順序，使公司基於長期考慮的一些管理作為遭到干擾。但是，賓士公司（Daimler Benz）就為了重整與擴充事業需要大量資金，因而被迫改變心意，其他公司也可望跟進。外國股東則無法和德國人一樣，把「社會均衡行動」放於第一位，也不可能和日本人一樣熱中於建立經濟帝國。何況，如今德國投資人也要求得比以前多了。最近一項針對全球十一個股票市場過去二十年間的狀況所做的研究指出，就投資人報酬而言，德國企業排名第九。這些投資人如今變得愈來愈浮躁不安。目前有一個投資人組織甚至對德意志銀行（Deutsche Bank）提出告訴。

即使完全沒有這類外來壓力，德國企業也擔心，社會均衡行動的成本似乎已經漲過了頭。德國就業機會逐漸流失，BMW新工廠選擇設在美國，福斯汽車（Volkswagen）正考慮在西班牙設立大廠。隔鄰的匈牙利與捷克，工資僅為德國的四分之一，即使在東德地區，勞工薪資也遠高於鄰國。同時，兩德合併後所產生的社會成本，也導致全民共識瀕臨瓦解。一位年輕的德國企業女性主管誇張諷刺的說：「他們如果非要買個未開發的國家不可，為什麼不能選個較小、較便宜的國家？」新一代德國人，似乎不像父母輩那般樂意為「社會凝聚」付出代價。

「存在主義」型公司

隨著文化融合程度增高，企業的目標變得愈來愈模糊。本來德國重視「社會均衡行動」，日本追求「經濟帝國主義」，英美對於投資人報酬給予優先考慮，但如今隨著「六角契約」中其他各股力量日趨強大，這一切文化特色皆變得日趨微弱。那麼，在當前這個融合度更高的新世界裡，公司究竟應該為誰而存在？為何而存在？我認為，唯一真實的答案是：「為它自己！」抱持這種哲學的公司，我們或許可以稱為「存在主義」型公司。

存在主義型公司仍在六角契約的規範下運作，它之所以接受規範，主要為了使本身獲得成長與發展，因為公司的目標乃是讓自己得以永遠存活。當然，也許它不一定會永遠存活（上市公司的平均生命週期只有四十年），但這是個值得奮鬥的目標；因為，除非一家公司能令全部六種利害關係人滿意，否則它不可能存活四十年。我很欣賞某個家族企業負責人所說的一段話；這位先生說話時，從高處俯視某個比利時小鎮的眾多屋頂；他的公司雇用整座城鎮大半居民，對城鎮有支配性影響力。他說：「我們在兩次世界大戰期間仍咬牙繼續經營下去，因為鎮民仰賴我們。家族企業必須考慮到後代。」

沒有人可以宣稱自己的公司應該永遠存活，因為只有夠資格生存下去的公司才能持續存活。一間公司必須能以顧客承擔得起的成本，生產出某種有關的東西，才能允許生存下去；而且它還必須孳生出足夠的資金，以支應公司持續成長與發展所需。因此，存在主義型的企業並非一種自私的型態。美國的詹姆斯・歐圖爾（James O'Toole）所稱的「利害關係人對稱狀態」有維持的必要。而且，公司若能長久存續，事實上對大多數利害關係人都有利。只要是個好企業，相信無論員工、客戶、供應商、社會都會希望它能永續發展，股東更有此期待。像目前許多機構由於持有某家公司的股份數量過於龐大，轉手不易，因而被套牢；在此情況下，假如公司繼續存在可望帶來好的結果，他們自然樂見其成。

不過，「利害關係人對稱狀態」比不上「股東的價值觀」那麼有影響力。所以，如果股東有意支持永續經營，會是個較有力的後盾。

更好，而非更大

那麼，像這樣的一家存在主義型公司，應該因為什麼目的而存在呢？這個答案因公司而異；讓股東、客戶、利害關係人滿意都是必要條件。但是，必要條件並不等於目的。企業的目的可能是征服全世界（像是日本企業），也有可能沒有什麼冠冕堂皇的理由，規模不大照樣可以成長。

某個炎炎夏日，我在美國盛產葡萄酒的北加州詢問一位葡萄酒釀造廠主人，問他未來有什麼發展計畫？他說：「我打算把全部資金都投注於葡萄栽種上。」我環視山谷四周，別人家的葡萄都已經種得滿滿的，於是問他：「你能種在哪裡？」他說：「我不要擴張；我要發展得更好，而非更大。」

更好，而非更大。這是一項目標、一種成長的方式、一種永續發展的祕方。就追求的目標而言，我們「是什麼」可能和我們「做什麼」一樣重要。不過，若要讓存在主義型公司生存，就必須對法律做一些修正（至少在英美兩國如此），因為股東的權力將遭大幅削減。不過也許不須如此大費周章，因為英美兩國法律早已確認，公司是一個自行存在的「實體」。埃佛雪德法官（Lord Justice Evershed）一九四七年所下的一項判決中說：「從法律的觀點看，股東並不是某個事業的部分所有人。全部股東持股行為的加總，並不構成一個事業。」

這位法官描述的正是存在主義型公司；一個可以自行存在的個體，有自己的生命與未來。他暗示，在法律之前，所有的公司都是「存在主義型」公司。這個判決很值得我們重視並進一步闡釋。我們必須假定，每一家公司皆有它的生命，而這個生命必須有目標與方向。公司即是一種目的，而不是其他人或公司所擁有的一項工具。如果我們不這樣想，或是與公司利害攸關的成員無法建立一致的身分認同，那麼要在不同的利益團體之間取得妥協，不啻緣木求魚。結果，各方人馬將各據一隅，為捍衛本身利益而對其他人提出極為嚴苛的要求。

找尋信仰

目前日本與德國企業仍風行的一些「文化信仰」，英美國家本來就沒有。未來，企業領導人必須建立公司全體得以共同追求的目標。獲利能力固然是企業永續存在與發展的必要條件，但「為誰創造利潤？」「為何創造利潤？」卻是必須解答的問題；獲利本身不是目的。目前，對許多人來說，企業似乎是「為了股東」而創造利潤，理由是「為了讓他們荷包滿滿」。英美的經理人有一部分收入與股價息息相關，因此被視為和股東站在同個陣線，不像在有些國家，經理人站在員工那邊。英美企業裡，經理人把員工以及「六角關係」中股東除外的其他利害關係人皆視為「成本」；而人們本能上會設法削減成本，因此經理人和員工難以產生共同的歸屬感。

一九九三年，英國仍深陷不景氣，有四家上市公司於同一週內宣布公司利潤大幅滑落，其中兩家並宣稱已陷入虧損狀態，但它們卻都表示股息照舊發放。當時，英國貿易委員會（Britain's Board Trade）的主席曾表示意見：「由此可以推定，股東如果撤資，他們的獲利會比任由公司繼續投資還大。」但他對於這些公司有沒有希望永久生存，並無太多著墨。

數字會說話：自一九七五年起，英國公司平均保留四五％的利潤，作為再投資之用；美國公司平均保留五四％；日本公司保留六三％；德國公司六七％。難怪許多英國投資人將資金自慷慨大方的英國公司抽出，轉投資於那些明確相信自己可以有長期發展的海外公司。

並非所有英美公司都抱持這種想法。嬌生公司（Johnson & Johnson's）的企業信條在美國頗負盛名；訂定者是之前的董事長羅伯特・伍德・強生（Robert

Wood Johnson），信條中羅列公司目標的優先順序：

——首先是服務顧客

——其次是服務一般員工與管理階層

——第三是服務社會

——最後才是服務股東

重新定義「公司」

「泰利諾」事件（Tylenol affair）考驗嬌生的信條。當時這種最暢銷的止痛藥片「泰利諾」遭到偽造，導致多人服用後死亡。嬌生公司立即將正在市面上銷售的三千萬顆藥悉數回收；這個舉動使嬌生聲名大噪。長期而言，此舉令他們得多於失，因為公司的聲譽因而大幅提振。

假如嬌生公司的信條是美國企業的常態信念，也許這次事件就不會那麼轟動。但日本企業對於服務優先順序的看法與嬌生雷同。一項研究詢問來自不同國家的經理人，問他們是否同意不應把「價格底線」看作企業唯一追求的具體目標，而應一併考慮其他利害關係人的利益。九六%的受訪日本經理人對此表示同意，八六%的德國經理人亦表贊同，但美國經理人贊成者僅占五三%。英國人稍好，有七八%贊同應平衡考慮各種利害關係人之利益。

英美人士如果不迅速變革，則資本主義將逐漸毀壞他們的國家，導致目前東歐及中歐所出現的混亂景象；兩者不同的地方只不過是消費水準與腐敗程度更高罷了。根據存在主義型公司的角度思考，致力在「六角關係」架構下追求成長與永續發展，乃是解決這個問題的一個方法。另一解決之道則是重新思考「公司」的意義。

第九章

新型企業——勞資命運共同體

目前一般企業的所有人是全體股東，但仔細想想，這種所有制並不合理。首先，那些人雖然有所有權，通常卻只須擔負有限責任，這是任何形式的所有權制都看不到的怪現象。其次，他們所擁有的「財產」，其實大半由「人」組成。一般說來，即使我們待某些人再好，也無權擁有他們；這種行為在生活中其他領域都被視為錯誤行為。歐洲某些地區過去曾有一段時間以法律規定丈夫對自己的妻子擁有所有權。但今天，即使堅決反對女權運動的人，也不會認為那種規定是對的。

有限責任制的利與弊

我們可以從歷史中找到一些「有限責任制」存在的理由。「有限責任承擔制」（limited liability）是一項極巧妙的發明，它讓民營企業得以承受事業擴張必須承擔的風險。一百五十年前，它原是一種特權，專門授與那些確實擁有並經營企業、且個人成敗繫乎企業成敗的人。他們的命運與企業的命運緊緊相扣。他們所擁有的「財產」是可見的實體，如磚石、灰泥、機器、原料。他們所雇用的員工，是一雙雙讓「財產」發揮效用的「人手」，正如昔日雇人耕種，讓「土地」生產的道理一樣。假如為了鼓勵公司以最快速度擴充，因而設法保障這些企業經營者，使他們的私人財富不至於全部受到企業虧損的波及，那麼這種做法的確有意義。因此，有限責任承擔制乃是特定時空背景下的一種特權。要享特權，就要承擔責任；他們的責任是照顧員工福祉與確保產品品質。然而，這些責任向來不受重視，反而是與其相對的特權，包括所有制與有限責任承擔制，卻長存迄今。當年若沒有這些特權做法，英國的鐵路恐怕一條也建不起來，工業革命能否有那麼大的規模也不無疑問。不過，當年正確的事，是否今日一定正確，這是另一個值得探討的問題。

股東如賽馬賭客

在過去最夠資格繼承類似傳統權力的人，當屬民營企業主莫屬：他們同時承擔特權與義務，他們的前途繫於企業的前途。至於現今股票公開上市的公司就不是這麼回事了；這些公司的「所有人」大半都是機構，如投資基金、退休基金、保險公司。所有人與企業的經營並無直接關係，既未參與管理，也不在企業裡工作，更不認識實際從事這些工作的人。他們並非和企業緊緊相扣、休戚與共。在英國，大型投資機構平均持股時間為四年，這顯示出他們的責任可以拋棄；如果情況不順利，他們便售掉持股，走為上策。這樣做十分合理，一則因為法令允許，二則投資人有此要求。結果正如《經濟學人》雜誌所形容，上市公司的股東變成「下注者」，就如賽馬賭客一樣。我們沒有理由要求賭馬客永遠對同一匹馬下注，也不能要求馴馬師一定得接受賭馬客的建議。賭馬客如果不滿意，可以把下注金轉移至另一匹馬。他們只是賭客或投機客，絕非真正的所有人。

也許透過租稅誘因或法律規定，可以促使他們與下注對象的關係較為固定，但差別不會太大。不過，這些下注客有某種特權。他們根據所下注的金額，有權在拍賣會中投票決定誰可以購得某匹馬。換句話說，這些下注的人經常會是被請託的對象，因為沒有人知道拍賣會的鈴聲什麼時候會響起。套用這些法則，每一家上市公司天天都有被拍賣的可能。

企業面臨被拍賣的壓力

有人認為，馴馬師對於隨時可能舉行的拍賣會絲毫不敢掉以輕心。眾所周知，有些經營不善的公司常常會轉手讓出，但這樣做不見得對公司有利。因為得標者最終的表現總比原經營者差。我曾問一位連鎖超級市場負責人，為什麼如此積極在法國與比利時擴展事業、不放棄任何併購競爭對手的機會？我問，是不是為了掌握歐洲進一步統合後擴大的市場？他答道：「不是的。我們是要把自己變得夠大、夠複雜，如此才不會有人起念併吞我們。」

事實上，即使沒有受到拍賣的威脅，一樣會感受到分神之苦。某家德國大企業的董事長被問到，為什麼一再拒絕讓公司的股票在紐約股票交易所上市。他說：「因為在那裡上市必須每季公布財報，而這會擾亂經理人的判斷。為了取得美國資金而使公司迷失方向，我認為並不值得。」他也許和其他德國公司一樣，終將必須參加所謂的「拍賣會」，但他對風險已有所體認。經理人與投資客所承擔的責任本質上有異，因此彼此的時間觀不盡相同。他們之間需要的是某種妥協，而非讓這種「假性所有權」支配一切。

有人說，假如讓經理人甚至所有員工都成為所有人，將可解除「拍賣會」的壓力。但看看近年來一些購買經營權的例子，顯示「所有人兼經理人」在面對大手筆喊價時，也一樣難以抗拒。我認識好些人，前一個月猶信誓旦旦要長期奉獻，致力於公司的經營，隔一個月即讓出經營權，個人財富瞬間大增數千萬。

也有人指望投資機構（如銀行、退休基金或福利基金的信託機構，以及其他公司）出面擔任長期所有權人，讓其他下注客只能在小範圍裡興風作浪，不至於影響公司的長期所有權。退休基金信託機構掌握英美股市半數以上股權，但由於它們必須為別人的錢負責，所以總是極力避免被某家公司綁住。此外，美國法令也不准它們成為所投資公司的董事會成員。

有人希望這些機構所投入的巨額資金會使它們與股票指數密不可分，因而願意長期持有股權。但沒有跡象顯示這些機構或其他經理人會甘願像一般賭徒那般紋風不動。至於個別股東，有份報告預測，美國華爾街股市最後一個散戶將在二〇〇三年出售持股。過去有人夢想，在英美股票市場中，獨立投資人也許可能有成為主力的一天，但如今看來這不過是個夢想。獨立投資人的表現會不會比大戶強，著實令人懷疑。

一些跡象顯示，有一股推力正推動著「下注客」，使他們表現得愈來愈像實際所有人。美國通過的大批相關法令，已使惡意購併更加困難；假如公司的董事會坐等被收購而無意進行變革，股東便會紛紛對董事會施壓。英美已有好幾家大公司的董事長在這股壓力下匆匆「退休」，但通常他們還是太晚下台，而且留下爛攤子給繼任者收拾。

「財產」還是「社群」?

我們不該一味在遊戲規則上作文章，而應該自問目前參與的遊戲是否和從前相同?我們為什麼把一群有組織的人視為一份可根據市場價格進行買賣的「財產」呢?只因為目前許多公司都是如此。並不是每家企業都要抱持像微軟公司那般的理想，認定公司最主要的資產在於人力資源，以及員工所具有的一切智慧優勢:不僅包括創意與專業技術知識，也包括他們的人際網路及專業經驗。每個人都同意，日本的經濟之所以成功，與他們擁有的天然資源無關，而是完全基於那一套教育及管理人的方法。因此可以這樣下結論:我們要使人成為公司資產，並且將大部分的財產變成智慧財產。

「智慧財產」是個簡單明瞭的詞彙，但它也可能造成誤導，使我們以為傳統的所有權觀念能夠獲得延續。錯了，它們無法延續。智慧財產權指的是「人」。

任何組織如果不是由人所組成的「社群」（community），它便毫無價值，而社群並不是一種財產，舉例來說，「某些不屬於社群的外人『擁有』某個社群」這種說法就相當無稽。社群不是商品，無法買賣。因為社群有的是「成員」，而不是「雇員」，它屬於全體成員，只有「外人」才會受雇於某個社群，自己人不會。如果公司是個社群，當它需要資金時，也許會利用公司可見的資產抵押借款；也可以出售股份，但這種股份的持有人只能分享利潤，不能享有其他權利，社群屬於它的全體成員。

股東不再握有生殺大權

當我們說股東不再握有生殺大權時，意味著企業將成為一個自治的社群。因此有限責任承擔制仍將適用；因為企業如今只「屬於」它的成員，所以這個制度再度獲得存在的正當理由。股東對公司實際上握有抵押債權，但除非公司背信，拒付應付款項，否則他們不能介入經營。某些股票對公司不構成清償義務，但持有人有權長期分享利潤。股權可以買賣，股票市場會繼續運作，但僅限「打賭下注」，不能有「拍賣」活動。企業要合要分，唯有成員才能決定；而成員通常會讓股東知道一些機密。外人看來似乎和以前沒什麼差別，但裡面的人會有很不同的感覺。

我曾與東英格蘭（East Anglia）一家規模不大的電子公司領導階層交談。他們在三年內換了三個老闆。他們告訴我，這種情形對於公司的長期規畫與員工士氣「不是非常有利」。好個英國式的含蓄說法！他們已經變成只是大企業集團擁有的一部分有價證券，當財團打算重新調整投資組合時，他們就跟著證券被買賣或交換。這實在沒什麼道理。

海外觀點

萊因模式

雖然原因稍有不同，但日本和德國長久以來都把公司視為一個社群，而把股東視為抵押債權人。米歇爾．艾伯特（Michel Albert）稱為「萊茵模式」（Rhine Mobel），因為這種做法風行於萊茵河沿岸。在瑞典和日本皆有類似的版本，不過日本略有變化。曾經在「萊茵模式」及「盎格魯撒克遜模式」這兩種資本主義下工作的愛伯特說，「萊茵模式」的公司財產概念，與傳統的英美思想大異其趣。

在日本，股東比較像是「優先公司債」（preference debenture）的持有人；他們的股息與股票的票面價格有關，與市場價格無關。股東不乏企業的供應商或與合夥人；公司若穩定成長，他們也可以獲利。公司的股東有銀行、租賃公司、保險公司、零件供應商、經銷商、代理商等，如經濟學家卡爾．凱斯特（Carl

Kester）在一份研究報告指出，他們把持有股份看作是購買進入某個「互利體系」的入場券。

豐田銀行

日本企業的董事會及管理階層與英美傳統不同，他們不被認為代表股東，而是代表員工。在英美，透過股份選擇權制度，高階經理人的報酬與股東的獲利息息相關。但在日本並非如此，透過紅利制度，日本高階經理人的報酬與員工的績效息息相關。法律上，日本任何購併或接管行動，都必須事先徵得公司董事會多數決同意，而董事幾乎全是公司內部的人，都是資深經理人，所代表的是和他們一起工作的同仁。假如財務收益令人滿意，日本的股東幾乎沒有任何權力。

日本公司會大肆舉債，以支應成長所需。但在財力充裕時，他們會盡可能撥出保留盈餘，作為支應未來成長之用。例如，在一九八〇年代，日本公司平均負債為美國公司的四倍，然而，另一方面，豐田（Toyota）卻沒有分文負債，反而因為財務可以自給自足，獲封「豐田銀行」的雅號。豐田不希望它的投資者成為控制者。

日本企業的「終身雇用制」一再被反覆討論，這套制度也與「社群」觀念符合。因為社群的成員是不能驅逐的，他們一輩子都屬於那裡。不過，日本公司總會盡可能減少位於「組織核心」的人員，並確保這些人是最優秀的一批人。日本人通常不認為終身雇用制只適用於男性、大企業和全職工作者。但他們一般認為，這種真正的社群成員，人數只占總勞動人口的三成不到。難怪日本人擠破頭想加入某個「企業社群」；也難怪日本公司投注如此大量的時間在教育與培育人才上。因為日本企業不能出售自己的人才，也不能向其他公司購買人才。

德國的「中小企業」現象

在德國及一些歐洲大陸國家，同個觀念也都可以適用，只是歷史理由各不相同。德國企業界不是由赫赫有名的大企業主導，這一點和日本的情形不同。一九八九年《商業周刊》（*Business Week*）列出全球一千大企業。其中有三百五十三家美國公司，三百四十五家日本公司，卻只有三十家德國公司。這幾家公司是德國法蘭克福股市中僅有的幾家交易熱絡的公司。同時期，法蘭克福股市總共只有六百六十五檔股票，倫敦交易所卻有多達一千四百檔股票。如我們前面提過，德國的經濟實力在於它的中小型家族企業。

畢德士率先將「中小企業」的現象介紹到美國。他說，德國可能有三十萬家員工在十人至三千人之間的中小企業。此外，較不為人所知、但同樣重要的是義大利北部的家族企業；他們製造針織品、紡織品、磚瓦、家具、液壓機器和農業機器等，全都是中科技（middle-technology）、講究設計的產品。這些成品構成義大利的外銷主力。義大利的大型工業集團幾乎全是國營企業。

這些德國及義大利企業都是家族企業。他們只想建立全球觸角，不想建立全球規模。他們致力於有把握可以做得好的計畫，並確保品質好到足以躋身世界一流的地位。這麼做可以使公司變好而不變大，而且能維持家族企業的型態。這些公司的股東只是投資人，而不是所有者或控制者，而且他們其實都是銀行和保險公司，與公司有長期的密切關係；這些公司的股票要脫手很困難，除非接手者也是公司的朋友。

企業是一種生活方式

家族企業的主要經營目標，在於讓公司長期有利潤且愉快的經營下去，愈長久愈好。那是一種生活方式，而不是達成某種目的的手段。對於家族企業的領導人而言，由於公司以永續經營為目標，加上股東與公司利害息息相關而無法過於貪婪，所以會以長期的角度思考問題，願意斥巨資投入創新工作，並維持一批人數不多但個個優秀的核心幹部。不過，這些企業畢竟是「家族」而非屬於成員的「社群」。家族領袖即是公司所有人時，即使家族成員良莠不齊，最好的那一批人也會認為應該對子孫的前途負起責任，而且對員工子女的前途也有責任。在此情況下，要他們犧牲短期利益，以換取長期機會便顯得有意義。畢德士描述，他所遇到的「中小企業」負責人都不太談時間表，如果真要談，往往是以十年、二十年為單位，而不是以每季為單位。

然而，家族企業的存續要看家族能否長久興旺，而這個基礎往往頗為脆弱。義大利也有「富不過三代」症候群，到了第三代，家族人才逐漸枯竭，或者向外發展。這些企業於是形成這樣的循環：第一代由窮而富，第三代又退回原點。許多「中小企業」正走向第三代，其中某些公司的「S曲線」正開始向下轉。他們逐漸失去創新的衝勁，整個家族變得懶惰或貪婪。假如「家族」的意義轉化為「屬於全體員工的大家庭」，亦即由「工作社群」成員所組成的大家庭，則「中小企業」的壽命可以進一步獲得確保。德國大企業採行所謂「共同決策」的觀念，即董監事會中，股東與員工各占一半名額，他們甚至嘗試在大型企業中也創造出一家人的感覺。

我曾在前一章的討論中指出，一個公司必須具有「存在」意識，亦即覺得必須完全為自己的命運負責，這樣的公司才可能維持各個相關「利益團體」之間的平衡關係。唯有當公司獨立，所有權不掌握在外人手中，也不受外人約束，才有可能辦到這一點。對日本人而言，公司就是一個社群。對歐洲大陸人而言，最好的公司是以經營家庭的方式經營公司。但英國人或美國人對這兩種觀念都沒與趣，因為他們聽起來皆含混而欠缺衝勁。不過，英文裡「公司」（company）這個字的字義迄今為止仍非常妥當：意指一群夥伴的關係。只是「company」這個字如今已變成法律術語，失去其原本蘊含的意義。

再創「公司」

古老的公司模式早已存在於英美社會某些想像不到的地方。我們可以取法它們的做法，但不能取法它們的形式。例如所謂的「俱樂部」便是古老的公司模式；英美的俱樂部是一個屬於成員的地方，而它存在的潛在目的，便是要讓組織長期成功的存在下去。俱樂部只要做最擅長的事，便能確保長久存續。它的資金提供者是為它的未來而投資，並不擔任所有者或控制者的角色；它的管理者是為全體會員服務，而不是為資金提供者服務。

不過，最有趣的公司模式範例也許是非營利機構或慈善團體。這些組織根本沒有所有者，也沒有股東，只有章程、成員、信託委員會、管理委員會、資金來源；而組織存在的目的正是它存在的意義。它們不是財產；雖然可以與其他機構合併與結盟，但不能買賣。它們的「甜甜圈」有個由專業人士所構成的核心，其外的空間則充滿幫手。這些幫手通常稱為「準成員」，享有有限度的成員權力。這些機構的名稱通常叫某某協會。例如，英國有各式各樣的「皇家協會」，個個都聲譽崇隆，也都屬於社群。在法文裡「協會」指的是商業機構，英美國家用這個字也許並無不當，但比較好的辦法是重新發掘「company」的古老意義。「company」應該是核心裡有一群夥伴，核心周圍則是一些準成員。我們應該努力把自己最擅長的事做得更好，藉以長久存續；這是在「六角關係」牽制下，對自己的命運負責的做法。

分權

有人會說，自治型的企業必然濫用特權。長久以來，「自決」始終是惡棍無賴的特權。並非所有企業都值得永久存在下去。這些說法都沒錯，但市場有強大的自我矯正功能。長久以來，市場制度一直能夠把其中的「爛蘋果」一一挑出。民主制度，尤其是聯邦式民主，格外強調分權。一個創新的「公司」也應這麼做。

立法或決策制定的功能，與行政或管理功能有所區別，也與司法或監察的角色不同。三種角色有相互重疊之處；例如，絕大多數政策皆由行政部門草擬，而司法部門所執行的法律都是立法部門所制訂；但三種功能明顯有所區隔，而且通常由不同部門的不同人員分別承擔。私人機關如今也逐漸採行這些做法；慈善機構或非營利組織最明顯，它們把理事會或委員會與執行單位分開。而在英國，還有一個主管機關「慈善事業委員會」，負責監督慈善團體是否名實相符。歐陸國家也喜歡公司採取雙層式的決策與監督體制。

英國人和美國人雖然傳統上稱公司領導階層為「執行委員會」（executive committee），但他們目前的做法逐漸和歐陸一樣。一九九二年在英國提出的「開伯利報告」（Cadbury Report），對公司經營在財務上必須做到的事項提出建議，報告中認為董事長與執行長在正常情況下應該分別由兩個人擔任，同時建議讓相當數量的外人進人董事會。這是朝著和歐陸國家相同方向邁進的一小步。愈來愈多公司也把「司法功能」獨立出來，以設置委員會的方式，確保全體人員遵守公司的法令規章。甚至有人倡議由股東成立一個獨立的小型信託理事會，給予有限的調查與監督權，使其得以對公司的財務以及董事會成員的任命權發揮牽制力量。

英國航空（British Airways）與維珍航空（Virgin Airlines）於一九九三年發生爭執後，即設立一個新的委員會，專司風紀維護。固然有人說這是亡羊補牢，但這畢竟是朝著平衡、自治型態的組織又跨了一步。反觀德國福斯汽車所發生的大規模舞弊行為，直到許多年後才被董事會發現。

管理自治型機構必須要有一套有效且獨立的控制系統。所謂「存在主義型公司」，內部需要更清楚劃分權力，而且應該分別由不同人員行使不同權力。也許有必要把司法權或監督權放在組織之外，例如交到獨立的管制單位手中。一些由少數公司所支配的產業已經採取這樣的做法，它們的命運幾乎完全操在自己的手中。

倫敦勞埃德保險公司（Lloyd's of London）是一個「存在主義型社群」，多年來始終不願實施分權，因為它們相信，把政策、執行與規範三種功能集中，可能發揮更大的效能。現在勞埃德已改變觀念，將三種角色分別由三個不同單位負責；但這是在出現一連串貪汙舞弊、經營不善而導致「社群」成員在三年間損失五十億英鎊之後改變。如今大家已形成共識，認為權力集中只會使不法行為無法察覺，也會造成策略愚昧與管理鬆弛，而不會對提升效能有任何貢獻。

終身契約

最後，唯有值得生存下來的「自治型俱樂部」，才能在競爭激烈的體系下存活下來。它們的生存威脅之一來自「成員」經常改變。假如連這一代成員都不可能存活五年，自然無須為了子女規畫未來，而承擔沉重的壓力。目前英美有個趨勢，即是把公司視為個人獲取榮華富貴的踏腳石；這種趨勢不利於「俱樂部」的永續發展。個人與公司必須對彼此忠誠，如果只求短暫的合作，雙方的關係自然無法長久。

我們雖然知道未來公司的壽命將普遍大為縮短，卻也需要看到更多「終身契約」。我可以預見，未來的年輕員工，將先經歷一段五到七年的「學徒階段」或「約聘期」，接著簽訂為期十至二十年的契約。曾有研究人員估計，日本企業的核心幹部在該公司平均任職年限為十四年。所謂終身，實際上是長期任用。人們可以先在某一家公司擔任「約聘人員」，再加入另一公司成為「成員」；目前不少會計人員便是如此。「成員」的期限屆滿之後，可以再延長，也可以成為「自由人」，例如擔任原團體獨立的顧問或供應商。「成員資格」（membership）將成為一種特權，類似「合夥人資格」（partnership），但只承擔有限責任。這份特權專屬於少數核心人員，而他們必須履行互惠式的義務與忠誠。

一九九三年，英國廣播公司執行長被發現透過私人公司向ＢＢＣ出售節目。他所出身的商業電視圈是一個以短期契約為主的世界，所以這種做法十分平常。但在講究長期忠誠的ＢＢＣ企業文化中，這個做法被視為不當行為；雖然是同個行業，但標準卻截然不同。很多人表示，假如連公司的領導人都視自己的工作為臨時差事，如何能要求員工忠誠。

忠誠的對象

這是當前實際情況的典型爭議實例。愈來愈多專業人士自認在某個機構裡只是暫時任職。忠誠的對象首先是本身所屬的工作小團隊或專案小組；其次是所從事的專門行業或專長學科；第三才是執行專業能力所在的機構。在倫敦金融區，整組交易員或分析師集體跳槽的狀況時有所聞。企業高階的工作通常是以三年為期。高階經理人變得和醫生一樣，在發展個人專業生涯的歷程中，常常是從一個地點遷移至另一個地點。若照此趨勢演變下去，未來員工對「公司」的忠誠將是非常短暫。ＢＢＣ有所警覺是對的。

我相信，而且希望這個趨勢發展也會受到「Ｓ曲線」約束。未來，公司會希望在愈來愈短的工作年限中抓住一些關鍵「成員」。為此，他們有必要讓那些關鍵員工享受身為「成員」所能享有的一切好處；包括部分實質的所有權。這些權利在層次上必須超過目前已經實施的「股份選擇權」：只給持有人少許股權用來「下注」。新賦予的權利應該類似「合夥人」所享有的權利，如此方能使關鍵人員的命運與組織的前途綁在一起。也唯有如此，公司的成員才會有動機為了永續發展而規畫，畢竟，很少人會願意為一個由「下注客」所擁有的組織獻身。

員工分享經營權

假如企業成為自治的「成員式組織」真有那麼多好處，為什麼我們看不到許多公司採行這種模式？合作社或類似機構的數目一直不多，而且絕大多數收益不佳。合作社等組織容易混淆所有權與經營權。有些人以為，既然所有權共有，經營權也應該共享。然而，所謂民主制度，並不是每一個具備投票權的人也都應該擁有經營權；甚至有權要求對每一項決定進行公民複決。假若如此，必定會帶來混亂。日本和德國公司從來不犯這種錯誤。

不過，也有許多公司採行「員工分享經營權」（ESOP）制度，希望藉以使員工和公司利害與共。實例顯示，這項制度的實施效果相當紛歧。有些公司實施之後，員工的工作動機與奉獻精神都得到提升，但大多數公司似乎效果不彰。柯瑞．羅森（Corey Rosen）等人在美國的一項深入研究發現，在實施這套計畫奏效的公司，員工參與決策的程度都很高，皆奉行真正的「合夥經營」與「多元參與」哲學。至於員工持股多寡不構成太大影響，個股在市場上的表現也不是重點。換句話說，真正重要的是「成員資格」，而非「所有權」。假如欠缺成員意識，即使擁有所有權也無濟於事。

革新「財產」觀念

在英國，最出名的「成員身分企業」是經營連鎖店的「約翰．路易士合夥公司」（John Lewis Partnership）。這個企業「屬於」成員；他們可以按照公司利潤領取股息，選舉董事長，但將經營大任委交既有行政體系的專業管理人員。不過，他們擁有的股份全都不能轉售。那是真正的「企業社群」，卻很少公司起而效尤。

據我判斷，原因是我們過於迷戀「所有權」，不願改變對於財產的觀念。起碼在英國，我們可以把這個現象大半歸咎於法律制度。喬治．高以德（George Goyder）在《公正企業》（*The Just Enterprise*）中引用歐斯塔斯．柏西勳爵（Lord Eustace Percy）在一九四四年發表的一段頗具先見之明的評論：「這是歷來法官與政治家所承受的一項最急迫的挑戰。人類社會中，實際生產與分配財富的機構（由工人、經理人、技師、董事所組成的機構）並未獲得法律承認。法律所承認的機構是由股東、債權人、董事合組而成，卻沒有生產與分配的能力，而法律也不期待它執行這兩項功能。我們必須讓真正的機構取得法律地位，撤銷那憑空想像的機構所擁有的無謂特權。」

根據英國法律，凡能夠創造財富的組織，都必須是「某人的財產」。假如某家公司由某些人所擁有，而由另一批人為他們工作，卻又由所有者的代理人負責管理，這樣的公司具備某些與生俱來的矛盾，而我們的法律使這些矛盾更難以取得平衡。因為，無論如何在法律上咬文嚼字，共同的目標都仍將捉摸不定、難以尋得。

不過，上述「共享所有權」計畫的研究，令我頗受鼓舞。除非員工存有「成員意識」，否則他們是否擁有所有權，差別其實不大；由此也可以推定，假如公司內存有某種真正的「成員意識」，則有關所有權分享的一些技術性條件，其實不是太重要。法律往往追隨現實而非引導現實。假如我們能夠透過更多「輔助性原則」，更多「雙重公民身分」，而在我們的組織裡建立起這種「成員意識」，那麼所謂的「所有人」將會回復他們的適當身分：只有在絕對必要的時候才以所有權人的姿態出現，平常只扮演股東的角色。至於他們的正式職稱是什麼倒無關宏旨，就如日本以及部分德國公司的做法。

成員型公司

儘管如此，要讓超大型跨國企業以及其他大型組織變成「成員型公司」，仍是件難以想像的事。不過，這些機構倒很有可能被打散，成為好幾個小規模組織所形成的聯盟。資訊時代的公司，不一定要規模大才能國際化。倫敦《經濟學人》雜誌只有五十五位編採人員，但刊物內容層面與讀者群皆涵蓋全世界。《經濟學人》實際的所有權，同樣也是集中在某一位掌握董事會絕大多數投票席次的大股東身上；其他股東相對而言無足輕重。他們有一個管理理事會，負責監督整個公司的運作，只有一個信託理事會，負責保障編輯自由。《經濟學人》目前的大股東頗能替員工著想，因此整個公司頗有「成員型公司」的味道。任何造訪者都會覺得整個公司像是一家人。企業必須讓成員擁有投票權，才能建立完整的「夥伴公司」模式。

文字與頭銜的變化有幫助，即使毫無法律依據也無妨。巴西的雷卡多・塞姆勒當年決定將塞式公司變得比較像「自治型社群」時，他改稱所有的董事為「諮商委員」（**counsellor**），稱高階經理人為「領導夥伴」，而稱其他人為「工作夥伴」。如此一來，他更須力求新頭銜名實相符。在《夥計，接棒》（*Maverick*）中，他描述實施這套做法的結果。塞式公司這套做法，如果在巴西所有權法律未作變更、且經濟環境惡劣的情況下都行得通，那麼在其他地方也一定行得通。

新生活觀

改變當前各機構的結構，以及修正「企業」的意義，必將有助於清理出一條穿越某些弔詭的通路。但是，如果要發現個人生命的意義與價值，便必須親身經歷。混亂的時代也是機會的時代；因為一切舊模式正在改變。我們無須追隨上一代的生活方式。事實上，我們比他們更容易塑造自己的生活型態。工作趨於四分五裂固然令人恐懼，但同時卻提供多種新的自由。時間的弔詭意謂舊的時間結構（每週工作四十小時，一生工作五十年）很可能不再是一種生活方式。現代女性除了舊有的全部責任外，也有更多新的機會。而原本屬於女性的責任，也可能成為男性的新機會；因為舊有的責任劃分方式已逐漸瓦解。

重新設計生活

二十世紀初，五〇%的人是獨立工作者；他們不在任何正式組織內工作。二十世紀末，九〇%的人在組織內工作。在新的資訊科技輔助下，新科技不但已逐漸改變我們的工作方式，也改變我們的工作地點、工作時間，以及收取工作報酬的方式。結果產生一種針對工作的機構與公司用人方式的新思維方式。

政府對此憂心忡忡，因為工作機會似乎逐漸減少。這固然是事實；但我們要了解，由於工作變得愈來愈個人化且不拘形式，因而也愈來愈「看不到」、愈來愈難以管制。其實，當我們將工作定義為「有用的活動」，逐漸消失的是「職位」，而不一定是「工作」。如果把職位再度推回組織之內，將會產生反效果。政府愈想為工作設定適當的條件與狀況（例如，歐洲聯盟制訂的「社會規章」，反而愈會鼓勵「小公司」林立，而造成進一步個人化。很不幸，我們往往是自己最壞的雇主；任何一位還算可以的雇主都不可能加諸於員工的工作條件，我們自己卻都能忍受。我們有必要學習適應這份工作的「第二曲線」。第一曲線不會回轉。不過，假如我們願意，這也是個良機；我們有機會使工作更適合自己的品味，也有機會重新塑造「自己的雨衣」。

傳統工作逐漸消逝，時間重新切割，未來為人父母者將享有更多新選擇，而且人類壽命愈來愈長、健康情況愈來愈好，這一切在在顯示：傳統的人生大事順序（求學、工作、購屋、生子、退休）不再固定不變。「彈性生活」是如今當道的模式。

除了上述新選擇外，現代人在結束全職工作或養兒育女的歲月之後，可以有一段全新的生活攤在眼前。大多數人退休之後，都還有大約二十五年的健康時光。這可不會是「退休」的日子。我們都不願退休，而且大多數人也承擔不起退休的代價。我們會繼續工作，但進行的步調多半會改變，種類也不盡相同。不過一定要有工作，因為工作提供我們生活的架構，它是我們「個人甜甜圈」的核心。

工作、時間與生活區分方式的改變，將使我們的「社會地圖」呈現全新面貌。新地圖能提供更多選擇機會，但也增加遭遇悲慘後果的可能性。在最初階段，將會出現更多混亂狀況；目前，由於很多人渴望停留在素來熟悉的第一曲線上，因而事實上已經出現混亂。遲早我們都要學會在矛盾中求取平衡的方法，以享受第二曲線的好處。對每個人來說，這將是一種新的生活與工作方式。和其他的第二曲線情況相仿，年輕的一代最容易調整自己。我造了一個名詞叫「接合式生活」（spliced lifes）；年輕一輩會有機會在同一個「接合式」的生活空間中，過著好幾種不同生活。對長一輩的人來說，人生的「第三階段」將有機會經歷某些他們曾經期盼而未能實現的生活。抗拒潮流愚不可及。

第十章

虛擬辦公室

無論在組織內或組織外，今天的工作已與往昔不同。時間的弔詭再加上工作具有的變異性，迫使我們對工作與時間的整體概念重新思考：什麼時候工作？在何處工作？如何工作？以及為何工作？

消失的辦公室

我曾在亞特蘭大（Atlanta）會晤一位記者。我們在她凌亂的書桌前交談；這張書桌是在一間可容納兩百人的大辦公室中央，室內人聲嘈雜，打字聲、聊天聲、電話聲不絕於耳，而且煙霧迷漫。我沒椅子坐，只好坐在她桌上。我說：

「這不是一個好的工作環境，你不在家工作嗎？起碼可以有一部分時間在家工作吧？」她微笑中略帶傷感說：「我從來不曾如此。當然我也可以在這裡完成大部分工作；但如果我可以在家中工作，工作環境更沒有干擾、更安靜，還省下通勤時間，我可以做得比現在好很多。而且，假如我需要進辦公室，隨時可以進來，至於工作的執行，只須透過電話即可，像我目前用桌上這具電話聯絡一樣。」我問：「那你為什麼不這樣做呢？」她指著坐在辦公室盡頭處兩片大玻璃窗後面的兩位副總編輯說：「他們不肯。」她說：「他們喜歡我留在他們看得見、吼得到的範圍內。」

總有一天這些人會了解，任何辦公室，甚至包括編輯室在內，都沒有必要設計成工廠的模樣。亞特蘭大這家新聞機構為了便於監視與吼叫而必須付出更大的代價，這並不值得。我們雖然都需要有個工作地點，以便上班、開會、交誼、聚會等，但我們不再需要成天待在那裡。當然，如果你必須在那裡服務顧客或客戶，那就另當別論；例如，擔任商店售貨員、櫃台接待或教師、醫生、餐廳服務人員等。這些人員其實本來就沒有辦公室、沒有屬於自己的私人空間，他們的工作地點就是服務客戶的場所。未來會逐漸消失的辦公室，就是那些具有私人空間性質的辦公室，同時某種既有的生活方式也會隨之而消失。很多人會為這一切的消逝而哀傷，但在一個一切講求實際的新時代，傷感與念舊情懷無法再如過去一般占據人心。

新組織契約

我們有必要重新思考組織契約的問題，包括企業組織的定義、我們對組織的期望，以及我們打算為組織付出什麼。這些講究實際的新公司和舊式企業大不相同；社會再也不能指望新型態的公司會和舊企業一樣，提供每個人生活與生計的一切所需，或指望它們繳稅或支付退休金，即使經濟景氣繁榮時也辦不到。辦公室或工廠不再是每一個人每日離家前往的固定場所。生涯的意義，也不再是在組織內順著職位的階梯往上爬。因為未來的階梯頂多只有三或四級。我們再也不能預期自己會把一生十萬個小時賣給同一個機構，工作職稱再也無法明確的顯示出實際狀況。

我們對企業組織的看法必然會有重大改變。它將愈來愈名副其實：不僅是「雇用者」，也是「組織者」，而且後者的角色日益加重。新的組織都是「極簡主義奉行者」，我們從一些統計數字上可以看出端倪：大機構的人員大幅減少，小機構的人員增加；個人工作者也增加；不幸的是，也有更多人離開組織後找不到工作，因為他們欠缺無論組織內、外皆不可或缺的專業技能。不管未來景氣好壞，情況都不會有太大差別。一九八五年至一九九〇年英國景氣較佳的時期，製造業產值增加近一九%，但從事製造業的勞工人口卻減少五%左右，在經濟衰退時則減少更多。如今同樣的狀況輪到服務業，而他們的生產力問題直到最近才受到正視。前面提過，一九九三年，英國在職員工或正在尋找工作的人，只有五五%從事或尋找在組織內的全職工作。在美國，這個比例是六〇%。其他國家比例稍高，但也都正在降低。英國在這件事上領先純屬偶然。在不久的未來，確確實實在某個機構內擁有一份正式工作的人將成為少數。到那時，世界的風貌一定和現在不同。屆時，每個人都會做些什麼？會怎麼樣過日子？用個隱喻來說，未來的人將會如何填滿自己的「雨衣」？

隨著有能力且有意願工作的人口愈多，這一切變化正逐漸發生。目前的青少年人數約比十年前少了二五％，但必須切記，曲線向下之前有一個高點：現在三十幾歲的年齡層人口非常多，而且這批人在未來二十幾年之內仍會爭取工作機會。工作人口結構固然趨於老化，但總工作人口不斷成長也是事實；由於許多三十幾歲的已婚或離婚婦女希望重返就業市場，使情況更加嚴重。預估一九九〇年代英國勞動人口可能會增加一百萬人，同期美國預估將增加一千兩百萬勞動人口。不過，由於這些人不見得全都是受雇者，這一點將使情況有所不同。大多數人過去習慣的生活方式未來將會消失。企業組織仍將在世界上占有關鍵性重要地位，但它將扮演發起人的角色，而非雇主。

鑽石與泥巴

未來，隨著甜甜圈原理開始廣為流傳，而且企業組織紛紛完成「重新設計」

與「改造」，組織內部也開始發生變化。以往，組織甜甜圈內部的「空間」幾乎全部都已預先決定。事先指定的「核心」內，填滿大多數的職位。那段日子裡，最流行的做法是讓組織盡可能「可以捉摸」。組織設計得像火車時刻表，期望每個人像火車司機一樣，只需要做兩件事：按鈕，以及確保火車按照預定路線行走。這種做法很有效率。在這種做法下，向下授權太多不但會妨礙事情推展，還會引發一些無法預測的連鎖反應。沒有人會因為要求火車司機發揮創意，或期待他為了縮短行車時間，而略過一兩站不停。

在科學上的「混沌理論」或較新的「複雜理論」出現之前的日子，情況便是如此。在以往講求實際的「組織世界」中，牛頓的古典科學觀十分風行。在那個時代裡，每一件事都必須可以解釋，而且需有一套規則；人們認為，在一個井然有序的世界裡，萬事都應預先規畫與評估；人類社會是一個有條不紊的體系；假如人人皆做好應該做的事，萬事都可運行順利。然而，由於人類教育程度逐漸提升，而且人力愈來愈昂貴，今天我們若把人當成「自動化機器」，實在沒有道理；讓那些受過良好教育的人在工作上僅享有極少的自主空間，也同樣沒有道理。「甜甜圈」的內圈已經逐漸縮小，外圈逐漸擴大，兩者之間的空間擴大了。日產汽車（Nissan）英國廠執行長伊安．吉布森（Ian Gibson）曾告訴倫敦商學院（London Business School）畢業班學生，他最初主修物理，他說：

我習慣使用科學家的觀點來思考問題，以探討組織問題而言，是以結晶體（crystalline）與非結晶體（amorphous）結構的差異來思考。舉例來說，辨認結晶體結構最簡單的途徑是觀察鑽石；而泥巴則可能是最普通的非結晶體物質。典型的西方式組織是「結晶體」；稜角清楚明確，每一個「面」各有它的形狀，面與面之間有明顯的連接處。當前的英美企業組織可與此相比擬：角色與責任規定得相當明確；組織內不同單位的界限劃分得相當清楚；各單位之間的關係明白而固定。

對照之下，日本的企業組織比較像泥巴。它們的結構模糊得多；責任與功能的劃分不明確，而且經常處於變動狀態。再回頭比較，鑽石既清澈又堅硬且形狀明確，泥巴則是含混模糊且形狀不定。不過，泥巴有個無以倫比的優點，它可以輕易塑造及改變形狀，而且對於外來力量與外在環境具有彈性調適與反應的能力。當前的一切組織都必須愈來愈快速且輕易的改變。也就是說，組織的建立應該以人的才能為基礎和中心，不應該貪圖刻板的角色更容易識別，因而限制人的能力。

對企業組織而言，現在是廣泛應用甜甜圈原理在大多數工作上的好機會；它們可以設計一個由好幾個泥巴甜甜圈所組成的結構，形成一個連鎖的雙重圓圈體系。每一個甜甜圈的內圈（核心）及外圍邊界，皆明確規定且嚴格控制，但介於兩個圓圈間的部分則是尚待發展的空間。在一個散漫的組織裡，假如經營者無法管理種種不可避免的矛盾，雙重圓圈體系也許不失為一劑解決無政府狀態的妙方。個人與團體可各自運用空間，以獲得個人的滿足，但他們的所作所為卻未必合乎組織的利益。於是中心會爆裂，核心再度擴張，個人則因可供支配的空間縮小，而心生怨懟；管理者與被管理者相互不滿導致士氣腐蝕。假如大家對於工作的目的與組織的目標有明確的共識，則甜甜圈愈大愈能發揮功能。

未來，我們將看到愈來愈多的專案小組（project team）或特別任務組（task-force）、小企業單位或工作群、工作小組等，都是吻合甜甜圈組織原理的組合方式。這些小團體將隨著組織需求的變化改變型態與成員。每一個人都可以同時為一個以上的工作小團體工作；因為，多重成員身分乃是甜甜圈組織的特色之一；同一個人可以在某個小團體內擔負實際作業上的責任，而在另一個小組擔任諮詢顧問，又在另一個小組負責臨時性的專案任務。這一切會使生活更精采，但卻遠比先前難以預測捉摸。舉例來說，企業組織不再能保證可以提供確定的生涯發展路線，而只能提供一些「生涯機會」。

流動式矩陣組織

檢視廣告代理商的做法，可以看出未來人類工作的大致模式。廣告公司通常將人員分為幾個「專長群」與「任務組」，這是兩種類型的甜甜圈。「專長群」分別由專家、創意人才、規畫人才或負責媒體安排的人員所組成。再從各個

「群」裡把人抽調到各個不同的任務組，根據某個特定客戶或產品的要求工作。同一個人可以分別為幾個不同的任務組工作，而各組的成員也會隨著工作需求而改變。這是一種「流動式矩陣組織」。顧問公司的做法也是這樣，此外還有醫院的病房或手術小組也是，從概念上來說，它們全都是「甜甜圈」；而它們的成員是從其他的專業人才甜甜圈抽調而來。它們都有一個塞滿明確規定的「核心」，但也都留有一片創造與改善的空間，而且通常空間頗大。人員素質愈好，空間可以愈大。

舊的管理語彙似乎已不再貼切。事實上，它在某些領域從來就不妥適。例如，專業組織、醫師、建築師、律師、學術界幾乎不用「經理」（manager）這個職稱。不僅因為他們自視甚高，不屑用這種他們認為不夠專業的職稱，更重要的理由是，他們直覺認定，專業人員一向根據「甜甜圈原理」行事。他們有必要如此；因為每一次任務都有少許不同，所以必須建立某種彈性與獨立性。同時，由於專業規則與訓練上的種種要求，因此有可能這麼做；也就是說，每一個專業人員都可以確信同事在兩個圓圈之間的空間所做的事應該都不會有問題。當每個人都知道目的是什麼，也知道標準在哪裡的時候，甜甜圈就能發揮良好作用。

走向多元工作的組合

總勞動人口當中，約有四成屬於「組織外工作者」（其中多數人是在不情願下成為獨立工作者）；對他們而言，這種工作型態的轉變令人困惑。因為這種工作型態也許是未來的主流，但迄今沒幾個人願意當開路先鋒。不過，已經有一些這類趨勢與觀念開始出現。當企業組織紛紛調整結構，把自己轉化為「最小化組織」的型態時，它們同時將回歸過去的做法：買「成果」而非買時間。這等於是不再以時間決定價格。目前有許多公司自雇法務人員，但未來的最小化組織將採行按個案付服務費的方式。專業人員或專門技術人員一向是以案件收費。未來，每筆費用皆會將時間因素考慮在內，但工作品質、聲譽、可靠度也都將列入計價因素。作家約翰．羅斯金（John Ruskin）曾經控告藝術家雷克斯．惠斯勒（Rex Whistler），指責他繪製人像急就章，卻收取超額費用。法官問惠斯勒到底花多少時間畫這幅人像，他答道：「十分鐘，再加上一輩子的經驗累積。」消費者支付費用是根據產品的品質，而不是根據提供產品者所花的時間。

愈來愈多個人的做法和專業人員的做法一樣：收取費用，而非領取工資。他們發現自己逐漸走向組合式工作，或者是走向多元式工作。在前面的章節中我曾指出，所謂「走向組合化」意謂放棄全職工作以換取獨立。所謂「工作組合」是針對不同客戶的不同工作集合。「工作」如今的意義等於「客戶」。我的妻子是人像攝影師，她隨時都有一大堆「工作」來來去去。幫我修房子的工人也是如此。在我的兒女完成學業前夕，我曾告訴他們，找工作時應抱持找顧客而非找老闆的心態。在未來，當他們下定決心投效某個固定組織，出售部分時間給他人時，如果能找到願意為他們的工作成果支付報酬的人，這種心態才是打動老闆的最佳條件。在這種情況，他們得以在自己的選擇下，走向組合式工作。但其他人卻是在公司硬把他們擠出組織之外時，才無奈的走上這條路。假如他們夠幸運，舊東家會成為新的工作組合中第一個客戶。

看成果，不看時間

最重要的一項差異在於：如今價格取決於成果而非時間。我讀過一個令人羨慕的故事；兩個男人在倫敦某家夜總會巧遇並交談，其中一個人來自中東，他要尋找一項解決當地嚴重灌溉問題的方法。碰巧這位和他交談的人認識一位女士，這位女士經營的公司，恰好能解決這位中東人遭遇的問題。這位幸運的仁兄於是獲得五百萬英鎊的介紹費。他獲得這份報酬，與花費的時間多寡無關，而是因為他掌握某種關鍵性的重要資訊；這倒有點像前述畫家惠斯勒的情形。並不是每個人都像他那麼幸運，或像他有那麼良好的關係，但這個原理可以適用前述原則。價格的訂定是根據成果，而非時間。

反過來也說得通。像我撰寫這本書，假如出版商根據全國平均工資按寫作時數付費，我可能要發大財。可悲的是，他們並不考慮我所花費的時間，而是根據他們評估這本書在市場上的合適價錢而定版稅。因此，我廉價的把自己的時間賣給自己，而寄望這樣的投資會是值得的。據我所知，很多作家就是這樣餓死的！

儘管如此，實際的情況是，如今最關鍵的要素不是時間，而是智慧。

專業人員，亦即各種類型的「知識工作者」，顯然有資格成為組合式工作的奉行者。製造或修復東西的人同樣也是；包括傳統的水管工人、建築工人、木匠、電工，以及新興的各類中間商如代理商、仲介商、會議籌辦業者、房地產業者、旅遊業者。目前有一些新興的服務業，通常以一、兩個合夥人為核心，再加上一群特約兼職的後援人馬，如廚師、司機、園丁、醫療人員、語言教師、兒童看護、寵物看護、房舍看護、清潔工等，據說甚至包括專門更換燈泡的人。此外，也有各種新式與舊式工匠，如陶瓷工、織工、麵包師傅、畫家、作家、軟體設計師、攝影師等。

翻閱任何城市的電話簿，都可發現到組合式工作世界的存在。這些人收費的依據是工作成果，而非花費的時間。事實上，他們工作時數與勤奮度皆超過一般受雇者。然而他們卻擁有較多的自由，可以自行選擇以不同的方式分割時間。所以現在要緊的是如何利用時間，而不是使用多少時間。假如你能以這種方式利用時間，這便是一種自由的形式。凡是從事計時收費的人，唯有拉長工時才能賺更多錢；然而，凡是根據成果收費的人，都是靠提升工作品質而非延長工時而致富。以往，對某些活動來說，這個道理便一向是真理。現在，這個道理更有可能適用於幾乎每一件事。能幹的園丁報價時，會以完成花園修剪工作的包工方式計費，而不會按工作時數計費。聰明的人都會選擇接受包工制計價方式，因為在這種方式下，承包人有義務妥善利用自己的時間，而不需由我們來督促他善用時間。

科技的進步讓愈來愈多人得以從事組合式工作。許多企業組織已經逐漸承認這種可能性。它們甚至將所謂「看成果不看時間」的原理加以延伸，使其適用於本身內部作業上。他們對某些單位、小團體、個人的看法，愈來愈像往昔農夫或商人的工作方式：某月某日以前必須完成這件事；你要以任何方式完成，但必須準時完成，而且品質要合乎標準。這就是所謂「輔助性原則」的實踐。它所顯示的意義則是：即使在組織內部，人們也可以享有更多自行決定如何分割時間的權力。假如他們希望分割的等份少一些，而讓每份大一些，也完全可自由決定。

時間銀行

隨著這種做法日趨普遍，全職工作與兼職工作主要差異將在於權利與名分，而不在於時間。我相信，未來無論在法律上或實質上，全職工作者與兼職工作者的權益，都會根據比例而獲得公平的保障；因為兼職人員不再是工作場所編制外的「邊緣人」，他們會要求獲得更多公平合理的待遇。《馬斯垂克條約》（Maastricht Treaty）的「社會規章」是歐洲朝此方向發展的例證。無論如何，凡是思想前瞻的公司未來都會這麼做，因為他們希望緊緊抓住愈來愈多的「周邊工作者」。假如這些兼職工作者繼續被冷落在一旁，他們將缺少忠誠，而對公司構成危害。

茱麗葉．修爾（Juliet Schor）認為，那些仍然買時間而非買成果的組織應該計算清楚，到底打算購買多少時間，並且說明如果超時工作，公司打算如何以時間作為補償？如此一來，每個人實際上都將在某份一年期工時契約下工作，或者頂多稍作變化。有些人喜歡工作長一些；比較特別的人甚至會簽約同意一年工作三千小時，或每週工作六十小時，或每兩週休息一日。一般人則會同意傳統一年兩千小時的工作時數，或比此還少。員工如果前一年工作超時，有權要求在次一年獲得補償。當然，工作總時數以及補償時數的計算，也可以用每月或每半年為基礎。超時工作可以採取減少工時的方式加以補償。

賀韻芝稱這個原則為「時間儲蓄」。我們逐月逐年所積存的「時間存款」，可以日後提領。實際上，我們可以將和現金等值的時間，逐週存入某個退休基金內；根據現行法律，這麼做將可享有免稅優惠。當金額累積到足夠數目時，可以將它提出，用以替代某一段時間的工資。挪威已擬訂草案，打算准許人們反向而行，亦即以未來的收入換取現在的時間，就像貸款一樣。假如我想請假六個月回家照料家務，可以日後以薪水打八折的方式償還。我比較希望能設法用時間償還時間，而不要牽涉到金錢的因素。但我承認，這麼做實際上會有困難。

女性的職場前景大好

「時間儲蓄」的觀念無論以何種方式付諸實施，都將有助於解決許多企業組織與職場女性所面臨日趨嚴重的兩難困境。

隨著組織走向極簡，核心成員也跟著組織改採較難以捉摸的「1/2×2×3」模式。核心分子的薪水提高，但工作負擔也加重。一年工作三千小時或每週工作六十小時的情形並不罕見。任何組織只要「購買」我們超過一年，就會變得更貪心。組織需要教育程度高、技術好、調適能力強的人才，需要同時能承擔多項任務的人；需要比較肯做事情，而不在乎職位的人；需要關心權力與影響力甚於地位的人。他們所要找的人，必須既重視推理分析也講究直覺本能；既強悍又溫柔；既專注又友善；總之，是個能夠處理這一切「必要矛盾」的人。因此，他們希望盡可能多雇用女性員工。

多雇用女性的理由是女性不僅占我們社會上受過良好教育人口的一半以上，也比較可能表現出前面列出的各項特質。男性固然也具備這些特質，但幾個世代以來，男性在家庭與工作場所中所被設定的角色，強調的是目標單一、一次只做一件事、階級與正式權威、剛強勝過溫柔、理性重於直覺。反過來說，好幾個世代以來，女性一直扮演推動事情、完成事情的角色，無論有無正式權威皆是如此。他們要操持千頭萬緒的家務，也要根據不充足的資訊做決策，而這一切都必須面對無盡的變化。他們必須一下子扮演嚴厲的風紀人員，一下子又扮演慈愛的母親。雖然並非所有女性都能把這些事情做好，但很少男性在這方面能夠像女性一樣經驗豐富。

所以，組織需要能幹的女性擔任核心工作；之所以會這樣，社會正義固然是項必須顧及的重要理由，但卻不僅如此，更重要的是因為許多女性所具備的特質與態度，乃是新的扁平式彈性組織所需要的條件。假如組織拒斥女性，將會妨礙未來的發展。但目前許多組織卻都在做一件危險的事：排斥女性。既要每週工作六十小時，又要照顧家庭，兩者難以兼得，許多女性因此連試也不試。英國管理研究中心（Britain's Institute of Management）一九九二年所做的一項調查發現，在他們的樣本中，八六％的男性行政主管有小孩，但只有四九％的女性主管是為人母者。

有人說，每位職業婦女都應該如男性一般有一個「賢內助」，特別是如果她有小孩。某些婦女比較幸運，他們的另一半是「家庭煮夫」，也是全職爸爸。但其他人就必須把這些角色委交保母、傭人以及托兒所。對他們而言，組合式生活由於可以不斷創造各種可能性，因此對於工作與家庭的結合，會有較大的彈性與自由。不過，他們往往比較希望以某種方式留在組織核心，或者起碼在小孩稍大時可以有機會重返核心。組織如果讓這批人才流失，可能難以承受後果。透過「時間儲蓄」，以及重視流程配合勝過功能配合的「組織再造」，可以創造出某種合乎這些女性需求的彈性做法。如果有機會以自己的方式完成工作，而不須嚴格遵守時間表，再加上有權利儲蓄或分割自己的時間，當學童放假時家長多半也恰巧是不用到辦公室的時間，那麼將有更多的婦女可以在孩子年幼時，在組織核心中維持某種實質角色。

其他做法可能也會有助益。組織可以重新調整時程，使全部例行會議的時間固定在每週的某幾天，例如星期四與星期五。目前，會議仍然是各組織最重要的活動，而前述安排可以讓人每週有一部分時間不到辦公室，卻不會錯過會議。遲早我們必須找出辦法，可以不必透過會議而能管理好分散式的組織；不過在此遙不可及的日子來臨之前，我們至少應該設法讓那些會議中缺席的朋友不至於成為邊緣人。當然，我們隨時可以透過電話與電子設備保持連繫，但是如果重要會議老是在第五天舉行，那些每週只上班四天的人一定會覺得不是滋味。事實上，各機構目前只有遇到真正緊急的狀況，才會在周日舉行會議。它們有必要重新安排時間，將週日不開會的原則擴大應用。

工作聯誼會館

如前所述，各企業組織目前正將辦公室的一部分變更為「工作聯誼會館」。未來所有「外圍員工」隨時可以自由使用「聯誼會館」，而且會有專屬個人的活動式電腦辦公桌，可以隨時拉出來、插上插頭、輸入資料，迅速接通各個系統，而且立即有自己的電話分機號碼。IBM以及一些電腦能力較高的公司已經開始這麼做。有一些小型電視製作公司由於辦公空間有限，再加上大多數人員大多數時間都在外工作，也已這麼做。

在這些「聯誼會館」所舉行的一切例行會議，都會安排在某幾個特定的「開會日」；其他時間如要知道每一個人的行蹤或正在做些什麼事，則需要透過電話、傳真、電子郵件或語音郵件聯繫。假如大多數行政主管都面臨這種情況（未來趨勢如此），則區分全職人員與兼差人員便不再有意義。

員工領取薪酬，將根據公司所要求他做的工作型態與分量而定，可以說是一種「內部計價」。此後，他們必須比以往更費心支配自己的時間。他們可以奢侈的用，也可以節儉著用；不管怎麼用，薪酬都一樣。我們必須根據產品計價，而非按時計價。未來，時間分割將更有彈性。

雖然重新省思工作時間的問題並無法消除現存的各項困難，但這麼做可使困難變得比較有辦法管理。新的做法下，個人必須承擔更大的責任，以換取更多的獨立。如果要公平，企業組織對於按年或按月計酬的員工，不應有過度期待，而對待按小時計酬的員工也不應該太苛刻。不過，要雇主做到第二點，無疑需要有法律措施加以鼓勵；雖然所有的實例顯示，在一個講求知識的行業中，只要給予員工發揮的機會，工資愈高的人可以創造出較高的附加價值，可是雇主通常還是喜歡廉價勞工。

第十一章

人生四季之美

「過生活時，應假定自己明天就要離世；但是做計畫時，卻要假定自己會長生不老。」這段箴言非常有用，人們對它的理解，也隨著年代推移而改變。我們向後看得多遠，向前就看得多遠。

我的兒女小時候吵鬧不休時，我總會安撫他們，告訴他們只要安靜一下午，隔一個禮拜一定帶他們去玩；但他們往往不買帳。因為他們無法把兩件事連結在一起。後來我逐漸了解，對一個小小孩而言，一星期的時間可能占掉他全部記憶的二〇％。這好比要求一位六十歲的人在規畫今天所要做的事情時，也把十五年後的情況納入考慮一樣。年輕人活在「現在」。那是他們有樂趣的一部分。這也是他們問題的一部分，因為處於當今這個複雜的世界，似乎愈來愈難完完全全找到我們所要的那種平衡狀態。事實上也沒有必要如此。

如今，我們可以彈性調整傳統的工作四階段，以及四種不同的工作類型。我們可以將這些階段或類型安排成多種不同組合；亦即按照我們的意思，把生活的組成元素重新排列，再接合成某種不一樣的生活。

古印度經文中將人生分為四個階段：學習階段、持家階段、退休階段，以及無所愛憎的最後階段——托缽僧侶（sannyasin）。其中竟沒有一個階段與工作或職業有關，莎士比亞再給它添加嬰兒期、戀愛期、從軍期，而成為七個階段。一九七〇年代蓋爾．希伊女士（Gail Sheehy）在暢銷書《人生變遷》（*Passages*）中，又將人生劃定為四個階段，這回是以十年為單位：二十至三十歲是嘗試期，三十至四十歲是捕捉期，四十至五十歲是孤寂期，五十至六十歲是復甦期（或聽天命期）。這樣聽起來似乎不是一種快樂人生，壽命似乎也不太長。丹尼爾．列文生（Daniel Levinson）約在同時寫了一本《男人一生的四季》（*The Seasons of a Man's Life*），他也贊同將人生分為四個階段，但也是終止於六十歲。另有一點也頗遺憾；他的訪問對象僅限男性，而且都是七十幾歲的老先生。希伊的書有個副標題「成人生活中可預測的幾種危機」，事實上這些人生階段似乎都可以事先預測，只是細節隨時代變遷而有所不同罷了。

改變人生序列

不過，上個月我分別巧遇幾種不同類型的人，他們提醒我，改變人生序列的自由空間，其實比我們所想的還大。有位現年三十八歲的快樂祖母佩琪，她十八歲生第一個小孩，而這個小孩十九歲時又生了個孩子。佩琪說：「我現在白天照顧小嬰兒，好讓我的女兒能從事我過去從來沒有機會做的事，她現在在社區學院學設計，而她老公外出開卡車。」

莉佳比佩琪年長兩歲，是個律師。她目前懷第一胎進人第四個月，因為她決心在四十歲以前開始家庭生活。她說，未來要離開目前這份頗感興趣的工作，內心一定會有掙扎。但她已決定當個全職媽媽，而且期盼這一天早日來到。她丈夫不太確定生兒育女會對他們目前的安適生活型態帶來正面或負面的衝擊，但他不打算改變目前的生活模式；他是一位跨國金融家，有一半的時間搭機奔走於世界各地。莉佳說：「我們就看著辦吧！」

傑夫是另一個不一樣的典型。他三十七歲時就「退休」。因為和妻子離婚，他要撫養孩子長大，因而移居到英國西部鄉村的一間農舍，並將從前在倫敦所住的小套房出租，靠收取租金度日。「照顧小孩比整天開會有成就感得多了。我真的很喜歡當父親，而且我覺得自己變得比以前親切多了。我已經開始接觸金屬工業技術，等我的兒子上學之後，我就要做這方面的生意。」

七十五歲的金恩勳爵（Lord King）先前卸下英國航空公司董事長職務，改任兼職的主席時，曾大聲咆哮：「誰說我要退休？」他也許每週只到公司兩三天，但他會需要一個新的空間，可以投注時間於其他活動上。

多樣化工作

我們每個人周遭也許都找得到這類「人生很有彈性」的小故事。四十歲首次為人祖母或為人母皆可；三十九歲或七十五歲「退休」皆可；當不當全職父母皆可。不過，這些人所做的一切，其實是各自以不同的方式，賦予他們所從事的「工作」新定義。「工作」指的是「有用的活動」，它以四種面貌出現。首先是「受薪工作」（paid work），不管是按時或按成果計酬皆屬這一類。其次是「志願工作」（gift work），不支取酬勞，包括為社區、慈善團體、運動社團或政黨所做的志願服務皆是。

再來是「家庭工作」（home work），包括維修房舍與照顧家中老小。英國的保險公司在估算配偶的「替代費用」時，為了計算保險金，而稱之為「家務經理人」。根據估算，一九九三年，英國「家務經理人」的平均收入應為一萬八千英鎊，比當年全國平均收入還高。所有女性都會同意，這是項不折不扣的「工作」。第四種類型則是「學習工作」（study work）。在知識掛帥的時代，獲取並開發智慧（新形式的財產）不但是必要的投資，也是項艱巨的工作。我們不該將其貶低為「休閒活動」，或認為學習是某種只有在人生最初階段才有必要去做的沉悶乏味之事，過了最初階段後便沒有必要再去做。

完整的「工作組合」

這幾種不同的「工作」都很重要。如果英國政府正式承認志願服務與學習活動也都算是「工作」，就不會再有任何法規阻止未受雇者進行全職學習的工作，或阻止他們每週從事慈善活動超過十六小時，只不過因為理論上而言，做這些事情會使他們「沒有時間工作」。將來的認定是，他們其實就是在工作。平衡的生活是由這幾種不同的工作類型混合而成。完整的「工作組合」應該是在大多數時間裡每一種類型的工作都各有一些。不過，隨著人生的發展，組合方式會不斷改變，而且改變組合的自由，比我們想像的還多。

就如印度古經文一樣，我也將人生分為三個活躍階段，再加上一個預備死亡的階段（我們不能刻意漠視這個階段）。「學習」、「持家」、「退休」這三個詞，都無法正確描述當前世界的階段劃分實際情況。現代人壽命比較長，也有更多事情可能發生。女性到了五十幾歲仍能平安分娩。當父親更容易；六十幾歲還能建立新家庭。我們這一代七十歲人的健康與身材，和上一代五十歲的人差不多。因此，假如「退休」的定義如字面解釋，指的是「從任何一種活躍的工作上抽身」，它便是一種可以改變的狀態。「持家」（與管家）雖然仍然是必須做的工作，但無法以此描述整個人生中期階段的情況。當前八成以上婦女從事某種有薪的工作，雖然大多數「家務工作」，如打掃維修、照顧家人，仍落在婦女的身上。

人生四季

我所劃分的人生四階段是：

一、第一階段是生活與工作的準備期。這個階段所經歷的事包括接受義務教育與高等教育、獲取各項專業資格、在他人指導下從事工作，以及探索故鄉以外的世界。「成型」（formation）這個詞頗能貼切描述這個階段。這是「形成」（forming）某一個人的階段；其中，正式的學校教育只是「形式」工作的一小部分。

二、第二階段是「主要奮鬥期」。不論所奮鬥的是從事有薪工作，或親職，或其他家務工作。

三、第三階段是生涯後半期的開始。雖然也有可能是第二階段的延伸，但更有趣的可能性是：展開與先前迥然不同的全新生活。悠閒退休、無所事事不再是個實際的選擇。

四、第四階段是依賴階段。

每個階段大約二十五年，但對許多人而言，第三階段或許會延長至三十年以上。一直要到第四階段開始，亦即當我們進入「等候死亡的休息室」時，第三階段才告結束。我們當然希望盡可能延遲第四階段的到來。

第一階段

每個階段的成敗皆與前一個階段息息相關。第一階段如果成功，第二階段成功的可能性便較大，也有助於增加第三階段的選擇機會。因此，假如我們希望整合利用人生三階段中的各種機會，以創造某種累積式的人生資產，就絕對有必要把人生視為一個整體。我們必須記住，大多數人如果在第一階段沒有死於車禍與毒品，多半可以活到七十幾歲，甚至八十幾歲。然而，最困難的一件事是進行超越本身經驗範圍以外的思考：例如在我們才二十歲的時候，就要我們想像五十歲以後的好日子，或四十歲以後的性生活，實在有點不太可能。

●生活與工作的準備期

社會中的長者有需要為年輕一代鋪路；一方面讓他們能夠更容易把人生看成一個整體，同時也要盡可能避免他們過早開始為未來而拚命工作。前面提到，列文生為了寫書而訪問四十位年長男性，他們都認為人生自二十八歲左右開始嚴肅起來，而在此之前的四、五年間是所謂「生手期」或「實習期」。現代人生理上也許稍微早熟，但我懷疑有多少人願意早早展開嚴肅的生活，或比以前的人更早開始在工作上卯勁奮鬥。

基於這個理由，我們有必要將第一階段設定為二十五年。目前，專業階級的第一階段已經是這般長短；這批人是擁有高度技能的「知識工作者」，他們占社會總人口的二成，收入卻占社會總收入的六〇%。他們通常在大學畢業後，直接經歷一段學徒期，或先花一段時間取得某項專業資格後，再回頭經歷學徒階段。在德國，要到二十七歲才能完成這段過程；假如想取得博士學位，更要延長到三十一歲。如果我們想把新型的「財富基礎」，也就是知識與智慧，鋪得更寬廣、更穩固，便需要延長「形成期」。如果縮短這段期間，我們的新型財產可能也會按比例減少。

我常覺得像我們這些「抽象符號分析家」（symbolic analyst）很奇怪；一方面為那些年屆十八仍不積極找工作的懶惰蟲感到悲哀，一方面卻擔心自己的小孩在這個年紀就積極投人工作。我們會厲聲對兒女咆哮：「你不唸大學了嗎？難道你不想在定下工作之前，多看看外面的世界？」假如我們希望整個社會產生更多智慧財產，便應該對所有人都採取相同標準，並且應該找出更多方法，讓這個第一階段預備期的內容對所有人都有益。對社會而言，如果能及早花錢培養各階層的年輕人，會是一項比較正確的投資。因為這也許會使他們到了第二與第三階段時，更具有自力更生的能力。因此，我們若吝於在第一階段投資栽培年輕人，日後便要花更多的錢、更長的時間扶助其中許多人。

第二階段

第二階段是嚴肅奮鬥期。對不少人來說，這意味著要在職務上盡心竭力；對某些人而言，則是要辛苦照顧子女；但大多數人所承擔的，則是兩種類型「工作」的混合。在這個階段，有必要重新思考時間的問題。我們很容易掉入其他人所設下的時間牢籠內；這個牢籠也許是雇主、學校、例行逛街購物的時間，或父母的職責。隨著「壓縮式生涯」（compressed career）現象的出現，許多人的第二階段也大幅縮短，而導致牢籠更顯侷促。

如前所述，一般受雇者不再能預期自己一生連續工作四十五年或五十年（總計約十萬小時）。對於位居核心的人而言，假如他們運氣好而且跟得上步伐，這受雇者十萬小時的工時也許要壓縮至三十年。因為，有些人不願這麼做，有些人無法勝任，更有些人會精力耗盡、蠟炬成灰。即使組織能夠發揮更多創意，重新思考時間問題，而給予員工更多權力控制自己的時間，還是會有人為了公司而「蠟燭兩頭燒」，最後成為灰燼；因為未來求取工作表現的壓力會更大。一位資深職業婦女說：「假如我不準備投注全部的時間，便不可能把這項工作做好。」

對大多數人而言，第二階段是個不太均衡的階段。有些人花太多時間操持家務；有些人花太多時間賺錢；花在學習或志願服務工作上的時間太少；有人失業時間太長；有人沒有時間拋開工作。很多人都知道不應該只顧向前猛衝，而應該注意生活品質，並設法在我們的時間與工作之間重新取得平衡。但說來容易做來難。我們身陷牢籠之內，動彈不得。有些人的牢籠是他的工作場所，有些人的牢籠則是他的家。為了完成某些非做不可的事，我們每個人全都成了囚徒。假如我們真有這種感覺，便必須提醒自己：我們不要被終身監禁。

第三階段

晚近一項重大變化是，步入第三階段的人逐漸增多；對許多人而言，這會是人生最長的階段，但弔詭的是，它也是一般人準備最不充足、最無法面對的一個階段。由於我們的父祖輩未曾有過類似經驗，因此雖然我們明知道每一代各有不同的人生歷程，卻未能預期這一切的發生。

第三階段並非退休的同義詞。一般所謂的退休期開始得太早，變得失去意義。未來，某些人的第二階段將延伸到六十多歲，某些人甚至可以延長至七十多歲。但這些人是例外。有些婦女會發現，永遠不會出現「空巢期」；因為子女長大離家之後，年邁父母會取而代之，遷入同住。隨著新的「壓縮式生涯」來到，大多數人會發現，第二階段的主要工作將於五十幾歲甚至更年輕時就告結束。至於那些二十幾歲就達到事業顛峰的證券交易員，他們的情況會如何，似乎無人知曉。有人說，游泳選手的顛峰年齡是二十歲，網球選手是三十五歲，我認為這種說法並非歧視年紀大的人。同樣的，有人說，軍人到了四十幾歲，衝鋒搶灘的作戰能力往往不如從前；創意十足的導演在接近中年階段時，創意往往會減弱；新聞記者到了四十幾歲時，必須轉任專欄作家，否則就得離開這一行；這些說法並不是歧視年長者的論調。他們不應該絕望。第三階段無論開始得早或晚，都是一個改變工作組合內容的契機，而非從此完全停止一切活動。舉例來說，有些婦女也許希望在第三階段提高有薪工作的比例，而他們的配偶卻反而希望或是被迫減少有薪工作的比例。

四根財務支柱

未來，幾乎每一個處於第三階段的人都必須從事某種有薪工作。而基於需要，每一個人最後都會成為組合式工作者。但迄今為止，無論社會、組織或個人，對於該如何支持自己或所屬團體的每一個人度過至少長達二十五年的第三階段，皆尚未準備妥當。我們前面幾個世代的第三階段時間要比我們這一代短許多，特別是男性。保險事業研究機構「日內瓦協會」（Geneva Association）提出「四根支柱」的說法，提到維持第三階段財務寬裕所不可或缺的四股支撐力量，分別是：由政府提供的退休金、個人或工作單位提存的退休金、個人積蓄或繼承的遺產，以及第四根支柱：有薪工作。全球各地由國家所發給的老年津貼金額將會愈來愈少，而且發放的最低年齡會愈來愈高。在英國，假如老年津貼繼續以物價而非以收入為指標的話，到了二〇三〇年，每位老年人所領到的津貼會下降至全民平均所得的八％。不管如何，一九九一年英國退休男性當中，有三一％不符合資格領取全額的退休津貼，因為他們提存退休金的時間不到四十四年。未來能合乎這個標準的人會愈來愈少。

政府要我們在工作期間提撥退休金給國家，累積數十年後，在我們老年有需要的時候再拿出來用；這種主張其實是場騙局。我們提撥的退休預備金其實不過是另一種形式的稅賦，全數進入國庫。各位只要仔細想想就知道我說的沒錯。政府把我們的積蓄放入某個由政府發起的基金，然後拿這個基金大部分的資金投資購買政府債券，也就是再把錢回頭借給政府，這樣做實在沒什麼道理。因此，所謂退休金其實是下一代的人付錢供養老年人，是世代之間的契約。過去人類壽命比較短，生病的醫藥開支也比較低廉，而且後一代明顯比前一代富有；那時候平均六個有工作的人負擔一個老人，這個比例相當合理。但現在情況已經改變。二〇二〇年以前，大多數國家將出現平均三個有工作的人分擔照顧一個年逾六十五歲老人的情形。而且，第二階段與第三階段人口比例將降為二比一。因此，到時下一代的人不可能願意支付巨額稅金讓長一輩的人繼續過著和先前一樣的舒服日子。

很多人注意到，最近許多研究一再發現，北美、歐洲、澳洲老年人的平均收入、消費力、儲蓄力，都比二十幾歲或三十幾歲的人高（假如把養兒育女開銷一併納入考慮），這是歷史上首次出現這種現象。儘管愈來愈多年輕婦女投入工作，也有愈來愈多人提早離開工作崗位，而且家庭養育的子女數大減，但這種不對稱現象只會愈來愈嚴重。新的第三階段人士，並不是年老時才變得富有；他們的財富有許多是從第二階段帶到第三階段。紐西蘭已經出現這種現象。過去二十年間，只有一份薪水收入而有兩名子女的家庭，購買力降低二〇%，但年長一輩的購買力卻反而成長百分之百。

世代契約

既然有統計資料如此顯示，所謂的「世代契約」未來極有可能逐漸經過協商而修改。領取退休金的最低年齡將會提高，就如目前義大利、美國與英國（高齡女性）的情形。這個趨勢還會進一步發展。未來社會將會把金錢集中花在「老老人」身上，而非「較年輕的老人」。各界會愈來愈期待第三階段的人承擔起更多照顧自己的責任。在這種趨勢下，「第四根支柱」（有薪工作）將成為第三階段的每個人籌措個人財源的必要條件，除非他在第二階段時已經盡了極大的努力積蓄財富，或提存足夠的私人退休金。目前正值第二階段的人，應當未雨綢繆。

我們不必認為，年老時還做有薪工作是一件可怕的事。事實上，第三階段大部分人會希望每週至少有一半時間從事有薪工作；由於工作地點變得更有彈性，使得這種願望非常有可能達成。就高度專業人員來說，假如自行開業而不歸屬任何公司，那麼年齡大小便無關緊要。例如，假設某位律師或工程師能提供我們所需要的服務，難道有必要知道他的年齡？至於「半熟練工人」（semi-skilled worker），年齡大有時反而是一項優勢。許多針對超級市場雇員所作的報告指出，與年輕人相比，年紀大的兼職員工往往比較可靠、較不會破壞團結或野心勃勃、對顧客較友善，而薪資卻與年輕人相同。

●實驗組合式工作的最佳時機

無論如何，第三階段會是我們一生中試驗將四種工作類型進行混合的最佳機會。任何一種組合方式皆可。某些人，特別是婦女，如果他們在先前的第二階段，迫於現實而不得不從事大量的家務工作，也許會希望在新的工作組合中，能有機會提高有薪工作的比重。假設如此，他們很可能會將既有的工作組合加以擴充。另一方面，隨著一九六〇年代嬰兒潮出生的人年歲漸長，未來的公司將會比較不在乎員工是否年輕，而較重視他們的才能。只要某位新員工所帶來的智慧資產新穎且有用，相較之下年齡就不是那麼重要了。我要再強調一次，一個人能否妥善利用他的第三階段，與他在第二階段所作的準備有極大關係。

曾幫我出書的出版商羅賓・華特菲（Robin Waterfield），告訴我十四世紀歐洲多事之秋的一位成功教士格特・克路特（Gerard Groote）的故事，深得我心。這位教士是宗教運動「共同生活的弟兄姊妹」（Brothers and Sisters of the Common Life）的創始人，而這項運動受到當時層級分明的教會當局強烈反對。不過，我最感興趣的，卻是他決定改變原本舒適的生活，讓自己在歷史上留下小小痕跡的那段決定過程：某日，一位陌生人突然走向他，對他說：「你為什麼站在這裡？專注於空虛無聊的事？你應該成為另一個人！」我覺得，第三階段是我們成為「另一個人」的機會。但目前為止，並不是每個人都有這種機會。在「四根財務支柱」的支撐下，第三階段可以過得非常舒服。假如只有政府提供的退休金這支金額愈來愈少的柱子可供依靠，就沒有太多機會成為另一個人。在本書另一章裡我要指出，唯有提供更多這種選擇，才有所謂社會正義可言。

失落的四分之三

對大多數人而言，人生相當漫長。在人生的每個階段，都有一些困難的決定要做。尤其在第二階段，最容易使自己迷失在忙碌與空虛中。據我所知，成日東奔西跑的「中空雨衣」，和孤單蜷縮牆角的「中空雨衣」一樣多。第一階段「形成期」如果善加利用，應該是耗氣傷神的忙碌期來到前培養個人獨特性（identity）的時間。第二階段如果平衡發展，應該是個人全力貢獻的一段時間；

不管貢獻的對象是工作或家庭或社區。第三階段是使自己成為「不一樣的人」的機會，假如我們有這樣的期望；但第三階段也可以繼續從事我們長年以來所做的工作，只不過步調稍為緩和下來。大多數人對於自己能夠做什麼以及能成為什麼，恐怕一直到臨終之前，只發現其中的四分之一。雖然這是個無法證實的假設，但假若它是真的，那麼第三階段不失為尋找「失落的四分之三」的好時機。

由於未來第三階段人口十分龐大（在多數國家都占掉三分之一），而且，由於他們將比下一代更會花錢，也更會儲蓄；又因為他們仍將保有本身第二階段時的專業能力和人際關係；因此屆時第三階段的成員將會是社會上一股強大的影響力量。他們的價值觀、他們的鈔票以及選票都將舉足輕重。第三階段人士不是一個同質性高的團體，無論現在或未來都不可能把他們組織起來。但是，假如他們消費所購買的是「時光」，如旅遊時光、學習時光、用餐時光，而非「物品」，那麼他們這種行為將會影響其他人的工作模式。未來社會將是一個更講究服務、重視知識的社會。假如人們在人生的第二階段所關心的，是把事物變好而非變大，那麼他們這種想法將會影響我們的優先順序。例如，環境問題在未來將獲得更多實質的注意與更充裕的經費；城鎮計畫也許會更體貼人的需求；人們會更喜歡透過尋求共識來解決問題，而非彼此衝突。另一方面，由於第三階段人口具有強大的影響力與選票，他們也許會抗拒改革，讓自己躲在富裕或貧窮的聚落裡，使世界停滯不前。

第四階段

在人生的第四階段，最大的挑戰在於平衡。到了這個階段，我們才開始探索許多問題。例如，人生要到什麼階段才不值得繼續下去？誰來決定？如何決定？荷蘭首開在特定條件下得以實施安樂死的先例，其他國家也將會跟進。有人擔心，這件事永遠找不到正確的平衡點；但什麼事都不做也同樣找不到正確的平衡點。古印度有個傳統，就是一個人行至生命盡頭時，應該走入森林中結束生命，也許這是個好方法。我向來希望能夠參加自己的「告別式」，而且在進入森林之前舉行。

比較迫切的是：有關人生最後幾天或幾年的花費問題。平均而言，人生的最後一年所花的醫藥費，要比一輩子其他時日所花的還多。這樣的比例分配合理嗎？假如這筆錢由政府支付，便會犧牲下一代人的醫療品質。條件交換或妥協並不容易達成。我認為，假如大家對於生與死的定義與目的無法獲得更清楚的共識，便不可能達成妥協。

自由選擇不同的接合方式

大多數人會遵循正常的順序走過人生各階段。假如可能的話，他們會利用第三階段來填補前兩個階段生活的不足部分，並設法拖延第四階段的到來。不過，也可以有不同的方式。許多女性希望在接近五十歲甚至更老時有機會從事第二階段的有薪工作，並正經展開事業生涯，而這個年紀恰好是未來男性進人第三階段的年紀。隨著工作時間愈來愈有彈性，這種事情發生的可能性也愈來愈高。也有一些人希望延緩第二階段的來到；由於他們受到第三階段所存在的多種可能性吸引，因此希望先略過第二階段，在完成學業之後，盡快直接進入第三階段。假如他們不期待社會提前給付退休金，而能夠靠著「第四根支柱」（有薪工作）支撐財務，他們沒有理由不這麼做。人生的事業顛峰不見得要在中年。

人生的矛盾與弔詭無法消除。未來我們很少有機會同時獲得想獲得的一切；也無法在同個階段付出我們想付出的一切。解決之道也許必須藉助「中國式契約」，亦即在理想與現實之間進行某種交換；但也可能採取某種「第三角度」，分別在不同的階段獲取或付出不同事物。

人生，無限可能

我這輩子最感動的一個時刻是觀看英國「開放大學」（Open University）某一次的畢業典禮。那次典禮在大教堂舉行，我覺得地點很合適，因為每位畢業生之所以能站在那裡，都經歷一段追求個人「自我更新」的奮鬥過程。令人感動的是畢業班學生中包含各色人等；一些老祖母、曾祖父穿著學士袍，戴上方帽子，手持學位證書，由兒孫為他們拍照。有人坐著輪椅，也有人由導盲犬引路。在那裡，年齡不是障礙，信仰、膚色、過去的成敗等也都毫無影響，因為那是真正「開放」的大學。充分說明人生可以有無窮可能性。以「形成」與「學習」為主的第一階段，可以在任何年齡重新來到。

變換人生階段，實際上是「第二曲線」原理的一種版本。在曲線上揚之前，總要先向下滑落。我曾三次改變職業生涯；先是從石油公司行政主管轉為學者，再由終身教授職轉任教會神職，最後（也許不是最後）成為自由作家。每一次轉職都造成我收入大跌。每一次我都是陌生世界的新人，必須從頭建立聲望。但是，每一次所遭遇的困難皆隨時間而逐漸減少，並出現一種全新的生活。有些人甚至比我更有勇氣，像是為了環遊全球而放棄官職；中年轉業務農；人生中途對調家庭中的角色；傳教士改行當廣告主管；護士改行創立軟體諮詢公司；企業執行長當全職藝術家。

新混沌狀態

人生到處有發展第二曲線的可能性。如果要找到第二曲線，我們的個人甜甜圈裡需要有某種核心，亦即要擁有某些必要的資源；但它可能比我們所認為的還小。假如我們和周圍的人訂立某些「中國式契約」，往往可以讓每一個有關的人更有機會以不同的方式組合人生。人生的頭三個階段，可以調整順序；我們的世界目前正呈現一種「新混沌狀態」，這帶給我們空前良機，使我們的人生很有可能與一般的情況不同。

建立正義之邦

在前幾章裡，我們預見到一些具個人化色彩的未來工作型態；這些工作模式或許有助於填充一部分人的「中空雨衣」，卻也可能反而導致更多人比以前更「中空」。因為，他們先前所擁有的工作縱使卑微無趣，畢竟提供一個上班場所；如今卻連上班的去處都沒有，而且他們又欠缺獨立謀生所需的工具與智慧資本。無論我們的企業如何奉行聯邦制，或者具備多豐富的意義，使社會分崩離析的幽靈持續逼近我們；我們必須妥善處理所謂「正義的弔詭」（paradox of justice），尤其要正視有關智慧公平分配的「智慧弔詭」。假如我們不這麼做，人類社會恐怕會遭殃；因為讓一大群窮人與少數富人比鄰而居，窮人終將眼紅而生變。我們必須接受一項事實：智慧已經成為民主社會中一種新的私有財產，因此它也應該有一種合理的分配方式。

既愛自己，也愛鄰居

以下各章節的主旨不在探討正義的本質；但不可否認的，正義是維繫社會的力量。正義使我們得以和睦共處；在正義的原則下，個人權利與個人對人類同胞的義務，得以找到一個對各方皆最有利的妥協點，使我們能夠既愛自己，也愛鄰居。如果要避免那個專門製造社會分裂與爭戰的幽靈降臨，就應該竭盡所能把國家建立成「正義之邦」。

以最簡單的講法來說，正義就是公平。例如，社會公平可以是：社會不應以強制的做法對待成員，而應遵循「適宜的程序」。公平也不一定指每個人都應該得到相同的東西，因為每個人的需求或貢獻都不一樣。事實上，絕對平等本來就行不通。如美國前總統林肯所言，把富人變窮並無法使窮人致富。公平的意義可以是給予最聰明的年輕人最好的教育，因為他們最能夠吸收知識；反過來說，公平也可以是給予天分最差的人最好的教育，因為他們最需要教育。公平始終是個複雜的問題。

要把公平由一條條崇高的原則，轉化為一個個具體的決定，需要有某種妥協，亦即兼顧兩項應該做的事。以教育為例，公平意味著每個人在現實可行的範圍內，應該擁有相同的「與眾不同的機會」。我們不應該從一開始就對某些人特別照顧，而應該同時也給那些起步較慢的人多幾次起跑的機會。反過來說，我們也應該幫助那些在起跑初期就能充分掌握機會的人，讓他們受到鼓舞。任何人都不應該要求削減博士班教育經費以開辦更多照顧失學民眾的學校，只因為後者比較需要教育。正義的原則是：永遠要設法平衡個人的需求與較大社會的要求。

在本書所討論的議題架構下，公平意指給予每個人發展人生「第二曲線」的良好機會。英國的「社會正義委員會」（Commission for Social Justice）一九九三年度第一份報告書上說，我們必須有這樣的認識：「不斷擴充人民發展的機會，是社會正義原則的核心觀念。」在一個民主社會中，公平的意義在於讓每一個人都有獲得「資產」的機會；在二十一世紀，「資產」指的是某種類型的智慧（智能）。因此，社會若要講求公平，必須進行「智慧投資」，在承認某一部分人可以獲利較多的前提下，為每一個人一生中每個階段的教育進行投資。第十二章將深入探討這個主題，探討各種不同的智能、教育形式，以及人生各階段技能培養與性向發展所可能需要的幫助。在一個「正義之邦」裡，每個人都有權獲得某些財產，至於要如何利用，卻是由各人自行決定。我們每個人都必須為自己的人生「甜甜圈」負起責任。

贏家多於輸家的社會

公平同時也意味著：人生贏的機會應該比輸的機會多。看待這個問題可以採取「第三角度」，即同意成功的標準不應該只有一種。假如只有單一量尺，必然有人贏有人輸，而且輸的人通常比贏的人多。但在一個令人滿意的社會中，贏家通常比輸家多；這樣的社會必須有多元的衡量標準，有多種不同的追尋快樂的途徑，與衡量成功的標準。所以，公平的社會裡，應該是施予的人多，收受的人少，而且生活有更大的多樣性。

很多人以金錢衡量一切，在第十三章裡，我們要檢視一些可以替代金錢的衡量標準，還要提出一個「新計分板」。能夠計算的東西，才能夠「算數」。因此，再也不能空喊「生活過得好，勝過千萬財寶」或「環境對大家都很重要」，而必須設法建立標準來衡量這些立意良善的事，否則它們將永遠是空談。

衡量標準如果增多，表示我們未來無論在個人生活中、企業內以及整個社會上，都必須在不同數字間做出更多妥協。甜甜圈原理提供通往這種妥協的道路；根據甜甜圈原理，人生有許多「必要事物」，也就是核心再加上「其他事物」，這個部分使我們得以與他人有所不同。但世上畢竟沒有萬靈丹，若要維護正義，就必須把最嚴重的不平等狀況消除。但並非一定要讓所有人完全相同才叫做正義；這種情況事實上是一種不公平；因為它否定人們在一定限度內可與其他人不同的權利。

第十二章

學習型社會

在強調全民公平的財產私有民主社會裡，照理來說，每個人都應該擁有一份資產，並擁有這份財產所帶來的財富。假如所謂的資產指的是土地，透過社會與政治革命，土地可以重新分配，非洲前殖民地就是一個例子。假如資產指的是股票、股份與企業所有權，則政府會設法鼓勵更多人民取得股份。另一個替代的做法則是由政府設法說服人民，告訴他們，透過企業國有化，全體公民對國家資產都會有利害關係。

如今智慧既然已經取代土地而成為新的財富來源，我們有必要認真考慮一九八三年美國教育報告《危機中的國家》（*A Nation at Risk*）的第一句話：「每一個人，不論種族、階級或社會地位，都有資格獲得公平的機會與工具，以充分發展個人的心智與精神力量。」假如我們不能讓全民普遍獲得這種新資產；假如我們不能投資在全體公民的智慧，那麼我們的社會必將分裂。

資訊時代的新貴

目前我們已經可以看到社會的裂痕逐漸加深。前美國勞工部長羅伯特．瑞奇（Robert Reich）將現代美國勞動人口劃分為三類：第一類是例行工作操作者；例如，航空公司的餐點目前還需要人工包裝，櫃台出納與資料輸入工作也還需要藉助人工。這批人力大約占全體勞動人口的四分之一，隨著自動化或產業外移，他們的比例正逐漸下降。第二類是個人服務提供者，如餐廳、醫院、保全業的從業人員，目前占總勞動力三成，而且持續成長。第三類的人被瑞奇稱作「抽象符號分析家」（symbolic analysts），他們是專門處理數字、概念、問題與文字的人，包括記者、財務分析師、諮詢人員、建築師、律師、醫生、經理人；凡權力與影響力來自個人智慧的人皆屬這類。目前這類人占全體勞動人口的二〇％。而在前述三類之外的，還有農夫、礦工與公職人員。在這幾類人當中，唯有抽象符號分析家是資訊時代的真正受益者，因為他們擁有新型「資產」。

在現行政策下，這群「幸運的五分之一」正逐分逐秒快速致富，而其他人卻愈來愈窮。根據瑞奇估算，一九八九年，這批位居頂層五分之一人口的稅後淨收入，超過其他五分之四人口的總和。過去，富人支援窮人可以獲益，因為窮人既是他們的顧客，也是鄰居。但抽象符號分析家這種新的富人，他們銷售東西的對象是全球各地的個人或公司。他們既不逛市中心，不搭乘大眾運輸工具，也不送小孩進公立學校。他們自認沒有必要支付比別人多的錢來支援這類經費，因為無論直接或間接的好處它們都拿不到。

美國與歐洲有種普遍的傳統觀點，認為私部門應該付錢支應公部門。所以，假如先幫助私部門致富，其他部門將可接著獲利。在從前舊式資產如土地、磚石、機器當道時，這種觀點是正確的；因為在當時，財富會向下和向外擴散。這類財產愈多，需要的人手也愈多。但智慧成為一種資產之後，傳統的受益順序就發生變化。受益連鎖關係的方向改變了；富有的私部門不再能幫助公部門更富有，事實恰恰相反。假如投資公部門；包括投資於住宅、電信、交通，特別是教育，則「抽象符號分析家」的數量無法顯著增加；結果導致對社會有用的智慧存量將局限在五分之一的人口。其他人與新型資產距離愈來愈遠，愈來愈窮，最後終於被剝奪一切。

教育的本質

假如智慧是資產與財富的新基礎，那麼每個人都會渴望多為自己取得一些智慧。在英國，將近十分之三的年輕人在十六歲義務教育完成時即離開學校；這時，他們還沒有拿到任何專業資格，通常也還拿不到任何科目的結業證書。相對而言，德國、日本、荷蘭、法國、美國的年輕人，九〇％接受學校教育或正式職業訓練至十八歲。不過，美國的教育效果似乎較差。國會教育委員會（Education Committee of Congress）發現，只有不到四〇％的成年人能夠摘出一篇新聞專欄的主要論點。只有二五％的年輕成年人有能力使用公車時刻表，並知道在某個特定的時間從某處到某處該如何搭車。只有一〇%的人有能力根據單價資料，從一長串日用百貨清單中，挑出最便宜的產品。由這些現象可知，必定是某些地方出了毛病。也許是因為年輕人的短視、愚昧，但也有可能他們是對的，因為他們不覺得學校教的東西是他們該學的知識；起碼在英美兩國如此。他們也許直覺認為，那不是他們該投資培養的智慧種類。

換個角度，我們來看看日本東京大學某個入學試題：

設有一規則角錐體V，底部為正方形；現有一個球體，球心位於角錐體底部，而與所有邊緣形成切面。設角錐底部的各邊長為a，試求出以下數值：(1)V的高度；(2)球體與角錐體共同部分的體積。

在英美兩國，即使申請就讀數學系的學生，能輕鬆解答這個問題的人恐怕也寥寥可數。教人驚訝的是，這個題目竟是出現在文科學生的入學試卷中，而不是數學科系的入學試題。日本的學業標準很高；然而，當這些受過嚴格教育的學生進入就業市場開始工作，他們卻又必須一切從頭學起。日本企業只把大學看作召募新人的來源，而不認為大學是一種職業教育。有人曾經打趣說，牛津大學只需要兩個單位；一個管招生，一個管就業；至於兩者之間的過程其實無關緊要。

日本人現在擔心，在當前複雜且變動不定的社會中，他們的教育制度不再能培養足以因應複雜和劇變的人才。其他國家也因不知如何傳遞這個新型資產而困惑不已。智慧也許是財富、權力與自由的來源，但很不方便的一點是，真正的智慧並不是一種物質，它無法像消費產品一樣，預先包裝、分類、遞送。沒錯，它的某些成分可以如此處理；像「資訊」這種智慧，便可以預先加以包裝，也可散布、貯藏與檢索；它可以大量生產，可以做成便利消費者使用的商品，可以透過多媒體加以配送，也可以進行接收測試。我們很容易誤以為，一旦這種新型智慧散布出去，工作即已完成。事實上，知道一切不表示有能力做出一切。

多元智慧

我向來讚賞霍華德・嘉納（Howard Gardner）在《發現七種ＩＱ》（*Frames of Mind*）中所提出的「多元智慧」概念。在那本書中，他列舉七種智能，並告訴我們如何加以測量。他觀察腦部受損的病人，據此建立他的理論。某些病人智力正常，但失去個人過去的記憶，或無法辨認面孔，甚至認不得自己。另外有些人則除了失去數字運算能力外，其餘一切正常。他所獲得的一個重要結論是：每一種智能皆不必然與其他類型有關。我們可能某一部分是天才，另一部分卻是蠢才。有人同時具備五種極強的智能，有人則只有兩種較強。我自己則把智能分成九種形式，分別是：

一、**事實智能**（factual intelligence）：擁有這種智能的人像是一本「活百科全書」；能夠回答電視益智節目上一切瑣細的事實問題，也能夠在餐桌上即席針對羅馬尼亞經濟現況發表演說；我們羨慕這種人，但通常也會覺得這種人很無趣。

二、解析智能（analytical intelligence）：具有這種智能的人喜好做頭腦體操、填字遊戲、拼圖解謎。他們喜愛將複雜的資料簡化為簡單公式，並以此為樂。策略顧問、科學家、學者的這類智能比較強。假如他兼具「事實智能」，則各種考試可無往不利。我們稱某人為「知識分子」，通常指的就是他兼具解析智能與事實智能。

三、語言智能（linguistic intelligence）：具有這種智能的人精通多種語言，而且只消再一個月，即可再添一種。我羨慕這種人，因我本身欠缺這種能力。但我們要切記，這種智能與前面兩種沒有必然關聯。

四、空間智能（spatial intelligence）：具有這種智能的人能夠看清事物的模式。藝術家、數學家、系統設計師都具有這種智能。創業家多少也都具備這種智能，但他們不見得具有其他智能，所以，許多創業成功的人從小學業成績欠佳，根本進不了商學院的門。

五、音樂智能（musical intelligence）：莫札特之所以成為天才，乃因為他具有這類智能；許多流行音樂歌星也具有這種智能，但這些人也許從來沒有機會上大學，只因為他們前兩項的智能太低。

六、應用智能（practical intelligence）：許多小孩子絲毫不懂機械原理，卻能夠分解機車，並再加以組裝，便是因為他們具有這類智能。相反的，許多所謂「知識分子」（前兩項智能較強的人），不但應用能力奇差，而且對現實生活的事一竅不通。

七、身體智能（physical intelligence）：我們在運動明星身上可以看到這種智慧或才能；它使某些人球打得特別好，滑雪滑得特別好，舞跳得特別好，整體的大腦與肌肉協調度特別好。

八、直覺智能（intuitive intelligence）：某些人因為擁有這種稟賦，可以看見別人看不見的東西，儘管說不出道理來。據說女人的直覺能力比男人強很多，這也許是男人經常貶抑直覺力的原因。

九、人際智能（interpersonal intelligence）：具有這種能力的人，有辦法透過與其他人合作，或經由其他人來完成事情。這種智能通常與「解析智能」互不相容。英國保守黨政治人物伊安．麥克羅德（Ian Macleod）被揶喻為「聰明過頭」；說明他何以本應可成為偉大的政治領袖，卻始終成不了。同樣的道理也可以套用在他這種類型的智能，再好的金頭腦都可能被浪費掉。

我所列舉的這份清單是根據個人觀察而得。智能的類型也許不止九種。我的重點在於：智慧有很多面，每一面都有用處，每一面也都是這個智慧掛帥的新世界中的潛在資產。並不是每個人未來都會是「抽象符號分析家」，但每個人都必須創造並管理自己的工作甜甜圈。要做到這一點，我們必須對自己所具備的最強智能有清楚的了解，而且要學會如何利用這些長處。我們必須相信，在一個公平的社會裡，每一個人起碼都會具備上述九種智能之一。因此，任何學校的首要責任，應該是發現學生具有的智慧類型，並加以培養。古羅馬詩人尤維納利斯（Juvenal）說：「認識你自己！」這是來自天神的話語，而且銘刻在德爾菲（Delphi）古神殿上。近代英國詩人湯瑪斯．卡萊爾（Thomas Carlyle）喃喃抱怨，那根本是不可能奉行的聖誡，我們應該改為著重在「了解你自己能做什麼！」

掌握三C

發現自己有哪些智能是一回事，如何應用卻是另一回事。我們必須能夠辨認問題與機會。我們必須能將本身及其他人的各種資源組織起來，以提高應用智能的能力。我們也必須能反躬自省發生過的事，讓事情一次做得比一次好。發現的實際歷程就是這樣周而復始。

要了解自己能做什麼所涉及的技巧有三項：概念化（conceptualising）、協調連繫（co-ordinating），以及鞏固凝聚（consolidating），即所謂「三C」。它們都是教育的「動詞」，而非「名詞」，是動態的「做」某事，而非表示靜態的事實。單是在教室裡排排坐無法學會使用這些動詞，必須透過實踐才能學會。假如缺乏這些技巧，也許我們本來有潛力可以成為諾貝爾獎得主或運動明星，卻沒有人會發掘我們的潛力，甚至連我們自己都不曉得。「三C」應該成為一切教育甜甜圈的核心。很不幸，事實往往並非如此，它們不被視為核心，而被視為外加的技巧，可供甜甜圈剩餘空間自由選擇教導與學習的技巧。因為這個緣故，日本企業必須在聰穎的新手剛加入公司時，立即施以再教育。也因為這個緣故，小孩提早離開學校反而可能是對的，因為在外面，他們可以更快學會「三C」。

我曾經請教一位劍橋大學的英文教授，問他如何教育那群天分極高的學生，讓他們畢業之後足以勝任要求高、名望好的相關工作。他說，那不關他的事。「他們來這裡研究英文，這就是他們在這裡應該做的事。」英國政治家班恩曾經在《名人錄》（*Who's Who*）上說，他所受的教育發生在「西敏中學與牛津大學各學期之間的空檔」。他可能是對的。這種「抽象符號分析家」的兒女，在成長的過程中有機會學習「三C」；因為他們的父母兄姊可在旁給予建議與指導，有如日本公司對新進員工的教育。所以，來自父母親的因素，加強這些小孩的優勢。

一個公平且合理的社會，不會坐視成功者的子女與一般人子女之間的差異持續加大。由於八〇%的年輕人沒有「抽象符號分析家」型的父母，因此我們唯一能採行的替代做法，是利用他們最初求學階段加以補救。也就是說，在他們四歲到十歲之間，也就是在「三C」技巧開始形成的階段，給予他們密切的照顧與注意。在英國，這個層級的學堂每二十五人才有一個老師，而在大學層級卻是每十名學生就有一名教師。我們應該調換這兩者的比例。

學習用動詞

假如學童在最初階段受到妥善的教育，到了大學階段應該有能力擔負起責任，自行從事更多學習。然而目前我們未給學生妥善的教育，卻期待他們擔負起這份責任，實在不公平。有人辯稱，並無證據顯示小學階段的班級大小（照顧得周到與否）會對學習構成影響。但我必須指出，進行這個研究的人，測量的是學童記憶多少資訊和反覆練習多少技巧，但那些都是「名詞」。至於成年人進人社會後，透過嘗試與培養而學會的「動詞」，則必須經由個別教導、小組體驗，以及生活中實際嘗試解決問題，才可能讓小孩學會。我們必須在生活中經歷這些

「動詞」，才可能學會「三C」。

如果每十名幼年學童就有一位老師，一般學童便有可能和「抽象符號分析家」的子女一樣，接受到與實際生活較貼近的教育。一個十人的班級裡，小孩子在課堂與外面世界之間可活動的空間較大；以二十五人的班級來說，要進行同樣的活動實際上並不可能。有許多零星證據顯示，不見得要是「抽象符號分析家」的子女才有機會學習或學得會「三C」。假如有機會從小開始學習，大多數人都可學得會。

美國有個知名的教育計畫，專門協助拉丁美洲裔低收入戶子女，讓他們通過大學入學測驗的微積分科目；這個科目要求受試者具備極為清楚的概念，通常只有班上某些所謂「聰明絕頂」的學生才有辦法應付。假如某位學生能夠運用某種最難的「名詞」技巧解答微積分，那麼要是他改為運用「動詞」技巧解題，也許會有意想不到的成績。然而，靠小組上課、個別指導、生活實況教學才能夠建立小孩子的自信心，這是一般大班教學很少能辦到的。

學校的課程組合

我們可以往更深一層探究。過去，我們要求學生必須達到某種標準才能取得畢業證書離校；將來，我們也許可以要求學校必須將學生造就到某種標準才能讓學生離校。學校應該是一個建立「能力組合」的地方。所有的「能力」既不需要、也不應該與年齡有關，學生不須在特定的年齡之前通過某些測驗、考試或達到某個程度；因為每個人學習這些「動詞」技巧的步調非常不一致。就像音樂程度測驗或駕駛執照考試一樣，這些「能力」的測驗時間，應該在受試者已經準備妥當，且過關有望時，才讓他參加。假如所有十六歲的青年都必須在同個時間參加同一項考試，而且依考試成績劃分等第，那麼其中必然有一半的人表現得比另一半好。這樣的考試所產生的淨效果是使其中一半的人相信自己是失敗者；即使我們一再告訴他們已經考試及格，也無濟於事。

無論我們在什麼階段需要舉辦測驗，都必須把年齡與能力分開，並且容許一切重新來過。以考駕照而言，幾乎所有的人最終都能考到駕照。我女兒十八歲就取得駕照，我兒子卻在二十四歲才通過駕照測驗，因為他不急著學開車。一年之後的今天，兩人都不認為彼此的駕駛技術有任何高下的差別。如果我們要求所有人一律在十八歲參加駕駛測驗，而且認定只有成績在前二分之一的人才有駕駛能力，我們社會的駕駛人數應該會減少、素質應該會提高，道路安全也應該會改善。但我們的社會也應該會產生許多因權利遭到嚴重剝奪而非常不滿的人，其中有許多人幾年之後極可能練就高超的駕駛技術。

假如學校教育的年齡限制擴展到人生各個階段，很多人將十分忿恨不平。若規定只有二十五歲的人才能考會計師，只有三十九歲的人才能申請擔任教授，抗議之聲一定會出現。學校如果基於行政方便的考量，繼續年齡歧視，結果將導致一半的年輕人自認是失敗者。

頒發能力證書

將來，每一位學生都應該有厚厚一疊的能力或成就證書。除了傳統科目的結業證書外，我認為駕駛、游泳、急救、文書處理、烹飪、稅法、接電話與簡報技巧，以及任何實用生活技巧都應該有正式的證書，而且應一輩子保存。這些全都是能力證書；可以透過正式測驗而發給，如音樂造詣證明或駕駛執照；也可以根據工作成就而發給，如畫家的評鑑證明。

像這種形式的「組合彙集」（portfolio collection）必須持續一輩子，但習慣的養成則須從年少開始。未來我們都將在人生的某個階段經歷組合式生活，而「組合彙集」將是組合式生活中不可或缺的一部分。如我之前所說，即使在組織內部，由於有些組織鼓勵成員在每一個層級都能添加新的證明文件（包括新取得的經歷核定證明、參加測驗、通過進修等）。因此，個人生涯發展也是一種「組合彙集」。英國各學校普遍建立的「成就紀錄」（The Records of Achievement），便是跨向「組合彙集」的第一步。但是，如果要真的達到「組合彙集」的效果，就必須將「成就紀錄」融入一套全國承認的教育組合計畫內，而不是像現在這種「蛋糕上塗糖霜」的做法，只對於那些在傳統考試中無法出類拔萃的人可以有一點補救。假如有一天所有的考試皆不再有年齡限制，而且一切的「智能」都可獲頒證書，屆時我們的教育制度才會呈現某種恰當的平衡狀態。

青年事務機構

不過，「組合彙集」的工作雖然應該在學生時代進行，但未必要發生在校園內。沒有人會堅持學校必須教開車或文書處理。學校可以是、也應該是安排一切課外活動的中心。所以，像語言、家事這類科目，可以在學校的監督下，由專業機構進行教學。

假如我們的教育當局不願如此擴充自身的角色，我們便應成立獨立的「青年事務機構」，負責正式學校教育以外的青少年活動，包括運動、工作、社區活動，以及某些更實際的組合層面。像在歐洲大陸，中小學校也許在下午兩點放學，「青年事務機構」便接管接下來的時間；工作人員除了有一些全職專業人員外，還有一些兼職人員、義工、家長（本身也是組合工作者）參與協助。

如果繼續深入探討會發現，科技和多媒體的發展，將使得每一個人都成為獨立的學習者。因此，自然可以有人選擇某些主題為自己而學習，而且靠自己來學習；也可以有人在準備妥當後才參加考試，這種模式頗像現今的駕照考試。學校或「青年事務機構」應該充當「追蹤站」，確保無人漏失培養「三C」的機會。因此，學校可能會成為「教育的甜甜圈組織」核心。某些支領全薪的教師，會是核心幹部。其他的人是專業人員，在核心外工作，出售專業能力給許多學校或有關機構（他們本身也是組合式工作者）。有些人在生涯歷程中，也許會在兩種角色之間移動。

雙聯券

組合式與甜甜圈式學校也許還不夠。我們透過實際生活學習有關生活的種種，透過實際工作學習有關工作的種種；在這些學習的過程中，融入適量的指導、教授與反省。德國人在十六歲時，除了那些學術傾向最強的少數學生外，都必須接受一種混合在職訓練與學校正規教育的混合式教育。這種德國模式廣受稱讚，而且各國已逐漸針對各自的國情，進行不同程度的模仿。不過，在這種變動的世界中，德國這套配方始終存在危險性；因為它所訓練的技巧、甚至是職業本身，很可能瞬間過時而遭淘汰。如果我們順著現存的曲線走，一切都將過時。

因此，這類學習必須要進行某種「動詞」學習加以補充，也許有人小時候已學過，但有些人還沒有。因此，我們應該送給每個年屆十八歲的年輕人一張「雙聯券」（Double Bond）。聯券的第一聯是保證在一定金額之內，支付持有雙聯券的人接受兩年全部的時間都投入正式高等教育所需的學費與生活費。這一聯可以在人生任何階段使用，完全沒有年齡限制。持有者可以自行決定是否申請就學，而高等學府也可以自行決定是否接受某人的入學申請。國家雖然保證付費，但不保證許可入學。在這項措施下，我們可以假定，國內的高等學府將會設法滿足有意繼續深造者的需求。

凡中學畢業後進入大學就讀的人，可以自動兌取聯券的第一聯。因此，這些學生接受高等教育的頭兩年可以免費。假如課程超過兩年，便必須自行負擔剩餘的學費。目前，英國大學的學士學位課程是三年或四年。假如英國實施「雙聯券」的構想，大學課程很可能濃縮為兩年；接下來是兩年的研究所課程，可供學生自由決定是否繼續攻讀。研究所的學費可以申請助學貸款支應，待完成學業後再賺錢償還，收入較低者可自動延長清償期限，這很公平。

「雙聯券」第二聯的功效，是由政府保證為每一個公民，在居住地區附近找到一份為期兩年的全職工作；工作單位也許是志願服務團體，也許是政府機構，薪資則相當於法定最低薪資。這種做法也就是認定：生活與工作中有許多事情，必須親身經歷才可能學會，特別是所謂「動詞」的技巧。政府實際上要在每個區域擔任職業仲介者的角色。由於這些投入就業市場的人力將超過市場實際需求。因此，他們所從事的工作不可以取代長期性的工作，而必須進入志願服務機構，或擔任政府機構的編制外人員。如果有人願意、而且有能力一邊工作、一邊完成學業，那麼雙聯券的兩聯也許可以合併使用。

像這樣的「雙聯券」等於認定一個事實：社會必須在每一位公民進入成年之後仍對他們持續投資，而不是僅投資於有志往學術界發展的人。反過來說，假如某人把兩張聯券都用完，社會便有權拒絕繼續給予支援；不過並不完全排除視個案而破例通融的可能。「雙聯券」是提供必備的額外教育投資的方法，藉此，個人可以身懷各種必備的技能進人「智慧社會」，包括智識上與實務上的技能；這些全是未來求生存所不可或缺的能力。

雖然事實上只有少數人會兌現自己的「雙聯券」；雖然「雙聯券」實際上可以替代許多社會福利支出；雖然「雙聯券」讓社區裡某些雇不起人做的工作有人做；但是，這套措施還是很可能耗資龐大。我們有必要把它視為對未來的長期投資。必須等到有一天，這些人受惠於「雙聯券」，因而更能夠照顧自己，並減少社會的負擔，此時才是這套措施回收成果的時候。由於社會更滿足、更公平，因此減少維護治安與矯正社會弊病的費用，「雙聯券」的效果在此呈現。新加坡目前已投資國內生產毛額的二五％在教育、訓練與人才培養上；其他國家也應朝這個方向努力。如果有人認為一生的學習可以在十六歲或十八歲結束，這種想法未免太過天真；偏偏我們今天隱約對許多年輕人透露的，正是這樣的訊息。

教育訓練應納入組織常軌

學習和生活一樣，都會永遠持續下去。照理各機構應該了解，投資在智慧上具有正面意義，至少對核心成員的智慧進行投資具有意義。但通常我們會大失所望。因為許多組織想得不夠遠，無法等到回收呈現的一天。有些公司則希望坐享他人的投資成果，引誘別人教育與訓練好的人才加入自己的陣營。還有些公司則讓個人自我投資。假如要使學習成為終身持續的習慣，便有必要做出某些妥協。

鼓勵這種習慣的辦法之一，是為各個組織設定一套法律標準，要求它們提撥相當員工薪資金額的一定比例，充當教育訓練費用，並登帳備查。任何公司的教育訓練開支如果未能達到法定標準，必須罰繳差額部分給某個中央訓練基金。目前，法國要求企業組織提撥薪資的一·二%，花費於教育訓練之上，但大多數公司皆超過這個數字。在制度上設定最低標準後，教育投資便能維持在一定的水準之上。但是，如果像英國工黨提議將標準設定為〇·五%，那是低估在這個「智慧時代」需要的投資。我任教的大學要求我們平均每週花一天做研究，好讓自己的本科學識保持領先。這占掉我全部工作時間的二〇%。這個數字的一半，也就是一〇%，也許是任何人未來幾年間都必須維持的最低標準。每年提供五天教育訓練，固然已符合好雇主的一般標準，但顯然仍非常不足。

這些投入的金錢與時間當中，有一部分可以歸個人支配，個人有權視各自的需求進行適當的投資，畢竟組織不必要、也不見得了解每個人的需求。假如有人有權申請年假、病假、育嬰假，照理應該也有權利申請「智慧補充假」。某些美國公司有個口號：「個人主動，團體支持」，聽來頗有這種味道，只是我們通常對這句口號的詮釋只限於參加某些特定課程。這句話需要擴大應用，例如由公司保證每年提供一定的金額，必要時可以將這筆經費累積至足夠七年之用。

不過，最可能錯失良機、未能繼續投資在發展個人智慧的人，恐怕還是那些智慧的「局外人」。大多數組織會讓個別員工自行安排進修，而大多數「局外人」卻因為太窮、太忙，或太短視，無法為自己安排發展智慧的方法，智慧時代最大的危險在此：位居勞動市場最底層的局外人的能力愈來愈衰退，需要他人伸出援手。

新的經紀人

每一個獨立工作者都需要有個經紀人。我們當中一半以上的人在未來的某一段時間會變成獨立工作者;而所有的人在一輩子的某個階段也都會是獨立工作者。獨立工作者從來不會「正式」失業,他們只是一時沒有工作。照英國演藝界的說法,只是暫時休息。未來歐洲失業率數字如果真的會降低,一部分原因會是由於許多人被迫成為獨立工作者;他們被迫從事某種不太理想的小格局組合式工作,而不會去辦失業登記。他們如果要使自己的工作組合格局更大、更理想,就需要有個經紀人。未來,雖然有些人的工作組合會非常飽滿充實,終日排滿行程。但是,卻也有許多獨立工作者將成為社會中最脆弱的一群,他們得不到保障,也不被需要,逐漸成為社會中毀壞的資產。這種情形對任何人都沒好處。

演員與模特兒皆有專屬經紀人;作家與高爾夫選手、網球選手、拳擊選手也都有經紀人。一個人假如走紅成為明星,便很難再推銷自己或給自己標價;但若沒有人認識你,或你不確定自己能夠提供些什麼,則根本不可能有機會自我行銷與標價。好的經紀人不僅會幫我們的專長找到買主，代我們議價，此外，他還會是一個教練或顧問，幫我們檢討過去的經歷，並指點合適的進修機會。好的經紀人會提出一些想法激發我們的創意，例如他們會問：「你曾經考慮……嗎？」或「這類的事你有興趣嗎？」他們會建議我們需要做些什麼，或者需要到什麼地方改善我們的技巧，或擴大我們的經驗。

人才仲介

假如他們夠稱職，還會幫我們安排生活。獨立工作者的行程不免混亂，但他們可以讓我們亂中有序。這麼做利人利己。因為他們所經理資產的價值若能提高，其實對他們有利。對獨立工作者而言，假如知道有人的利益與自己完全一致，會覺得非常寬慰，因為組織外的世界很可能相當孤單。組合式工作者的經紀人是個市場需求愈來愈高的職務。既存的高階人才仲介業者已經捷足先登，搶占這塊市場最上層的部分。他們提供高階主管人才給各組織，其中有些是從事短期技術支援，有些是擔任專案經理人；他們事實上是「組合式經理人」的經紀人。

如今迫切需要經紀人的，反倒是技術層次較低的人。傳統的職業同業公會本來應該是個順理成章的服務單位，但由於「極簡組織」的興起，它的成員與影響力都無可避免的遭到縮減。然而，這些公會顯然始終不願正視這方面的新需求。因此，我們只好另尋新的仲介者。假如目前的就業仲介機構能夠擴大角色，不只是扮演媒介工作的中間角色，也不再片面擔任用人機構的代理人，同時也充當求職者個人的經紀人。假如他們眼光夠遠，應該花錢提升登記求職者的技能與知識，然後可以向用人機構爭取較高額的佣金。有些職業仲介機構已經開始提供訓練機會，未來必須有更多機構或個人跟進。

聯誼中心

組合式工作者需要的不僅是經紀人，還需要有個歸屬的地方。假如學習活動從頭到尾都是獨自一人進行，便會造成與其他人和團體的疏離。利用電子通信設備工作，儘管從科技理論上看很不錯，實際上卻很孤單。個人的資產會因孤立而萎縮。獨立工作者需要的不只是個家，他們也需要一個有同事而不是僅有客戶的工作場所，還需要一個像舊式辦公室或工廠一樣，可以交朋友、閒聊卻沒有老闆管的地方，以及一個能夠交換經驗與人脈的場所。簡單來說，我們需要一個「俱樂部」。在本書前面我曾主張，「極簡組織」的樞紐應是一間「會所」或「聯誼中心」，讓分散各地的核心人員可以在此聚集。這間「會所」也應該開放給主要的組合工作者，讓他們在必要時可以使用。如果可能，每一個從事組合式工作的人都應該把使用俱樂部設施的費用計算在內。目前許多人即使付錢也無權使用這些設施；因此我認為，各就業介紹機構應該開始提供類似的設施，藉以換取出售某人專業技能的獨家權利。

隨著組合式工作的市場日趨競爭，也許有一些中間機構會儲備一批人才班底，然後伺機推銷給用人機構；這麼做，是同時把風險和利率的因素一肩挑起。對組合式工作者而言，他們是犧牲一部分自由來交換更多安全保障，他們既可保證獲得訓練，而且可以享有一般受雇者的福利；例如有薪休假以及病假。惠普

（Hewlett Packard）法國分公司與ＩＢＭ倫敦公司，就曾經分別針對退休及資遣的員工採取類似做法；公司繼續保留一定比例的工作時數與工資給這些離職員工回來兼差。這兩家公司等於是出錢成立一個「俱樂部」，讓一些人有所歸屬；但這些人若想維持會員身分，技術就不能落伍，而且必須不斷使個人的資產增加。

分享學習經驗

目前有些組合式工作者自行建立俱樂部或網絡。網絡雖然有用，但如果網絡主要建立在現有的姓名地址檔案上，將會缺少「俱樂部」具有的那份隨機性與自發性。通訊錄和酒館、閱覽室的功能不太相同。任何一個網絡中心都需要有個「俱樂部」，如此才能為冷冰冰的電子脈動添加人性的面貌。目前，專為失業者設立的俱樂部能提供良好的設施，可是卻往往淪為互吐苦水而非分享學習經驗的場所。必須等到這些俱樂部的成員開始有「組合」（portfolio）的概念時，俱樂部才能獲得新生命，成為一個不再是尋找工作的地方，而是尋找客戶的地方。

第十三章

建立公平的計分板

很不幸的，廣為流傳的「麥納馬拉謬誤」（McNamara Fallacy）後來證實都是對的，麥納馬拉謬誤是說：

第一步先衡量比較容易衡量的項目。到目前為止，還沒什麼問題。第二步是不理會那些無法衡量的項目，或任意給個數值，這等於在造假和刻意誤導。第三步是假定無法輕易衡量的東西就不重要，這是盲目。第四步則是指出無法輕易衡量的東西根本不存在，這不啻是自殺。

凡是無法計算的事物都不算數。金錢很容易計算。所以，人們紛紛以金錢為衡量一切事物的標準。公正的社會需要有個新計分板。

金錢造成價值扭曲

一般人都不知道，目前各國計算全國收入的標準模式：「國內生產毛額」（Gross Domestic Product）與「國民生產毛額」（Gross National Product），其實是一套頗新的概念。一九四〇年，英國政府在經濟學家凱因斯（John Maynard Keynes）的建議與協助下，開始實施這套計算方式；實施背景則是因為他們當時需要了解國家可以徵收多少戰爭軍費。在此之前，並沒有一套經常性且標準化的估算方法。

我第一份工作是代表某石油公司派駐新加坡，在找不到其他人選的情況下，他們指派我這個原本主修古典歷史與哲學的人擔任公司首任「區域經濟分析師」。我因而必須參考其他國家的數據，準備一系列有關石油消費與國民所得關係的預測報告。不幸的是，當年的新加坡並沒有國民所得統計。那是一九五六年，它還是英國的殖民地。我可能是第一個對新加坡「國民生產毛額」進行粗糙而不精確估算的人；我還記得，當時這份估計的內容還必須猜測新加坡妓女的收入。

時移勢轉，今天的新加坡以高國民所得而自豪。有關各國國民所得排行的統計多得不可勝數。人們認定這些數字等同於生活水準，但是，統計工作其實只能估計看得到的金錢移轉。所以，舉一個最糟的例子來說，我們統計生產毛額時並未將無薪酬的家務工作納入。然而，如果某家的主婦死了，她的丈夫必須花錢雇人來做她生前無償從事的家務。英國「法律及一般保險公司」（Legal and General Insurance Company）按照一九九〇年代的價碼估計指出，假如我們把家庭主婦的工作計算出價值，每人每年可為國家創造一萬八千英鎊的產值。至於所謂「免費工作」，如志願服務與慈善工作，我們也沒有計算產值，因為沒有金錢經手。而照顧老年人的工作，如果是出於愛與關懷而在自己家裡從事，同樣也不會計算價值。但是，如果付錢把家中的老年人送往安養機構，社會的產值立即增加。

更詭譎的是，假設因為車況與路況都非常糟糕，而導致交通事故頻生，那麼醫院、汽車修理業的營收都會增加，這些金錢交易還將進一步增加全國的產值。我們可以花錢蓋工廠，這樣的行為會被計算為財富增加；然而因此汙染鄉間的清淨空氣，弄髒當地河川，並破壞當地寧靜等，並沒有人會因此在計算產值時扣除。從表面數字看來，假如工廠因所做的事而遭罰鍰或被要求繳費，只會使國庫更充實。我們目前計算事物的方式鼓勵我們打造一個對事物「用過即丟」的社會。因為如果我們東西用壞即丟、不再繼續使用，因而購買更多東西，那麼整個社會從表面數字看來會更富裕。

金錢所造成的扭曲不僅如此。休閒這項珍貴的商品必須花錢去做才算數。我曾半開玩笑的指出，德國之所以比英國富裕，是因為德國人喜歡住公寓，而英國人卻喜歡擁有花園。假如你住公寓，每次出門通常不是花錢就是賺錢，但英國人跑到花園觀察小黃瓜成長的情形，或為花床除雜草，皆不涉及金錢，所以對國家財富毫無助益。愛情不需要花錢，所以必須購買鑽石來表現愛情，而這樣會使國家更富有；依此類推，不要在家做飯，而要上館子，不要自己演奏音樂，而要花錢買音樂聽。有一次我從東京搭新幹線到大阪，沿途有數百英里了無生氣的工業景觀，讓我不能相信這個國家的人民比大多數歐洲人都富有。但他們本身卻不這樣想。一項調查顯示，日本人自認生活品質不如絕大多數歐洲國家強，除了葡萄牙之外。

相對的貧窮，相對的富裕

把全國各公司機構的財務交易加總起來，換算成美元，再除以全國人民總數，所得的數字並無法告訴我們一國國民真正的生活安適程度。在寒冷的氣候下，花費要比在溫暖的氣候下高。在英國，曬太陽或賞雪都要花錢。但在義大利，陽光、白雪都賣不到錢。可憐的義大利人！所得的分配，無論在人與人或組織與人之間都不平均；與英國人相比，日本人把較多的錢放到組織裡；高齡化社會比年輕社會花費多，但總人數較少。因此，有些國家看起來較富有，但人民可能感覺較貧窮。

「國際貨幣基金」（ＩＭＦ）曾使用「購買力平價」（Purchasing Power Parities,

PPPs）代替正常的市場匯率來比較各國的產值。他們發現以這種方式計算，中國大陸平均每人的年產值由三百七十美元一躍而為兩千四百六十美元；印度則從兩百七十五美元，上升到一千兩百五十五美元。在中國大陸和印度，用很少的錢可以做很多的事。「購買力平價」反映出這項事實。中國大陸的都市家庭七成擁有彩色電視，八成有洗衣機，在這種情況下，平均每人年產值三百七十美元顯然不符事實。IMF以這個新的計算基礎，把全部開發中國家的產值加在一起，發現開發中國家占全球總產出的比例由一八％調升為三四％，工業國家所占的比例則由七三％降為五四％。事實上，中國大陸由於人口眾多，所以如果以「購買力平價」計算是全球第二富裕的國家，僅次於美國，而在日本之上。我們計算事物的方式，決定我們看待事物的方式。

也有人嘗試將一些不可見的事物與可見的事物相加。大多數國家皆會估算非正式的「地下經濟」，有些國家甚至將估計結果納人國民所得。一九八七年，義大利的財富排名突然超越英國，因為當年他們計算國民生產毛額時，多加了一八％的「地下經濟」產值。目前為止，還沒有人將家務或志願服務工作也計入產值，但也許不久的將來會納入計算。這是提高國家財富的輕鬆方法，對英國特別有利，因為英國傳統以來有大批人力投入志願服務工作。因此，我們必須記住這個原則：沒有一套數字能夠放諸四海皆準。我們需要兩套衡量國家經濟良窳的數字：一套記錄金錢上的交易，另一套則列出金錢以外的一切生活指標。

計算不可見的事物

所以第二套清單將包括健康與死亡統計，如嬰兒存活率、壽命、死亡原因等；也會包括教育方面的數字、就業數字以及其他工作的統計；還會有關於住屋狀況、環境狀況（如二氧化碳排放）、能源使用，以及較主觀的指標（如人們對生活品質之看法）等各種詳細數字。目前各國大都有做這類統計。在英國，每年發行的《社會趨勢》（*Social Trends*）中就含括許多前面提到的統計數字，其他國家也各有類似出版品。由此可知，我們不僅需要一套新的核算制度，更需要一套可供各國年年相互比較的國家統計數字。而聯合國的「國際比較計畫」

（International Comparison Program）正是嘗試做這項工作，未來這項計畫可能會成為聯合國的重點計畫之一。

我們搜集到這些統計數字後，應該要讓它們和金錢上的數字同樣獲得社會大眾重視。例如，我們應該將它們編印成年度報告，發送給國會；或者應該使這些數字成為媒體辯論或討論的主題，或拿它們與其他國家的統計數字對照，我們才知道究竟該高興或難過。長期以來，這些統計數字可以提供現代文明社會一套基準指標，和既有的國民所得數字並用。我們所計算的事物會影響我們的行為方式，如果我們希望有個更平衡、公正的社會，那麼這兩套數字都不可或缺。

填補赤字的方法

我們改革的第一步，可以先設法使國民所得的數字更真實。目前各國政府是從每一年金錢進出的「現金流量」基礎上治理國家。不足的差額部分叫作「赤字」。政府無法考慮「投資」與「費用」的差別，因為兩者同樣是支出，但投資也許是為未來省錢，費用卻一去不復返。因此，教育本應是投資，卻常淪為費用。而在傳統的現金流量基礎上，政府可以出售資產，就稱為「歲入」（revenue）；但這項收入只有一次。在同個傳統下，政府也可以處理天然資源，如英國一九八〇年代在北海生產石油，這方面的收人也是政府的歲人，雖然不是一次性收入，但持續不了太久。

結果是扭曲做事的優先順序。政府沒有進行長期思考的動機，也不願犧牲今日的支出去換取未來的財富累積或其他利益。政府不需要考慮逐漸累增的未來負債，包括因為目前疏於維修公路與鐵路所帶來的未來成本，以及目前不提存退休金，而造成未來退休勞工的退休金負擔。假如我們抱持這種生活態度，便永遠不會去買房子；車子也不保養，而會把它開到解體為止；我們會盡可能少花錢在子女教育上，因為繳納眼前的水電瓦斯等各項費用，總是比長期的未來更急迫。

在我們的私人生活中，我們解決類似問題的方法通常是把一整筆巨額投資（如購屋），透過貸款轉化為很多筆較小的開支。假如我們夠聰明，會限定自己借貸來的錢只用於長期投資，而不會把它拿來支應眼前的日常開銷。但我們的政府卻把事情弄得一團亂。沒有一個企業會願意像政府這般行事，因為環境也不容許他們這樣做事。搞政治的人從來就抗拒以規規矩矩的「企業方式」做事，他們宣稱這樣會遭到無謂的綁手綁腳，他們必須透過借貸，同時支應經常性赤字與資本性支出，他們不認為有必要以人為方式將這兩類支出加以分開。

國家的資產負債表

不過，有一個國家已經嘗試以企業方式治國，並且設法呈現某種適切的平衡狀態。一九九一年，紐西蘭政府首度提出一份國家資產負債表。這份報告透露紐國現有的資產，如國營企業、道路、土地、建築物、財政存底、投資等總值，金額比國家的總負債足足短少一百四十四億紐西蘭幣；這裡的負債指的是政府的海內外借款，以及預支老年福利金所造成的負債。從技術面而言，這個國家已經可以宣告破產；從實際的角度看，這意謂未來的納稅人將必須承擔前人相對揮霍浪費所造成的後果。紐西蘭一方面繼續發行傳統的現金流量報表，但另一方面，新的「企業式」帳目將有助於顯示現在與未來之間的平衡關係。《經濟學人》利用這類新數字估算指出，「紐西蘭股份有限公司」的淨值，在過去二十年間已經下降一百二十億紐幣之多。我們可以說，由於紐西蘭人不知計算，才會把自己的未來給抵押掉了。目前其他國家的政府會計制度也都容許在權宜行事的作風下呈現出繁榮表象，因為沒有人知道真正的成本是多少。假如能計算得更精準些，便可以在更了解真相的情況下，辯論較長期的優先事項順序，並且能讓國家目標與方向清楚的浮上檯面。

企業的計分板

公司的資產負債表可能做得比政府好，但值得改進之處仍然很多。例如以下事項通常都不會列入計算或是根本不揭露：

- 公司的智慧資產（包括商標、專利、技術基礎）

公司用以擴充這些資產的支出；包括研究發展與訓練、培育的經費
引進新產品或服務
員工的士氣與生產力

- 顧客

產品與服務的品質
顧客滿意度

- 環境

在環境控制與改善方面的投資與支出
社區工作的支出
對社區的投資

這些事項不容易計算，而且它們本身也不具任何意義。唯有當我們比較去年與今年，或比較自家公司與競爭對手公司時，這些數字才變得有用。透過比較可

以產生某些基準。然而，假如沒有其他數字時，現金流便成為唯一可作為標準的數字了。但若是如此，我們便難以了解企業目前是否維持恰當的平衡狀態，企業未來是否可以接收到合適的資源，以及企業各利害關係人的要求是否彼此平衡。身為一個投資人或顧客，假如我們要針對相關的智慧財產下賭注，就需要在傳統的金錢數字以外取得其他參考數據。

威廉．萊利（William Reilly）擔任美國環境保護署（Environmental Protection Agency）署長時曾被問到，東歐各國進行大量的長期汙染防治時，第一件事該做什麼，他回答：

> 我認為首先應該將汙染排放情形公諸於世，把相關數據刊登在當地報紙。然後，應該展開一個健康的非官方性質環保運動。到了這個時候，開始會有一股頗迷人的動力出現：整個社區將會開始與工廠經理人、工人、政府互動，共同致力降低汙染程度。這就是資訊的力量。

以上再次說明：可以計算的東西才看得到，可以計算的東西才會算數。

創新比例

當前IBM根據七個參數評量各項新產品，其中包括四項財務數字（營收成長、利潤、資產報酬、現金流量）和三項新的衡量標準（顧客滿意度、品質、員工士氣）。在英國，大衛．巴德瓦斯博士（Dr. David Budworth）正在探討「創新比例」（innovation ratio）的觀念；他計算公司花費在創新的金額（研發、訓練、商標開發）與創造相關的附加價值之間的比例，。還有人正在尋找測量各公司「知識金庫」存量的方法。事實上，有一些公司在公布的財報中早已列出「無形資產」（intangible assets）。麻煩在於，我們必須閱讀那些字體小得像螞蟻般的附註，才能知道它的意義，而且同個數字對不同的公司可能有不同的的意義，計算方式也不盡相同。例如，對出版業者而言，帳目上呈現的可能是公司擁有的版權品數量。對於傳播公司而言，這個數字可能表示公司的大廣告代理商所握有的商標數。這些人並未說明他們如何評估各項事物的價值，但至少這是對智慧資本（intellectual capital）的一種肯定：認定它有價值。

不過，將智慧這種資產的估計數字放在收支表上，也許只會把事情變得更混淆複雜。然而假如為它們訂出金錢數字，等於必須又一次使用同一套數字去計算不同種類事物。所以，正如我們應該分別以不同度量衡測量液體和固體的道理一樣，我們也應該使用不同的標準衡量每一個利害關係人。以環境為例，聯合國建議各個公私組織的年度報告皆應包含以下項目：

- 組織的環境政策
- 環境保護的經費
- 環保責任，例如遵守最新法律規章等
- 其他預期可能產生的環境支出

英國政府的〈皮爾斯報告〉（Pearce Report）要求各組織揭露人為及天然資

產、重要資本財，以及維持組織所需的成本。另外，我們還可以透過環境稽核制度，以監控各組織遵守環境標準的情形；或者，我們也可以採取一整套能源會計制度。

以上僅是數值檢視工作的一小部分。由於這些新數字的出現，人們可以衡量到底有多少森林被保存下來；但這麼一來反而有消耗更多森林之虞。目前，光在美國一地，從事環保生意的企業產值即達六百億美元。問題愈嚴重，這一行的生意愈蓬勃。據估計，東歐的環保生意中，德國拿下近四成。假如我們把問題轉化為生意，數字就會呈現出來。

消費者需求是另一項成長中的「生意」。有頭腦的企業已經發現，滿意度愈高的顧客愈忠實；這些企業會進行調查、蒐集數據，並分析重覆購買行為。由於愈來愈多組織體認到消費者調查的重要性，這種做法因而愈來愈普及。英國的醫院建立一套顧客反應紀錄表，以追蹤病人對治療的滿意度；就連監獄也有類似做法。不過，醫院和監獄都不希望「顧客」再回頭光顧，所以他們對「重覆消費」數字的評價與一般企業恰恰相反：數字愈高反而愈糟。他們與國內同類機構在這個數字上進行比較，可以獲得有價值的指標。他們頂多必須解釋，為什麼和其他同類機構有差異。不同類的數字可以設定不同的議題。

建立稽核制度

為了維持某種妥適的平衡狀態，各組織需要建立一套公開制度來稽核並監督組織與各個利害關係人之間的關係，但某些細節還是應該要保密。如果把公司對社區事務的參與情況，或者公司在培養人才方面所作的投資，鉅細靡遺的公布出來，對公司應該不至於構成損害。許多公司發現，如果將本身所從事的公益與人才培育活動廣為宣傳，而不僅是提出報告，將可為公司創造出一些新的競爭優勢。某家會計師事務所在廣告上說：「加入我們！我們每年至少提撥薪水的十分之一，投資您的成長。」另一家宣稱：「我們保證每位員工可以每月從事一天社區的公益活動，公司出錢。」假如我們把宣傳的成果視為業績，數字又出現了。智慧財產或供應商關係的細部資料，也許較有保密的必要，但透露整體比例的核算結果（如創新比例），應該不至於洩露天機給競爭對手，反而可以顯示公司對於培養組織長期實力所做的投資程度。這些數字可以公布，也應該公布。把良好的比例數字公諸於世應該是件好事，因為也許可以打動股東的心。

許多大公司的董事會現在成立好幾個稽核委員會，分別監督公司的社會政策、倫理、薪酬，以及環境問題。有些公司，例如英國的ＩＣＩ，在年度報告之外，另外單獨發表一份環境報告。這無疑是個好的開始，也是對「六角關係」的肯定，因為這是要在正視企業規畫前進路徑時，思考可能涉及的各種利益團體，以及多種矛盾現象。假如我們將來能在一個標準化的基礎上公開這些數據，效果會更好。在法國，政府要求公司年度報告上，必須包括對社會影響的稽核。我猜想，全部的歐洲國家很快也會有類似規定。他們雖然不喜歡多做這道手續與額外支出這筆花費，也不高興行動自由受限制；但是，透過計算這些「不可見的事物」，他們可以在現在與未來之間、利益團體與利益團體之間，建立較好的平衡關係。有時候，似乎我們必須在壓力下才做得出聰明事。比賽場地一旦整理妥當，參賽者也都了解規則，比賽就可以開始。

個人計分板

在我年輕時還會爭強鬥勝的那些年日，總愛問朋友「你目前賺多少錢？」的時候，似乎這是比較各人成就的最佳方法；但我卻忽略一個事實：當時我是個石油公司主管，而某些我拿來比較的人是終日忙碌的銀行家，有些則是精疲力竭的年輕醫師；我們都從事不同類別的工作。有一位朋友的答案讓我頓時愣住。他說：「我賺的錢夠了！」我問：「賺的錢夠了？這是什麼意思？」「我所謂賺的錢夠了就是說，我計算出自己需要多少錢，並且讓自己務必賺到這個數目。」他答道，隨後反問：「我為什麼要賺的比這個數目更多呢？告訴我，你一年買多少糖？」我說：「我不太清楚。」他說：「但我敢打賭，只要你需要用糖時，你家一定會有足夠的糖。金錢和糖一樣，沒有囤積的道理；它放久了會壞，不然你就會為了消耗掉它，而製作一大堆不必要的蛋糕。」

我當時想，這個人瘋了；但隨著年事漸長，我逐漸了解這位朋友的觀點很有道理。他雖然從來不曾富有，但如他所說：「需要糖的時候，家裡總有糖。」而且，他看起來遠比其他人無憂無慮。可見他知道自己想要從人生獲得什麼。他並沒有把金錢當作不確定狀態的替代品。在一個物質主義當道的時代裡，大多數的指標都是金錢數字。表面上，金錢數字愈高，分數拿得愈高；但就和糖一樣，結果往往是做了一堆並不真正需要的「蛋糕」。在景氣衰退期，許多夫婦發現，雖然家庭收入隨著家庭人口而增加，但他們卻沒有能力換購較大的房屋，因為沒有人買他們現在住的房屋。其中有對夫婦告訴我：「起初我很挫折，但後來我們認為，我們在目前住的地方其實一直生活得很快樂；雖然房子小了一點，也不夠體面，但其實並不是問題。我們該好好享受所擁有的一切，而不須庸人自擾。我們所擁有的已經足夠！」

假如你已擁有足夠的錢，金錢就沒有太多機會當作衡量的標準；它只是個人甜甜圈的核心。我相信很多人和我一樣很想知道，那些年薪百萬英鎊或美元的人，到底如何花錢。糖不用會壞掉，金錢甚至不必然是成功的象徵。在英國，最快的賺錢方式就是當一個失敗的最高階經理人：和公司簽下三年契約，但不到半年就宣告經營失敗，如此便可帶著半年的薪資一百萬英鎊捲鋪蓋走路。隨著年歲漸長，我逐漸了解，有些人只要「自己家裡有糖」就心滿意足，他們並不羨慕別人有千萬財富。

尋找新平衡點

假如金錢不是衡量一切事物的標準，我們如何將數字加在其他事物之上？這些事包括在美麗的鄉間散步、藝術表現、家庭的愛、誨人之樂、看著親友逐漸康復的愉悅、發現新事物時的顫慄、把工作做好後的滿足、友誼的喜悅等。我們都知道這些事物的滋味，但要稱其為「成功」卻有困難。即使我們無法計算，還是需要找出一個方法，將它列為清單。我們可以從子女身上學習很多東西，特別是在他們過度到成人階段之際。女兒二十四歲時我曾問她，整天涉獵這個那個、東奔西跑、四處遊歷、參加社會活動，這樣的人生到底是為了什麼？我生氣的說：「你究竟什麼時候才會找到一份正當的工作，開始對社會有一番實實在在的貢獻？」她以同情的眼神看著我說：「有許多人依靠我的安慰與幫助而活，他們把我當作他們的庇護所。我每天都學到新東西，每天都和一些人一起歡笑；我差不多每晚都為一些人烹煮晚餐。我沒有傷害任何一個人。我不認為這樣的生活對二十四歲的人來說有什麼不好！」我默然離開，不知道自己要在多久之後才能開口說跟她一樣的話。

勞倫斯．山姆斯（Laurence Shames）在《渴求更多：在貪婪的時代中找尋價值》（*The Hunger for More: Searching for Values in an Age of Greed*）對這個兩難困境有個說法：

> 「拓荒」……塑造美國式的做事方式，與美國人判斷事情值不值得做的價值觀——更多錢、更多成功的表徵。總是會有很多人認為這就是人生的目標，但那些人不再能要求別人也抱持同個觀點。如今有一種新的「更多」；那是對市場體系以外的事物給予更多讚賞；對公正有更多堅持；對目標投以更多注意；對自己的人生（不是生活型態）有更多真正的決心。我們敢不敢說，這些新形式的「更多」，也算是一種「拓荒」呢？

他接著又指出，要量得更多容易，要量得更好卻很難。

美國的米奇・考斯（Mickey Kaus）和我有同樣的憂慮：都擔心金錢是衡量大多數事物的標準，導致社會日趨分割化。他希望把更多事物從經濟市場體系抽出，如此，我們是貧是富就無關緊要。英國的全民醫療體系對貧人與富人並無差別待遇。每次從國外回英國，當飛機降落希斯洛機場（Heathrow Airport）時，我就鬆了一口氣，因為知道從此刻起有本錢生病了。考斯希望從市場體系拿掉的東西，應該包括全民醫療網、各級學校、公園以及無階級區分的住宅供應。除此之外，我認為還要包括大眾運輸。他夢想未來會出現一個對工友和銀行家一視同仁的社會，理由是他們「一樣勤奮工作」。他這種想法固然不切實際，但他主張把多項事物從金錢經濟體系抽出的觀念，僅管導致人民租稅負擔增加，卻頗有值得讚揚之處。

優質時光

我對未來處於人生的「第三階段」（見第十一章討論的人生四個階段）的人寄予厚望。他們當中大多數人不會有太多機會囤積他們的「糖」。對他們而言，錢夠用就可以了。接下來他們要開始尋找一些無法以金錢衡量的滿足與成就；各種型態的志願服務工作、學習工作、家庭工作都可能帶給他們豐碩的回收。未來，由於處於這個階段的人數會很多，因此必然會受到注意。他們不會是我們以前心目中的「老年人」，他們也不會以上一代的方式「退休」；而且大多數不會落入窮困。他們將會建立一套新的成功模式，以及某些新的數字。他們彼此探詢的可能是：今年指導多少年輕人？完成幾幅畫？種了多少花木？閱讀甚至寫了幾本書？為小學生舉辦多少次旅遊？護送多少病人到醫院？捕捉多少寧靜而美好的時刻？有怎樣寶貴的爐邊談話？吃了哪些特別的佳肴？寫了哪些信？拍攝哪些照片？與哪些朋友懇談？解決哪些事端？是否讓愛放出光芒？

猶記得某個英格蘭的六月，光線柔和的傍晚，太陽到九點還沒下山，沒有風，空氣中散發出香味。當時我沿著劍橋的河畔散步，在我眼前是如茵草地與美得令人目眩的國王學院（King's College）禮拜堂；悠揚的合唱聲，穿越樹梢陣陣飄送而來；有對年輕的美國夫婦駐足片刻，隨即踏入禮拜堂。這位太太說：「親愛的，記住這一刻，要永遠記住這一刻，這是優質的時光。」假如我們希望人生更平衡且社會更公正，我們需要找出更多「優質時光」的實例，讓更多人有機會享受到這樣的時光，並且讓人們可計算出有多少這樣的時光。為了達到這項目標，我們可以對優質時光大加頌揚；因為一旦它形成一種風尚之後，便是社會變革的強力觸媒。

第四部
尋求意義

三種意識

有位朋友問道：「說了這麼多，到底意義在哪裡？為什麼我們必須重視第二曲線、甜甜圈組織、妥協之道這些玩意，為它費盡力氣呢？你難道不認為，人生最終不過是一則不好笑的笑話嗎？」我能了解這位朋友的感受。我最近目睹岳母走向死亡的過程。上個月她還是家中最活躍、脾氣也最大的老婦人，隔一個月，她滿頭灰髮，面容憔悴的躺在醫院的病床上，連微笑都有困難，更別說講話了。此後不久，她化成一小堆灰，裝入瓦罈。這就是人生？

對某些人來說，人生根本無所謂意義。俄國作家契訶夫（Anton Chekhov）說：「你問我人生是什麼？這就好像問我胡蘿蔔是什麼一樣。胡蘿蔔就是胡蘿蔔。」也許就如美國作家葛楚·史坦（Gertrude Stein）提到加州的奧克蘭（Oakland）時所言：「那個地方不是什麼地方。」我們全都是「演化」中的偶然。我們大可以翹著二郎腿享受人生，也可以效法科學家設法對世界多了解一些。不過，即使我們了解世界，也不可能改變它，而只能欣賞與玩味。人類和宇宙間最微小的沙塵沒什麼差別。笛卡兒（René Descartes）認為，動物都是機器。某些生物學家認為，我們沒有理由認為人類與其他動物有明顯差別。

瓦解科學神話

艾倫·布魯姆（Allan Bloom）目睹這個「科學的神話」對當代美國青年所造成的影響，怵目驚心之餘，寫下膾炙人口的一本書《走向封閉的美國精神》（*The Closing of the American Mind*）。他觀察到，美國大學生不只是頹唐與無知，而且根本不願意提供或抱持任何意見。他們看到過去有一些人因主張某些看法是正確的，以至於犯下滔天大錯，所以他們認為最好不要有任何意見。唯一真正的知識是科學，除此之外都是一廂情願的想法。他們以此為出發點，認為對任何事採取立場都是錯的，而把自己的願望強加在周遭的人身上則是更糟的事。我們只靠消極的「眼睛吃冰淇淋」就心滿意足，不愛做出任何批評，不犯任何政治錯誤；

因為他們知道，假如主張任何一種生活方式更好，都有犯錯的風險。

這種態度卻帶來一種道德真空狀態，沒有真正的是或非。這種態度也漠視「第二曲線」的存在，而且總基於錯誤的理由而妥協：只圖息事寧人，而不追求正義或進步。十八世紀德國大哲學家康德（Immanuel Kant）在還是普魯士一個小鎮上沒沒無聞的哲學講師時，便對笛卡兒的論調不以為然。於是著手撰寫日後讓世人屏息深思的巨著《純粹理性批判》（*Critique of Pure Reason*）。這本書之所以造成震撼，是因為它提供對抗「科學至上」這個狂妄觀念的方法。他堅信人不是達成某種目的的手段或工具，人本身就是目的！來自每個人內在的一股道德壓力，驅策並塑造我們成為一個真正的人。康德論人的學說帶有宗教意味；他曾說，賦予人生意義的不是那位建構科學世界的上帝，而是住在人類靈魂中的那位上帝。別人問：「你怎麼知道？」他答說：「因為我身體裡頭的那股道德力量這麼告訴我。」

存在便是美

這是個非常好的答案，信仰不需要理由。某件事假如在理由或邏輯上說得通，應該就無須把它當成信仰。我無法證明人類存在有其意義。我同意哲學大師維根斯坦（Ludwig Wittgenstein）的話：「即使一切可能存在的科學問題都找到了解答，人類依舊完全沾不到生命問題的邊。」我也同意美國小說家約翰．厄普代克（John Updike）所言，存在的感覺美妙無比，儘管我們無法描述或為存在下定義。

說來有點自大，我們覺得，自己擁有像靈魂這類的東西，所以我們不但有重要性，而且在某些方面獨一無二，無可替代。聖經的〈啟示錄〉裡有段話縈繞我心，聖靈說：「得勝的，我必將那隱藏的嗎哪賜給他，並賜他一塊白石，石上寫著新名；除了那領受的以外，沒有人能認識。」我在書桌上放置一顆白石，以隨時提醒自己的獨特性。即使人生沒有意義，即使它完全是個科學掛帥的把戲，我們仍須相信人生有其意義。假如我們不相信這一點，就找不到理由做任何事、相信任何事，或改變任何事。如此一來，世界將聽任那些相信自己能改變事情的人支配，這種風險我們承擔不起。

如果我們想找尋人生的意義，確認做一切事與扮演一切角色的理由，以下三種「意識」提供頗有助益的基礎，分別是：接續感（sense of continuity）、連結感（sense of connection）以及方向感（sense of direction）。若欠缺這些「意識」，我們會覺得自己像艘無舵之舟；沒有定向、隨波漂流。未來幾十年間，這個世界將會是個令人困惑的地方。我們將需要藉助於所能找到的一切助力，以確認自己在世上的位置與角色。當前事事快速變遷，導致人人皆有無力之感，而據我所知，這幾種感受能力正是對抗無力感的最佳解藥。

第十四章
千禧年的啟示

我父親過世之前幾年，交給我一個骯髒的棕色信封。他說：「我一直沒有處理它，現在也不打算處理，只好交給你啦！」那是我祖先傳下的一些老舊族譜資料，其中包括上溯兩、三百年的族譜。我審視一番，注意到幾代前有位與我同名的祖先；這位生於一七六五年、卒於一八三六年的查爾斯．韓第有四名兒女，其中兩人早逝。另外兩個人中，有一人即是我的高祖父。我所知道的就是這些。這張族譜完全沒提到這位查爾斯．韓第一世家住何處，職業為何，長相如何，是否富有，品行端莊與否？我很想知道自己未來是否也有相同遭遇：百年之後，某個後代子孫翻閱族譜時，看到我的名字卻對我一無所知。假如真是如此，我不如及時行樂，逍遙一生。

世代交替的啟示

就在這時候，我碰巧翻到聖經〈路得記〉（Book of Ruth）的最後幾段話。這幾句話並不有名，其實只是一串人名：「法勒斯生希斯崙，希斯崙生蘭，蘭生亞米拿達……」，接下來繼續出現六個名字後，才到了總結的一句：「耶西生大衛。」到此我們終於找到整段話的意義所在：大衛。他不但是猶太人的偉大君王，而且經由他最後串連到耶穌。假如沒有前面那些人，也就不會有大衛。在整個傳承鏈中，他們扮演不可或缺的串連角色。沒有十八世紀的查爾斯．韓第，就沒有今天的我。

從那時起我了解到，我實在不該狂妄自大，自以為可以獨力對未來做出偉大貢獻。況且我的主要任務不在成就豐功偉業，而在確保某種接續性；不僅限於延續我的家族，也包括延續我所相信的一切事物。且別管「某人生某人」這句話中「生」字的字面意義，讓我們取其中的隱喻；它不只適用於家族的傳承，也適用於組織與觀念的繁衍。我們都是一條鏈上的環節；我們有責任讓事物得以接續下去，因為沒有人知道幾代之後會出現重大變化。在蘭之後經過九代，大衛出生了。

聖經〈箴言〉裡對智者所下的定義，更加強接續性的重要，它說，智者要能確保「善人給子孫遺留產業」。強納生．勞赫（Jonathan Rauch）寫了一本深刻探討日本的書《局外之國》（*The Outnation*），書中描述他與安康平田會面的情形。這位日本企業家在一九四六年以生產手推車和嬰兒車起家，後來則生產工業用機器人。安康平田談及他的工作時說：「我把公司看作一個永不停止生長的小孩。我會死亡，但公司可以繼續存在，而我的責任就是確保這件事。而且，我要不斷建造更好的機器人。」勞赫接著又說，對談中，除非他先提到利潤問題，否則安康平田絕不主動觸及這個話題。「我的意思是：他對追逐利潤的興趣不大。他生活毫不奢華，對永恆事物的關懷似乎超過對金錢的關懷。」無獨有偶，英國神學家理查．胡克（Richard Hooker）早在十六世紀也曾發表類似於「個人生涯，團體不朽」的論調。

以探討正義問題聞名於世的哲學家羅爾斯（John Rawls）說：「每一個世代

必須保存文明與文化的優良部分，也必須維持那些已建立的公正機構，不使其遭受絲毫損害。但這不夠，每個世代也都要切實將適量的新資本投注到適當的地方。」早在他之前，愛德蒙．柏克（Edmund Burke）在描寫法國大革命時就曾說過：「社會其實是個契約……不僅在目前活著的人之間締結，締約者還包括現存的、已故的，以及尚未出生的人。」

這就是「大教堂哲學」，也就是設計及建造宏偉大教堂者的想法，他們知道在自己有生之年不可能目睹教堂落成。我們在此所講的「大教堂」不是昔日由石頭與玻璃構成的教堂，而是由腦力與才智構成的教堂。建造這種「新教堂」必須花費的時間一點也不比真實的大教堂少，破土動工的人很可能活不到工程完成那一天。因此，我們的眼光必須跨越墳墓，超越本身的世代。除非我們能相信我們所屬的地方性小組織，以及全球性的較大世界都會長久存在，否則我們很難願意做出相關的奉獻犧牲。然而我們應該記住，組織即使存續，也未必要維持與目前一模一樣的形式。第二曲線有別於第一曲線，必須有所變革才能接續下去。

安康平田以生產手推車起家，後來即靠製造工業用機器人繼續發展。為了讓現在有意義，我們需要對未來有信心。

我們的目光該多大多遠？

有些人會說，即使連生命本身目前都遭到威脅。兩個世紀以前馬爾薩斯（Thomas Robert Malthus）憂懼，世界未來的資源恐將不敷餵養所有的人；他不幸言中。人口增加的速度著實駭人，最近出現的一些人口論點，如保羅．甘迺迪（Paul Kennedy）近作《創世紀》（*Preparing for the Twenty-first Century*）或愛德華．威爾森（Edward Wilson）的《繽紛的生命》（*The Diversity of Life*）裡的警語，固然都極具說服力。但是，假如我們不希望末日來臨，並設法加以阻止，便能阻止末日到來。我們可能需要採行類似萊斯特．梭羅所建議的方法，支付熱帶雨林租金給第三世界。這麼做也許可以鼓勵我們保全數百萬種生命形式。

無論如何，我們需要對這世界以及各民族的存續懷有足夠的信心與興趣，才能放棄一些眼前的福祉，以謀求我們永遠也見不到面的子孫後輩更強的接續感，以及更徹底採行「大教堂哲學」。

某些文化裡本來就含有這種傳承的意識。查爾斯．漢普頓透納認為，在美國人心目中，時間呈直線進行；但在一些東方民族看來，時間卻呈環狀循環。他說，對許多西方人而言，時間像是個趕工的收割者，不斷揮舞著鐮刀前進，永不回頭。在東方，時間卻周而復始來到，讓人們能一再參與新的機會。假如我們持著趕工收割式的時間觀，則一分一秒都不容浪費。因為所有事情都必須在時間耗盡之前完成。但對抱持著循環觀點的人來說，時間卻永無耗盡之時。因此，我們便只需要創造某種「自我更新系統」，當時間重返時，即使我們本人不在那裡，這套系統仍能自動發揮功能。

我們可以從這個角度來看歐洲。歐洲無論如何都必須以某種形式更進一步整合；因為每一個個別國家都太小，無法獨力立足於一個八十億人口的世界。但歐洲若要成功整合，一定要超越目前只是為了方便進行貨物交流而作權宜式安排的階段。最終，它必須成為一個聯邦式的單一個體，具有聯邦制所包含的一切成分；包括雙重公民身分、分權、適當的「輔助性原則」等。實施聯邦制不但要有共同的法律，而且要有共同貨幣。實施單一貨幣前，經濟發展程度不均衡的歐洲共同體各國，為了維持產業競爭力，必須不時調整幣值。一旦實施單一貨幣，便不再有片面貶值的可能。屆時，歐洲共同體必須取代個別國家，負起拉近區域差距的責任，例如提供補助、貸款、稅捐減免，以幫助弱國跟上強國。歐洲共同體為了獲得從事這方面工作所需的資金，可能必須提高各國繳給共同體中央的稅額才夠，增幅恐達七％或八％。沒有任何一位選民希望加稅，除非他們具有足夠的歷史感，具備從過去貫穿到未來的一種接續感，因而認為「歐洲」這塊地方是長期持續不可分割的一部分，認定這塊地方向來是他們傳統遺產的一部分，也是他們後代子孫前途的寄託。這類奉獻無法在短期內獲得回報，也無法在一屆國會任期上看出必要。

組織壽命無限

一般企業在季報的壓力下，再加上體認大公司平均僅能生存四十年的事實，因此大多數董事會都只著重眼前，缺乏長久打算。董事會雖然向來重視數字，卻不相信關於四或五年後情況的數字。一般相信，把錢存在銀行，總比冒險興建新企業的「大教堂」來得安全。只有家族企業才會考慮身後的公司發展，但他們的考慮恐怕也不超過三代。儘管目前各股票上市公司無論由誰經營，一般人總視為同個企業體的持續；然而，似乎有愈來愈強的壓力，迫使經營者考慮公司的長遠發展。我必須再次強調，個人年歲有限，組織壽命無窮。三井物產株式會社和我的母校牛津大學皆有六百年歷史，兩個機構目前都還是實力堅強、目光遠大。其實，我們往後看得多遠，往前看的距離也一樣。

我曾應一家大型銀行的邀請，協助他們擬出一份公司的理念與價值宣言。我做的第一件事，就是探究他們對本身目標的了解。我問「貴公司為何存在？」他們答道：「讓我們的股東發大財。」他們的股東主要是其他銀行、保險公司、退休基金保管機構。我又追問是否真有任何機構提出這類請求，或明確表達他們的期望？答案顯然是否定的。銀行董事長補充說，幾年前公司宣布出現有史以來第一次年度虧損後，他認為有必要前往拜訪公司的主要股東，也就是某家保險公司，向他們解釋原委。他說：「他們明顯對此不感興趣。他們似乎認為，我們永遠能夠應付局面，因此像這種一時的障礙，我們應該可以自行克服。」我說：「也許他們是對的，也許他們就是想把錢放在一個永遠安全的地方。」他卻對我的說法不以為然的表示：「我認為他們很不尋常。」「不朽」的觀念也許相當嚇人，但如果換個說法改談「接續」，則可能跛較受用，也比較不令人害怕。

就家庭的層次而言，我們必須為孫兒孫女擔憂。目前英國每二．三樁婚姻就有一樁以離婚收場；未來如果出現大量不被接納的繼孫子女，此時不知該由誰來為子孫著想；或者反過來看，有許多小孩根本不知道自己的祖父母是誰。假如我們打算在自家花園植樹，卻不知樹長成後誰會來樹下遊憩，這樣的植樹工作很難做下去。講得精確些，假如兩代之後的子孫和我們只具有某種「半分離式」的關係，那麼世代與世代之間的公平將更難以維持。過去，家族總可以綿延久遠。從前的人知道自己離世之後情況可能稍有變化，但大致可以接續，因此從他嘴裡說出「我走了之後應當如何如何」就顯得有意義。未來一旦家庭變成某種暫時性的權宜組合，就無法再綿延久遠了。

千禧年

我有一些比較不切實際的願望。我們不應低估聖經「千禧年」（millennium）觀念的力量。它可鼓勵人們，無論瞻前望後都要比歷來看得更遠。目前，各種保護遺產的活動也正加速進行中。在這裡有個有用的象徵說法：「我們不會經常拆毀舊建築或設備，倒是會進行改裝，例如將原來的船塢、倉庫、工廠改作其他用途。」國際社會變遷研究中心（International Research Institute for Social Change, RISC）最近一份研究報告指出：「我們可以親眼目睹，未來人類將愈來愈對自己的歷史負有責任感，愈來愈能夠同時體認過去與未來世代的重要性。」這段話頗令人鼓舞。目前各項環保運動，特別是「蓋婭」概念的傳布，能引領我們大步向後躍入歷史，又向前躍入未來。[3]

假設如我所願，各公司皆能重新喚起員工的團體意識，且員工感到跳槽的危險性逐漸增高，而股東的影響逐漸減少，那麼企業界也許會再次慢慢出現一股追求恆久關係的渴望。企業領袖確實有很大的影響力，因此，全球四十八位超大型企業執行長齊聚一堂，成立「企業永續發展委員會」（Business Council for Sustainable Development）時，各國政府與各界人士莫不豎耳傾聽。與會的福斯公司執行長卡爾・漢恩（Carl Hahn）早已在報告中寫道：「假如我們考慮未來，也就是新一代人類的重要義務，就必須採取『循環利用』的企業觀點；大自然的一切都植基於這種循環概念之上。」在市場上，「流行」雖然是業務人員必須時時尊奉的神祇，但追隨流行的人可能逐漸減少；更有甚者，新的「流行趨勢」可能是將就使用目前手邊擁有的事物，或者只選擇合乎需要的東西，而不管身旁流行什麼。未來當道的，很可能是家庭製品、二手貨、品質良好而不絢麗的產品，或者是具有持久性的事物。

如今人類壽命延長，祖孫四代同時在世的情形愈來愈普遍；然而在今日，那些隨心所欲的父母逐漸成為明日的祖父母，同時理解到自己錯失某些東西（對

3　譯注：蓋婭原名Gaia，是希臘神話中的大地女神。被當代環境哲學引用的「蓋婭」概念，強調地球是一個自我更新系統，人類不可殺害「蓋婭」，不可破壞地球的自我更新功能，否則將走向毀滅。

未來的參與權）之際，家族「接續」的觀念卻可能尚未重新抬頭。由於我們在生命中所能向前瞻望的距離不可能超過向後看的距離，因此這份理解的產生往往太遲。未來，會有很多為人祖父母者，因為兒子或女兒的婚姻變化，親手撫育自己的孫兒，因此，祖父母的權利問題將成重要議題。

若非懷抱著「接續感」，任何為了未來而犧牲眼前的做法都毫無意義。

第十五章

社區、網路、虛擬世界

人並非注定孤單，反而常需要依賴其他人、事、物；然而唯有在雙方相互有所承諾的情況下，才可能願意犧牲自己、成全對方。不過，信奉自由主義與個人主義的現代人對承諾深懷戒心。我們抱持懷疑的態度看待諸如「忠誠」、「責任」、「義務」等字眼。在現代社會中，無論我們是否追求獨立自主，都被迫非擁有它不可。

孤獨：世紀疾病

班傑明．狄斯瑞利（Benjamin Disraeli）早在一世紀前就說過：「現代社會沒有鄰居。」現在的情況也差不多。由於人們習慣獨居、獨自工作、獨自遊玩，被數據機、隨身聽和電視孤立，因此，孤獨很可能是下個世紀的真正疾病。義大利人似乎很聰明，他們用同一個字表達單獨（alone）與孤獨（lonely）等兩種意義；因為前者暗示著後者。我們不再清楚，究竟自己將連結到何處？或將歸屬於誰？假如我們沒有歸屬，則難以看出有哪項奮鬥才會有意義。

更重要的也許是：假如我們沒有歸屬，便沒有為他人奉獻犧牲的理由。假如我們對他人沒有承諾，他人對我們也沒有承諾，「責任」與「良心」這兩個詞便沒有意義。羅爾斯說：「假如一個人毫無正義觀念，對人就不會有愛心與友情，無法與人建立互信，也不會憎惡和憤怒。只要有機會插隊而不受懲罰，他就插隊，而且認為其他每個人也都會和他一樣。這種人比較缺乏人性。」耐人尋味的是，儘管許多有助於維繫正義觀念的「連結關係」逐漸瓦解，為什麼大多數人仍舊奉公守法？

本世紀中，工作場所是很多人生活的主要活動空間。路易斯・芒福德（Lewis Mumford）頗讚賞修道院式團體生活的多種美德，他說：「真正的休閒並非『擺脫工作』，而是『在工作中獲得解放』；同時它也是一段可以討論、反芻、思索人生意義的時間。」現代工作並未提供太多這類機會，甚至連那些核心分子也一樣沒機會。儘管如此，提早退休仍是悲哀的事，往往也被視為團體的損失，而被派駐遠方工作，也被視為是一件孤獨而辛苦的事。

假如所謂「成員」的觀念能在組織的核心人員中更趨普及，則工作場所仍然會是許多人的「連結中心點」。不過這裡所說的「許多人」，可能還不到勞動總人口的一半，也不到全部成年人口的三分之一。這是一種隔絕性頗高的連結，它會耗盡全體成員的時間與精力，除非組織能更重視它與其他「利害關係人」之間的「組織契約」，並且更費心規畫切割時間的方法，否則這種連結關係將導致成員與周遭社會隔絕。

新聚落的形成

我們始終不樂見的一項後遺症是，由於組織在我們生活中占有關鍵地位，導致很多人除了工作場所外，沒有歸屬其他地方的必要。結果，一旦我們離開了工作，就沒有一個地方屬於我們。而且，我們的工作也促成高同質性社區的出現，取代成員較多樣的舊街坊。基於共同願望和利益而形成的社區，取代基於地緣而形成的鄰里。這麼一來，我們不再需要考慮對新鄰居有所遷就，因為每位新鄰居和我們的立場都一致。假如我們所選擇的社區再進一步劃分為幾個同質性更高的區域，我們將永遠無須和不同類的人見面，或是關注他們。

根據美國「社區組織聯合會」統計，一九八九年全美國有十三萬個社區組織，協助管理三千萬人的居家環境，這表示每八個美國人就有一個人住在所謂的社區裡。固然其中有些社區只不過是小型公寓，但八成的社區占有土地，而且平均住戶達五百四十三戶之多。目前還有更多社區陸續形成，且同質性愈來愈高；美國南加州的新港海灘（Newport Beach）有一個新社區甚至規定住戶飼養寵物的大小。

位於加州的拉古納海灘（Laguna Beach）也開發出所謂「休閒山莊」：兩萬一千名住民有自己的稅收、警衛隊、電視台，以及十二條公車路線。社區入口處的警衛會查核每一位訪客的身分。這個社區以及其他類似的「聚落」可比擬中世紀義大利有城牆的城市。它們提供居民心理上的安全與平靜：那是他們在混合型社區所找尋不著的感受。然而，誠如《經濟學人》雜誌所言，他們應該記住，昔日義大利有城牆的城市乃是導致連年干戈不止的禍源。

新的聚落型社區太小，而且成員彼此的想法太接近，以至於無法成為任何新的社會均衡的基礎，因為他們只和自己社區的人發生連結。另一方面，國家卻又是個太大、太模糊的概念，無法讓所有成員連結為一體。很難有人願意為素未謀面的人犧牲奉獻，或付錢清掃自己未曾走過的道路，或修築自己永遠用不上的下水道。住在英格蘭南方薩里（Surrey）地區的富人，也許會同情北方泰恩賽德（Tyneside）地區的窮人，但前者不會捐太多錢給後者，因為他們永遠看不到成果。世界正由「組織社會」逐漸演變成「聚落社會」，而且是富人聚落與窮人聚落。英王亨利八世曾經為了提高較優秀農民的生產力而推行「圈地運動」，此舉使窮人深陷於窮困之中，被迫形成新的下層階級。我們所需要的社區必須大到足以具有多元混合的特性，又應小到足以讓全體住民都看得到它。我們需要回歸上古的「城邦」型態，或是最起碼要回歸「小鎮社區」。

市民的驕傲

英國歷來存在所謂「市民的驕傲」。不同城鎮的市政中心相互競爭，不僅比較市政廳的氣派，也比較政績。但是過去幾十年來，中央政府一步步剝奪城鎮的權力；因為地方政府濫用權力，以至於無法獲得中央信任。如此一來，如今英國只剩市鎮的足球代表隊還保存著這個傳統。

市立大學曾經是地方父老的驕傲；地方企業競相捐款，以求在新建宿舍或教室建築上留名；同時，他們希望自己的子女在那裡求學、結婚、生活、工作。一九五〇年代，英國政府本著自由主義的精神，決定實施全國性的學費與生活費補貼，好讓學生可以自由選擇就讀全國任何一所大學。市立大學一下子全都變成國立大學，於是失去在地特定地方人民的認同與贊助；學生自由遊走四方，在遠離生長的地方發展觸角並建立根據地。這項變革打著自由的名義，不過也有人說，是因為牛津和劍橋兩所大學希望從全國每個角落挑選學生。不管原因是什麼，這對「城邦」的建立是另一記重擊。

不過，城市的地位未來可能再度崛起。歐洲正快速轉變成一個「城市的歐洲」；幾個大城市，如曼徹斯特、巴塞隆納、慕尼黑等，已相互在商業與運動方面競爭。航空班機從城市飛到城市，而非僅從一國首都飛到另一國首都。城市與城市之間締結姐妹關係。這很有意義，因為即使我們住在某個城市的偏僻一隅，也可以認同這個城市並與它發生連結。舉目可見的城堡與大教堂尖頂以及摩天高樓，在在都提醒我們城市的存在。城市是個規模合乎人類實際狀況的「社區」，國家卻不是。今天唯一會揮舞國旗的人，是那些喝醉酒的球迷。隨著歐洲進一步整合，中間的層級逐漸消失，城市正取代國家，成為我們認同的焦點，也成為我們與社會連結的途徑。

重整城邦

但目前我們的城市亂七八糟，代表著極度富裕與極度貧窮的混合。看起來，城市不可能成為社群的基礎。基於這個理由，我們應該讓它們重新為本身的未來負起責任。在英國，城市的收入有一大部分來自中央政府。城市只是負責傳遞工作的中介角色。它們必須有權決定行事的優先順序，並且被授予執行這些事項所需的權威與方法，如此才能算是合宜的「輔助性原則」。

城市和鄰近地區，提供建構公平社會所需的「中國式契約」的最佳基礎。只有規模這般大小的社區，才有可能有效運用成員中較成功者的才智與金錢，投注於基本建設，以及幫助較不幸的一群人。付出的人可以看得到他們付出的心力與稅金所產生的結果。在城市中，我們只消利用閒暇時間，即可有一番表現，但若想在全國性的層次嶄露頭角，非得把工作當作終身志業不可。不過，假如給予城市更多責任，同時也意味著給予更多權力以募集履行此責任所需的資金。但這麼做困難，因為也許除了加拿大外，所有的中央政府都想要優先取得最大部分的稅收。因此，需要有個開明的中央政府，願意放棄一些財政控制權。

在這方面，雖然美國的城市比歐洲大多數城市更先進，但在現在，在歐洲每個地方，我們都可以看到一些令人鼓舞的徵兆。已經開始有人構思「年度歐洲文化之都」（Annual European City of Culture）的計畫，而目前競相促銷自己是旅遊與發展中心的不是國家，是城市。它們在文化、環境與歷史遺產的維護上相互競逐。人口一千五百萬的開羅市最近獲得聯合國頒獎，表揚城市垃圾回收利用的成就；由此證明，城市規模大小不見得會防礙發展「市民的驕傲」。在全球各大都市中，唯有倫敦是個例外，它沒有「市政府」，因此也沒有「市民驕傲」的中心。

城市聯邦

不可否認的事實是，聯邦應該既小又大，因為中間層次終究不可避免要消失。有一天，歐洲在實質上會成為一個由城市所組成的聯邦。屆時，歐洲各國的每個人就會覺得身為「歐洲人」更具意義了。因為每一個城市都將遠比今天更需要仰賴歐洲，以及與歐洲發生各項事物的連結。假如可選擇的合作對象較多，自然比較有彼此互惠的機會。例如，蘇格蘭大城格拉斯哥（Glasgow）與葡萄牙的波多（Oporto）進行人員交流，就比它與曼徹斯特進行交流還要容易；因為彼此間比較沒有直接競爭關係，而且雙方也會覺得比較有趣味。看來「雙重公民身分」觀念的形成，似乎以城市為基礎要比以國家為基礎更容易。

有人提議，應該讓每個十三歲的歐洲小孩花一個學期，到另一個歐洲國家上學，並寄宿當地家庭。對此我一向深表贊同。假如普遍實施，唯一的開銷只有交通費。這項工作的協商與舉辦比較難以國家為基礎進行，如果把它當成城際活動來辦，成果會豐碩許多。沒有一件事比城際連結的活動更能提高年輕人的歷史感與命運一體感。

基於地理和經濟上的邏輯，美國、墨西哥、加拿大必將形成一個全新而更大的聯邦，歐洲也將如此。假如要富人繼續願意付錢照顧窮人，新的聯邦應該以城市或大城鎮為組合單位，而非以國家或州為單位。透過「配對」與「交換」，將有助於創造某種歷史與共同命運的意識。也許有一天，日本與東南亞也會覺得，若要與力量漸增的中國相抗衡，像這種既可變大又可變小的連結頗為可取。

然而，對城市最寄予厚望的應該是各組織，特別是企業組織。企業需要都市，它們需要都市提供的教育與文化資源，以吸引企業核心所需要的高素質人才；它們需要唯有都市才能提供的對外交通網路；它們需要那些欣欣向榮的小型服務業，以及聚集在都市邊緣所謂「新型態村落」的組合式工作者；它們需要都市的熙來攘往，需要城市中所有的活力、刺激，以及生活的變化，也需要較大的接觸面與政治參與。弔詭的是，目前的趨勢完全背道而馳，許多企業組織在所謂「花園辦公室」或「花園工廠」的引誘下，紛紛逃至鄉間或郊區；這是把工作帶給工作者，而非由工作者來遷就工作；他們依賴電子通訊，讓自己得以與外面的世界連繫。他們各自為自己在林間構築一座座有圍牆的小城。

企業回歸合適地點

他們也許該重新省思。因為在新的聯邦制分散型組織中，任何單一地點都不需要很多人。地區性的工作中心以及電子通訊聯誼中心可以大量設立於鄉野林間，但若要刺激聯邦體發揮連結功能，公司的某個部分活動都是都市所需要的，而他們也需要都市。唯有讓企業組織回歸合適的地點，他們才會願意再投資改善這些具有人性的工作中心；因為企業握有權力和影響力，例如經費開支權與領導能力。妥協是未來可以繼續奉行的原則。「抽象符號分析家」在一個以上地點的工作與居住的情形愈來愈普遍；這不是歷來很多人所夢想的「城中有鄉」，而是「有城亦有鄉」，因為他們兩者都需要。唯有當城鎮裡同時住著富人與窮人時，才有可能讓富人願意與窮人分擔教育與交通費用。因為這樣做可以提高他們居住城市的教育水準，因而使城市更富裕；最終還是對他們自身有利。

假如企業組織不重新考慮地點的問題，未來城市將會加速衰敗；擁有權力與影響力的人，將會進一步退入他們自築高牆的村落裡，把自己和不同類的人隔離開來。這麼做會找不到平衡點，由於沒有犧牲奉獻和與人妥協的機會，也不可能把弔詭化為進步的原動力。因此，獲悉倫敦企業界正聯手推動倫敦改造計畫，令我頗感振奮。包括亞特蘭大、西雅圖、巴塞隆納等許多城市的精英市民，也都著手進行類似工作。《新政府運動》共同作者大衛・歐斯本說：「聯邦制組織是民主的實驗室。」目前有一些城市也許會出人意外的找到一些出路，讓我們得以和鄰居再度產生連結。只要站在中心統治的人能夠感受到聯邦制的好處，其他城市將會陸續跟進。

虛擬式都市

大都市是由小「村落」構成。不容否認，我們往往既需要村落，也需要都市。我們既需要好友帶來的安適感，也需要陌生人帶來的刺激力量。和一群與自己同類的人在一起，我們可以放鬆；但我們也需要與更大、更寬廣的外在社會發生連結，一來防止我們陷入沉睡，一來使我們感受自己是某個更大團體的一部分。唯有此時，良心才能凌駕自私心，責任才能超越安逸。大城中的村落是建構更公平社會的良好基礎，即便是由一群想法相似、收入相當的人所組成的村落亦然。可惜大多數人恐怕看不到這種情形；我們居住的城市將不會有足夠快速的改變。我們必須自創「虛擬村落」與「虛擬城市」；我們能夠對這些社區加以描述，並且看得到它，但它未必屬於任何特定的地方。

家庭向來是我們的「村落」之一。雖然家庭型態已經發生變化，傳統的家庭已不多見，但家庭畢竟還是存在。有些家庭成員間的關係也許與傳統家庭相異，例如與繼父母或繼子女同住的情形，也許多過血親同住，但家庭畢竟還是存在。目前的「延伸家庭」既是垂直式也是水平式，含括更大一群同一代的人。比起舊式的「核心家庭」，它讓家庭成員更有機會從同輩親屬中找到「知心手足」。這些包括血親、密友、夥伴的「虛擬式家庭」與舊式家庭相比，會是比較舒服的「村落」。我們不該對家庭失望，而是應該重新界定它。

工作場所往往是另一種「村落」。就如我先前所言，它是個與外面的世界不相連結的聚落，卻也是我們與想法相同的同事間一種輕鬆自在的連結方法。「極簡組織」遍布之後，由於更多人主動或被動走出組織之外，使得這類連結比較困難。現代的組合式工作者愈來愈有必要創造屬於自己的「虛擬式組織」，組成分子包括客戶、暫時性的合夥人或同事。

在獨立組合式工作者的「聯誼中心」裡，我們可以一窺虛擬式組織。對組合式工作者而言，仲介或經紀公司（類似演員、作家、模特兒的經紀人）便是他們聯誼中心的提供者之一。這些仲介商或經紀人可充當消息站、根據地、聯絡處，即使它只是在某線電話的一端。此外，還有一些由獨立人員迅速建立起來的連絡網路，亦即由符合資格的無雇主專業人員所設立的工作聯誼中心。我那個演員兒子，既有一位經紀人，也有他的「活頁本俱樂部」（filofax club）[4]連絡網，這都是他接戲空檔的虛擬式組織。另外就是「電子通信俱樂部」，那是一棟專為偶爾需要使用電子通信設備的人所設計的建築，提供個人工作空間、櫃台接待服務、食品飲料，以及各種必要的通信設備。有些公司租用這類設施，供員工作作為地

4　編注：指在活頁本上的俱樂部成員的聯絡資料。

區辦公室。另外就是個別人士按日、週、月租用。在都市裡，有一些較高級的這類場所；其中有的不拘對象，出租會議室與餐廳；有的則是比較正式的俱樂部，僅限會員使用。各旅館、機場、火車站已經發現這種新工作形式的商業潛力，而分別設置電子通信聯誼中心供旅客使用。將來，這些地方很可能不只提供設施，也提供某種非永久性的會員身分，形成一個具體可見的虛擬工作村。

還有其他的虛擬村落。有份研究報告的標題充滿愉快氣息，名為《圍繞所熱愛事物而為的組織活動》（*Organizing around Enthusiasms*），研究發現英格蘭薩里（Surrey）郊區共有三百一十五個組織致力於推展嗜好、興趣、運動以及其他各種令人熱愛的活動，它們皆由志願人士負責，也都是甜甜圈組織：有個由負責團隊所構成的核心，還有一片充滿捐助者與參與者的空間，每個組織都為自己的成員提供某種形式的聯誼中心。這些組織提供極大的活動範疇，但不是提供有薪工作，而是讓人可以舒服與朋友聚會的場所，也是一個暫時性的村落。

第三種地方

這些虛擬都市可以彌補不足，讓人們創造機會遇見陌生人，並接受陌生人的挑戰。考斯主張多多利用他所稱的「第三種地方」，如電影院、教堂、購物中心，以及其他可以與其他人見面的公共場所。我們還可以再投入更多努力，讓「第三種地方」成為與陌生人發生連結關係的場所。然而，有時候這些地方的構成分子是孤單的群眾。我們不能仰賴這些，而必須更努力自行建立我們與陌生人之間的連結關係。這雖然比較困難，也比較有挑戰性，但並非不可能。

我內弟在他的「第三階段」一開始之際，辭去他在某企業的全職工作。他起先尋找一份每週工作大約四天的非專職工作。四年之後，他認為偶爾多工作一天也沒問題。如今他忙得不可開交：他是地方法院簡易庭法官，也擔任地方學校的高階行政人員，同時還是教區居民代表會的成員。他參加地方司法與警政單位舉辦的各種委員會議，負責地方馬術表演與農業展。他現在不再只歸屬於一個頗單調的企業組織，而屬於好幾個類別很不相同的組織。他過去在企業辦公室裡完全夢想不到的許多生活，如今都經歷到了。就像他一樣，我們也能利用新的工作與生活彈性，創造比從前更多的連結關係；從前，我們生活的大部分時間皆受到某家機構獨占。

社區的活動組合（其中包括令人熱愛的工作或活動）都是矯正所謂「聚落生活」的解方；姑且不論這個聚落是個鄉下村落，或加州的一個「圍籬城市」（fenced city），或某個城市內的貧民窟。人們不一定要具有像我內弟那樣的背景，才能夠服務社區。有許多最優秀的高階學校主管、最優秀的仲裁委員，以及最優秀的青年領袖，都是來自條件最差的區域，因此反而能深刻掌握外人無法了解的現實狀況。我們的社區組織促使各區域或群體之間，產生水平與垂直的連結關係。

柴契爾夫人曾說過一句名言：「根本沒有社會的存在。」她的意思是說，個人不能躲藏在「社會」的背後，指望社會供應或提供保護。經濟學大師凱因斯說：「個人主義如果去除缺點，且不為人所濫用，則會是個人自由的最佳保障。」凱因斯這段話中的先決條件非常重要。而「連結感」便是在一個混合的社會中能找到的、去除那些缺點的最佳憑藉。個人與社區之間，可以存在某種有益的妥協。社會的確存在，也必須存在；但它的存在是在彌補個人主義之不足，而非取而代之。社會也是我們貢獻的管道，是一個施和受的地方。

隨著年事漸長，我們變得更接近，而且經常覺得有必要回饋社會，但主要是奉獻時間與專業能力，而非金錢。只要「第三階段」的人不抱著寵物狗躲入老人安養庭園或高爾夫花園裡，他們可以有很多貢獻；不過，他們會希望在地方上貢獻，如此才可親眼看到一些成果。我們可以看到一個由接近專業水準的人士所組成的新團體出現在社區裡；其中成員個個受過基本訓練，而且具備足夠的能力，可到學校協助舉辦年輕人的活動；到醫院擔任諮商人員、駕駛員或看護；協助發放社會福利金；擔任專案志願服務計畫研究員或協調人。目前，已有一部分人這麼做。假如「市民的驕傲」得以在各地復甦，預料還會有更多人做更多這類的事。我們不能坐等中央政府釋出權力，必須自力更生。在未來的世界，我們愈來愈有必要創造自己的連結關係，以及自己的「虛擬都市」與「虛擬村落」。

第十六章

預約二十一世紀

如果僅僅具備接續感和連結感，到頭來仍舊不足以讓我們覺得所做的奮鬥有意義。《歷史之終結與最後一人》（*The End of History and the Last Man*）的作者法蘭西斯．福山（Francis Fukuyama）說：

歷史走到盡頭會是一個悲哀的時刻。先前，人們可以為了受肯定而奮鬥，也願意為了某種純粹的抽象理想而犧牲生命；勇氣、想像力、理想色彩曾是全人類捍衛的價值觀，但到了歷史盡頭，取而代之的是完全以經濟因素衡量事情，永遠解決不完的科技問題、環保問題，以及難以預測的消費者需求。在「後歷史時代」，不會有藝術，也不會有哲學；屆時，只有「人類歷史博物館」才會永久典藏這些玩意。

歷史的盡頭

福山認為，自由民主制度（與它帶來的包容性）以及創造的富裕，已經使人類失去為偉大目標奮鬥的意志。我們在安逸中墮落，所有的競爭，都只是為了國際運動比賽的獎杯或金牌，而這些事情創造不了偉大的藝術或高尚的行為，它們只能讓心跳短暫加快，也無法醞釀革命。我們和狗一樣，只要吃得飽就心滿意足。一旦科學與經濟進步引領愈來愈多社會進入安適階段，就是歷史盡頭到來的時刻。

亞歷西斯·德·托克維爾（Alexis de Tocqueville）很久以前就看到美國已出現歷史接近盡頭的徵兆：

令觀察家印象深刻的第一件事，是無數彼此相似的人，不斷努力追求一些低層次的樂趣，以填滿自己的人生。分開來看，他們每一個人，對所有其他人而言都是陌生人；在他生命中，自己的子女與親友就構成全部的人類。至於其他的同胞，他和他們很近，卻看不見他們；他接觸他們，卻感受不到他們；他又存在於自己的世界裡，也只為自己一個人而存在；即使他仍與親屬維持關係，至少我們可以說他已失去了國家。在這個族群之上，是一股巨大而扮演守護角色的勢力；這些在上位者自認有責任讓底下的人獲得滿足，並照顧他們的一生……。上位者普遍同意，假如讓人們滿腦子想的只是歡樂，不想其他，他們應該會很快樂。

民主社會具有包容性，不會告訴人民該如何生活，或如何獲得快樂、美德以及成就。因此，當我們看到民主社會的人一心只想追求物質，以及無數感官上的需求，其實不須覺得意外。尼采（Friedrich Nietzsche）對此深感悲痛。他說：「最後一個人類」已經「離開那些讓他難以繼續生活下去的區域，因為人需要溫暖。」他接著又說：

人類繼續工作，因為工作是一種娛樂的形式。但他會小心，以避免這種娛樂變得令人非常痛苦。人類不再變成大富或大貧：因為兩者都要付出不尋常的代價。沒有牧者，只有羊群！每個人要求的都一樣，每一個人的形貌也都一模一樣：如果有人想要不一樣，就得自願進入瘋人院。

福山說，爆發第一次世界大戰的潛在原因也許是一種厭煩心理；因為當時歐洲的中產階級生活太過安逸。但萬萬沒想到，他們日後所得到的不安適，代價遠超過當初想得到的精神解脫，現在他們再也不敢嘗試了。一九八九年柏林圍牆倒塌，當時的西德人民對德國統一並不覺得興奮，因為恐怕代價過於昂貴；事後證明的確如此。四年之後，歐洲各國遲遲不出兵保衛波士尼亞（Bosnia），是因為他們知道，本國的公民不希望為此付出代價。唯有像波斯灣戰爭那種「不流血戰爭」（對民主國家而言），他們才有參與的熱誠。

最後的人類

如今不再有所謂的偉大奮鬥目標。每個人填寫履歷表時，都只希望藉著這份工作獲得某種可以讓自己過得順心的生活型態。在初出茅廬的律師身上，我們看不到偉大憧憬與澎湃熱情。我們不得不轉而在一些奇行怪癖上找尋我們的驕傲。這些玩意雖不偉大，但起碼是我們所能想到最好的替代品。我們如今都成為「最後的人類」。

假如我們有機會目睹「歷史盡頭」，可能未必會喜歡它。福山又說：

「自利」的觀念若加以妥善詮釋，會成為一個廣為人所了解的原則；而這個原則構成美國大眾道德的堅實基礎。……但這些價值觀最後卻產生某種腐蝕效果，危害維繫社區興盛所需的其他價值觀，因此也傷害自由社會的自我維生能力。

黑格爾（G. W. F. Hegel）領悟到，伴隨「歷史盡頭」而來的和平與繁榮，無法滿足個人追求人性深處驕傲感的需求。他在一八〇六年如此寫道：「我們站在一個重要紀元，一個動盪的時代大門口……一個心靈的新階段正在自我裝備當中。」將近兩百年後的今天，我們置身另一個紛擾動盪的時代，另一個密林裡。但歷史恐怕還沒走到盡頭。

馬斯洛（Abraham Maslow）的「需求層次理論」（hierarchy of needs）是對的，假如我們的物質需求得到滿足，就會開始追求社會聲望，然後再追求自我實現。但他的階層理論走得還不夠遠。在自我實現之上，還可以再加一個階層，也許可以稱為「理想化」階段：追求某個超越自我的理想或偉大目標。加上這一個階段後，將可矯正馬斯洛論述裡自我中心色彩過濃的缺點；馬斯洛的論調聽起來雖然與我們許多實際經驗相吻合，但聽過他的說法之後回味起來卻頗為苦澀。

為下個世紀做準備

假如我們既不是機器，也不是演化中的偶然，我們便需要具備方向感。托爾斯泰（Leo Tolstoy）在自己的告白中說，他無法找到自身存在的合理目的。他功成名就、婚姻美滿、富裕，但這一切似乎都沒有意義。他得到的結論是：人活著，只因為他心裡相信某些事。假如他沒有可以相信的事，便會走上自殺之途。所以說，信心是生命的力量。羅拉．艾希麗女士（Laura Ashley）解釋她為什麼要到鄉間開創紡織企業時說：「我感覺到大多數人都希望改善家計，有個花園，而且盡可能過好日子。」她的企業從一九七〇年代到一九八〇年代一直都很興旺，我認為這是因為她抓到時代的脈動，掌握到「最後人類」的心境。紐約市市長大衛．丁金斯（David Dinkins）一九九三年參加網球名將亞瑟．艾許（Arthur Ashe）的葬禮時說：「為他人服務，是我們為自己占據地球空間所支付的租金。艾許已經付清他的租金。」

丁金斯也許已經抓到二十一世紀人類的心情。前面曾提到的「國際社會變遷研究中心」調查顯示，相對於一九七〇年代與一九八〇年代這些「厭煩的一代」對意識型態爭辯不感興趣，而比較關心自己，一九九〇年代則有愈來愈多人致力找尋事物的「意義」與「真實性」，這是這個年代人類心情最突出的特色。這個新的「倫理性」構面，有好幾種表現方式：建立目標感，尋找認同、尊嚴，以及比所謂生活型態（美與和諧）更優先的一種生活品質。

人類最大的原罪

這是一種對「偉大目標」的追求。不過，這個偉大目標如果真要令人滿意，必須是一個「超越自身利害的目標」。理由很多：首先因為，聖奧古斯丁曾說，把自己的事情放在第一位，乃是人類最大的原罪；其次因為，榮格曾說，我們要透過他人才能發現自己；再者因為，每個人私下所渴望的「永生」或「不朽」，唯有透過他人才有可能實現。但最後這一項原因需要有一些充分的理由加以支持，因為如果照這麼說，好像大多數宗教都沒把這一點搞對。雖然我們知道，死後也許仍有生命，但它肯定無法以軀體的形狀顯現，也超乎時間或空間的約束。因此，嚴格說來，那是個無法想像的世界，所以我無法對它太認真。根據我所讀到的聖賢教誨，我的人生目的應該是：由於我如此這般過人生，所以其他人在我死後得以活得更好；如此，我的生命便可以在他人身上獲得延續。天堂、地獄的觀點，以及肉體重生的理論，在我看來都是中世紀掌權階級用來控制社會的方法，而且也都是頗為自我中心的理論：活著時做好事，死後便可獲得獎賞。

我們不需要改變世界。只要稍微將它推前一點就夠了。有位麵包廠老闆來找我，他說：「我希望讓我的小公司成為全國第一。」我問：「你所謂的全國第一是什麼意思？是指獲利嗎？」他答道：「利潤只是部分目標；假如沒有一些長期利潤，公司無法繼續經營。但利潤不是真正的重點，我要讓公司成為一個『展示櫃』；讓我和所有員工都能指著公司驕傲的對別人說：『這是我的地方！』」這位仁兄就是擁有「偉大目標」的人。曾有人針對創業成敗下評論說：「凡是為了致富而投資的人，都將招致失敗。凡是為了幫助他人而投資的人，很有可能成功。」

願景的力量

那些認定「願景」是企業前途基本要素的人是對的；但這份願景必須要能和其他人發生關聯。組織基層的人，對於讓股東致富的想法往往興趣不大。追求「卓越」與「品質」皆是不錯的「願景」，但由於太多組織不斷重覆使用，一般人早就對這兩個詞彙麻木，而且它們常常是削減成本或削減人員的同義詞，或者會引發另一個問題：為誰而做？假如我們希望提升自己進入「第二曲線」，或者打算犧牲自己的願望與需求而為他人謀福利，那麼首先需要讓自己相信自己做的事。有些企業把關懷顧客也當作「願景」，但我們必須要弄清楚，這份關懷究竟是手段，還是目的？它是否是提高企業經營效能的一個方法？

我曾參加一個由某大旅館集團所舉辦的高階經理人研討會。主題演講者是由一位天主教神父闡釋聖本篤（St. Benedict）對於「殷勤待客」的看法。他說，他的修道院每年都有許多男女訪客前來尋求寧靜與省思。「我們設法遵行聖本篤的訓令，歡迎每一位來訪者。」他解釋：「也就是說，我們對總統和乞丐一視同仁，而上個月兩種人都來了；我們把每個人都當成獨立個體看待，注意個人的特殊需求與願望；總而言之，最後，我們設法滿足每一個人的需求，不僅照顧他們的表面需求，也照顧他們的深層需求，同時在來訪者容許的範圍內，盡可能深人他們的生活。」在場的高階經理人滿心歡喜接受他這番金玉良言，因為他們從中找到努力工作的理由：一個遠比收支表上的數字更好的理由。可是，當我隨後登記住宿他們的旅館時，卻發現所有可以移動的東西都以某種方式連接在牆上，甚至連廁所裡的捲筒衛生紙都鎖在盒內。他們向我解釋：「我們不得不如此。我們的客人只要有半點機會，什麼東西都偷。」我在想，假如你們連讓客人自由取用捲筒衛生紙都不放心，恐怕很難落實奉行聖本篤的教義。然而，他們至少已在片刻之間窺見一種「願景」，一個值得前進的方向。

誠如蕭伯納（George Bernard Shaw）在其《人與超人》（*Man and Superman*）中所說：「這是人生的真正快樂所在；這是由自己確認偉大的目標為目標，也是以自然的力量取代怨天尤人的自私病態心理。」

歐洲雅典

無論就經濟或政治實力而言，「大不列顛」都不可能恢復昔日之「大」，但她可以找到一個全新的偉大目標，將自己塑造為一個博得「歐洲雅典」（Athens of Europe）稱號的新國家，亦即成為一個學習、文化與藝術的中心。英國最大的「相對優勢」在於語言。各國各地的人都要學英文。英國的大學、劇場、設計師、藝術家、建築家、電影與電視製作人、作家、學者、音樂家、舞者皆有世界水準。可惜的是，英國在世人心目中可能比較像座博物館，而比較不像是文化中心。但她現在有機會找到「第二曲線」，得以提升人民，給予他們新的方向感。

馬來西亞現正大肆宣揚「二〇二〇展望」（2020 Vision）計畫。這套三十年計畫，勾勒出馬國領導人希望在二〇二〇年看到的景象輪廓。而且馬國樂觀的經濟成長率（七．二％）足以使國家在二〇二〇以前接近美國的生活水準；也使這項計畫的成功希望更高。但經濟成長只是一切的開始，前面的路還很遙遠。這個「願景」必須投人大量資金，包括在教育、殘障人士、老年人、環境等方面投入大筆經費。我原本懷著悲觀的心態去訪問這個國家，但看到的景象卻令我興奮。企業領袖都有奮鬥的正當理由。其他人也都對未來滿懷希望。連計程車內也張貼著這項計畫的宣傳標語。

在民主社會的安適環境下，很難找到一個偉大目標，可以讓過慣安逸日子的人們努力奮鬥。有人因而擔心，也許必須發生戰爭，才能為人們重新注入活力。只賺錢而不打仗的日子愈來愈教人精神不振。但如果真的爆發另一場大戰，雖然可以否決「歷史盡頭」論點，卻是一種頗浪費的方法。我們總希望有個更好的領導者，但我們對各國領導人的期待可能過高。許多國家太大，內部的連結不夠強，做事情的眼光也不夠長遠。無論對目前已縮小的企業、社區與城市、家庭與親朋好友、小型組合式工作者網路而言，看起來都是愈小愈好。我們必須在自己的地方找到自己的新方向。

後記

兩個故事

我內人的祖先羅蘭．希爾爵士（Sir Rowland Hill）在一八〇四年首創「一便士郵遞服務」並發行首張郵票，因而享有盛名。在希爾爵士發行郵票之前，信件投遞是根據距離來計價，由收信人付費。例如，一封從倫敦寄往愛丁堡的信，郵資可能高達一先令六便士，這在當時是筆不小的數目，但話說回來，這段陸路也的確相當遙遠。有些聰明的傢伙索性寄個空信封給家人，家人收到時自然拒絕付郵資，因為他們已得知想知道的訊息：寄信人平安無恙。但這種做法卻使寄信的成本更高，最後導致只有富人才有能力彼此寄送真實的信件，寫信於是成為一種「高級消遣」。

希爾提議採取某種「逆向思考」。他認為，假如每封信無論寄到英國的哪個角落都只要一便士，而且假如郵資改以「貼郵票」的形式支付，而且由寄信人預先購買黏貼，那麼有兩件事會發生：首先，郵件數量會暴增，且在彌補外地郵件虧損後尚有盈餘；但更重要的是，每一個人從此都能彼此通信，進一步促使社會的教育水準大幅提高，因為學習閱讀與書寫從此對每個人都有實用價值。同時，這也有助於促進國族的凝聚，因為朋友之間、親子之間、兩地相隔的夫妻之間，從此都能夠保持連繫。他說，這不僅會是一項商業上的成就，更是一項重大的社會改革。

起初無人相信他。但經過多年辯論與推動後，他終於說服國會進行這項變革。這項措施實施後，產生戲劇性的結果，十年之內，全球大約五十個國家採納了預購郵票的概念，現代郵政從此誕生。希爾死後備極哀榮，而且至今仍被尊為「郵票之父」。

這個故事最有趣之處在於，希爾開始推動這項工作時，他並不在郵遞機構服務。他是南澳洲駐英代表處的職員，而在此之前他曾在父親的學校教書；郵遞服務和他本是八竿子打不著。他既無財又無名，也沒有影響力；但他在乎某些事，他看到有些事必須要做，而且決心採取行動，否則對自己交待不過去。我們不能坐等擋在面前的大山移動，而必須主動翻越它。

不過，並非每個人都注定要當社會改革家。牛津主教理查・哈里士（Richard Harries）講了另一個故事。他說，曾經有一位名叫祖士雅（Zuzya）的猶太教牧師一輩子都為了自己才能不足、無法繼摩西之後成為另一位先知而傷心難過。終於有一天，上帝安慰他：「在未來的世界中，沒有人會問你為什麼不是摩西，卻會問你為什麼不是祖士雅。」我們不是上帝。在旅世的短短期間，我們無法每一件事都做，甚至根本無法做太多事。只要能做多少盡量做，就能充實我們的自我、我們的甜甜圈、我們的「雨衣」，使其不再空虛。

黑暗中的火焰

我的書桌上有兩張照片，都是我內人在南非拍攝的。第一張是一個黑人小男孩的頭部照；他在微笑，眼睛與臉龐發散著智慧、熱誠與興奮。那是張快樂的臉，充滿了希望。第二張照片的主角是同一個男孩，但攝影者退後拍攝，因此可以看到小男孩全身。這張照片中，我們看到他背後的破陋小屋，看到他的一雙赤腳，以及他腳邊的一堆糞便。這兩張照片恰可象徵我們今日所面臨的挑戰；而且挑戰的意義不僅適用於南非。我們有智慧也有希望，但首先必須讓它們掙脫環境的枷鎖，釋放出來。

人類多半都很聰明。大多數人只要稍有機會，便會有還不錯的表現。大多數人對事情也不至於漠不關心，也許因為他們知道，周遭世界一旦瓦解，對他們毫無好處。但是，首先大家必須普遍接受世界已經改變的事實。共產主義的結束，並不表示資本主義只要維持舊有形式，即可從此當道。民主主義戰勝極權主義，並不表示民主社會中的每項事物從此皆得到認可。過去數十年間，科學進步導致人類文明大步邁進；但這不表示科學家已經擁有或可以擁有萬事萬物的解答，而且其他人可以不須過問。

這也是大型組織終結的年代；在先前的年代，只要我們希望長期受雇，應該都可以如願，而且九成以上的人都有此期望。未來，工作雖然仍將是我們生活的重心，但我們必須重新省思工作的定義，以及可能的組合方式。乍看之下，這是個駭人的挑戰，但事實上，在那些大型組織裡工作，從來就不盡然對每一個人都是福氣。大型組織出現在世上的時間還不是很久，我們無須視其存在為理所當然。也許沒有它，我們的日子會過得更好也說不定。

我們寄望於未知的事物，寄望「第二曲線」，假如我們找得到的話。世界在許多方面正進行「再創新」。創意總在混沌中誕生。我們要做什麼？歸屬何處？為什麼要做？何時做？這些問題可能都會出現不同的答案，而且也許是更好的答案。然而，人類的社會是建立在習慣法則上。變革是無數次成功的小創新累積而成，一個個小創新受到模仿後而形成風尚。我們不能等待偉大的人物指引我們方向，因為他們可能在「歷史盡頭」缺貨。

我們要自食其力，在黑暗中點燃自己的小小火焰。

參考書目

- Abbeglen, James C. and Stalk, George Jun., *Kaisha, the Japanese Corporation*, New York, Basic Books, 1985.
- Albert, Michel, *Capitalism Against Capitalism*, London, Whurr, 1993.
- Anderson, Digby (ed.), *The Loss of Virtue*, London, Social Affairs Unit, 1993.
- Appleyard, Brian, *Understanding the Present*, London, Pan Books, 1991.
- Baden-Fuller, Charles and Stopford, John, *Rejuvenating the Mature Corporation*, London, Routledge, 1992.
- Bahrami, Homa, 'The Emerging Flexible Organization', *California Management Review*, Summer 1992.

- Ball, Christopher, 'The Adelphi Idler', London, *RSA Journal*, May 1993.
- Bennis, Warren, *An Invented Life*, Reading, Mass., Addison Wesley, 1993.
- Bishop, Jeff and Hoggett, Paul, *Organizing Around Enthusiasms*, London, Comedia, 1988.
- Bloom, Allan, *The Closing of the American Mind*, New York, Simon and Schuster, 1987.
- Commission for Social Justice, *The Justice Gap*, London, IPPR, 1993.
- Drucker, Peter, *Post-Capitalist Society*, Oxford, Butterworth Heinemann, 1993.
- Fukuyama, Francis, *The End of History and the Last Man*, London, Hamish Hamilton, 1992.
- Galbraith, John K., *The Culture of Contentment*, London, Sinclair Stevenson, 1992.
- Gorz, P., *A Critique of Economic Reason*, London, Verso, 1989.
- Goyder, George, *The Just Enterprise*, London, André Deutsch, 1987.
- Hammer, Michael and Champy, James, *Re-engineering the Corporation*, New York, Harper Collins, 1993.

- Hampden-Turner, Charles, *Corporate Culture*, London, Hutchinson, 1990.
- Hampden-Turner, Charles, *The Seven Culture of Capitalism*, London, Piatkus Books, 1994.
- Havel, Vaclav, *Disturbing the Peace*, New York, Vintage Books, 1991.
- Hegel, G., *The Philosophy of History*, London, Dover Publications, 1956.
- Henzler, H.A., 'Eurocapitalism', *Harvard Business Review*, Jul/Aug. 1992.
- Hewitt, Patricia, *About Time*, London, Rivers Oram Press, 1993.
- Kanter, Rosabeth M., *When Giants Learn to Dance*, London, Simon and Schuster, 1989.
- Keegan, William, *The Spectre of Capitalism*, London, Radius, 1993.
- Kennedy, Paul, *Preparing for the Twenty-First Century*, New York, Random House, 1993.
- Kester, W. Carl, *Japanese Takeovers*, Boston, Harvard Business School Press, 1991.
- Kraus, Michael, *The End of Equality*, New York, Basic Books, 1992.
- Leinberger, Paul and Tucker, Bruce, *The New Individualists*, New York, Harper

Collins, 1991.

- Lucas, J.R., *On Justice*, Oxford, Clarendon Press, 1980.
- Nietzsche, F., *Beyond Good and Evil*, New York, Vintage Books, 1968.
- O'Neil, John R., *The Paradox of Success*, New York, Putnam, 1993.
- Osborne, David and Gaebler, Ted, *Re-inventing Government*, Reading Mass., Addison Wesley, 1992.
- Peter, Tom, *Liberation Management*, New York, Knopf, 1992.
- Rauch, Jonathan, *The Outnation*, Boston, Harvard Business School Press, 1992.
- Reich, Robert, *The Work of Nations*, New York, Knopf, 1991.
- Sampson, Anthony, *The Essential Anatomy of Britain*, London, Hodder and Stoughton, 1993.
- Schor, Juliet B., *The Overworked American*, New York, Basic Books, 1992.
- Schumacher, E.F., *Small is Beautiful*, London, Blond & Briggs Ltd, 1973.
- Schwartz, Peter, *The Art of the Long View*, New York, Doubleday, 1991.
- Semler, Ricardo, *Maverick*, London, Hutchinson, 1993.

- Senge Peter, *The Fifth Discipline*, New York, Doubleday, 1990.
- Shames, Laurence, *The Hunger for More*, New York, Times Books, 1989.
- Stayer, Ralph, 'How I Learn to Let My Workers Lead', *Harvard Business Review*, Nov/Dec.1990.
- Stewart, Rosemary, *Choices for the Manager*, London, McGraw Hill, 1983.
- Thurow, Lester, *Head to Head*, New York, William Morrow, 1992.
- Trompenaars, Alfons, 'The Organization of Meaning and the Meaning of Organizations', doctoral dissertation, Wharton School, 1987.
- Waldrop, M. Mitchell, *Complexity*, New York, Simon and Schuster, 1992.
- Watkinson Report, *The Responsibility of the British Public Company*, London, British Institute of Management, 1972
- Young, Michael, *The Rise of the Meritocracy*, London, Penguin, 1961.

財經企管 BCB701

覺醒的年代
解讀弔詭新未來（經典珍藏版）
The empty raincoat: making sense of the future

作者 ── 查爾斯・韓第　Charles Handy
譯者 ── 周旭華

總編輯 ── 吳佩穎
書系主編 ── 蘇鵬元
責任編輯 ── 蘇鵬元、王映茹
編輯協力 ── 許玉意
封面設計 ── 張議文

出版人 ── 遠見天下文化出版股份有限公司
創辦人 ── 高希均、王力行
遠見・天下文化・事業群　董事長 ── 高希均
事業群發行人／CEO ── 王力行
天下文化社長 ── 林天來
天下文化總經理 ── 林芳燕
國際事務開發部兼版權中心總監 ── 潘欣
法律顧問 ── 理律法律事務所陳長文律師
著作權顧問 ── 魏啟翔律師
社址 ── 臺北市104松江路93巷1號
讀者服務專線 ── 02-2662-0012｜傳真 ── 02-2662-0007；02-2662-0009
電子郵件信箱 ── cwpc@cwgv.com.tw
直接郵撥帳號 ── 1326703-6號　遠見天下文化出版股份有限公司

電腦排版 ── 李秀菊
製版廠 ── 東豪印刷事業有限公司
印刷廠 ── 祥峰印刷事業有限公司
裝訂廠 ── 精益裝訂股份有限公司
登記證 ── 局版台業字第2517號
總經銷 ── 大和書報圖書股份有限公司｜電話 ── 02-8990-2588
出版日期 ── 2020年06月30日第三版第一次印行

國家圖書館出版品預行編目（CIP）資料

覺醒的年代：解讀弔詭新未來（經典珍藏版）／
查爾斯・韓第（Charles Handy）著；周旭華譯.
-- 第二版. -- 臺北市：遠見天下文化，2020.06
464面；14.8×21公分. --（財經企管；BCB701）
譯自：The Empty Raincoat : Making Sense of the
Future
ISBN 978-986-479-840-7（精裝）
1. 未來社會　2. 企業預測
541.49　　108017509

定價 ── 550元
ISBN ── 978-986-479-840-7
書號 ── BCB701
天下文化官網 ── bookzone.cwgv.com.tw

天下文化

BELIEVE IN READING